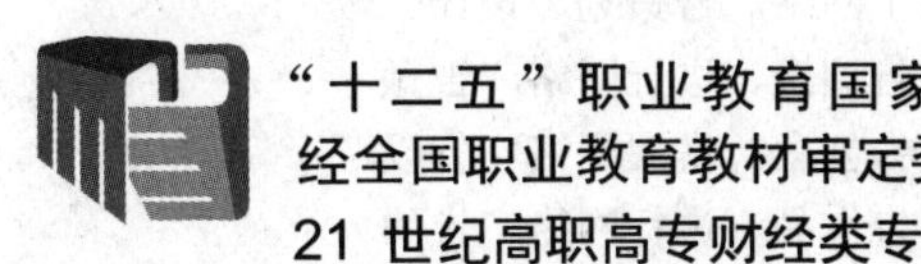

"十二五"职业教育国家规划教材
经全国职业教育教材审定委员会审定
21 世纪高职高专财经类专业规划教材

网络广告设计

第3版

主　编　杨英梅
副主编　王　蕊　宁　萍

机 械 工 业 出 版 社

本书按照网络广告策划设计工作流程，介绍了网络广告策划、设计、管理的基本原理、方法与技巧，包括进行网络广告调查、进行网络广告预算、制订网络广告目标和媒体计划、进行网络广告创意、掌握网络广告设计原理、设计网络广告各组成要素、制作网络广告作品、进行网络广告的发布与交换、进行网络广告效果评估、撰写网络广告策划书。书中各章都配有习题，附有案例，以指导读者进行深入的学习。

本书可作为高职高专电子商务、市场营销、广告、信息管理等专业的教材，也可作为在职人员自学的参考书。

本书配有授课电子课件，需要的教师可登录www.cmpedu.com免费注册、审核通过后下载，或联系编辑索取（QQ：1239258369，电话：010-88379739）。

图书在版编目（CIP）数据

网络广告设计 / 杨英梅主编. —3 版. —北京：机械工业出版社，2015.4(2019.8 重印)
21 世纪高职高专财经类专业规划教材
ISBN 978-7-111-51187-8

Ⅰ. ①网… Ⅱ. ①杨… Ⅲ. ①互联网络－广告－设计－高等职业教育－教材 Ⅳ. ①F713.8

中国版本图书馆 CIP 数据核字（2015）第 189334 号

机械工业出版社（北京市百万庄大街 22 号 邮政编码 100037）
策划编辑：鹿 征 责任编辑：鹿 征
责任校对：张艳霞 责任印制：常天培
唐山三艺印务有限公司印刷

2019 年 8 月第 3 版 • 第 5 次印刷
184mm×260mm • 15.5 印张 • 382 千字
10401－12900 册
标准书号：ISBN 978-7-111-51187-8
定价：37.00 元

凡购本书，如有缺页、倒页、脱页，由本社发行部调换

电话服务
服务咨询热线：（010）88379833
读者购书热线：（010）88379649

网络服务
机 工 官 网：www.cmpbook.com
机 工 官 博：weibo.com/cmp1952
教育服务网：www.cmpedu.com
金 书 网：www.golden-book.com

前　言

在机械工业出版社大力支持下，我们先后于 2005 年和 2009 年出版了《网络广告设计》第 1 版和第 2 版。前两版出版后受到广大读者的欢迎，同时他们也给本书提出许多宝贵意见。为了满足广大读者的要求，我们对第 2 版进行了修订，按照网络广告设计流程，重新编排了本书内容，引用了大量新素材，升级了软件版本，使本书更加适合不同类型的读者。

本书按照网络广告策划、设计、管理的流程，本着理论与实践相结合、内容新颖实用、通俗易懂的原则编写。具体思路和分工如下。

学习情境一：知晓网络广告，全面介绍网络广告的基础知识，使读者能够对网络广告有全面的了解，为后面的学习打下基础。由杨英梅执笔。

学习情境二：进行网络广告调查，这是设计活动的基础，全面分析如何进行网络广告调查。由王建辉执笔。

学习情境三：进行网络广告预算，主要介绍企业如何进行网络广告的预算。由宁萍执笔。

学习情境四：制订网络广告目标和媒体计划，主要讲述如何制订广告目标和编制媒体计划。由唐平执笔。

学习情境五：进行网络广告创意，主要介绍网络广告创意的方法和技巧。由马智萍执笔。

学习情境六：掌握网络广告设计原理，从心理学、色彩学等不同角度研究网络广告设计时应遵循的基本规律。由杨英梅执笔。

学习情境七：设计网络广告组成要素，将一个网络广告划分为文案、图像、声音和视频等部分，研究各个部分的具体设计方法。由杨英梅、赵星执笔。

学习情境八：制作网络广告作品，主要从具体实例入手，介绍不同形式网络广告的制作方法。由王蕊、赵星执笔。

学习情境九：进行网络广告的发布与交换，着重分析网络广告的发布方法和技巧。由宁萍执笔。

学习情境十：进行网络广告效果评估，从心理、经济、社会角度分析如何评价网络广告效果。由马智萍执笔。

学习情境十一：撰写网络广告策划书，分析网络广告策划书撰写方法。由宁萍执笔。

在编写本书的过程中，我们参考了大量有关的书籍和资料，另外在教材中引用了部分学生的优秀作业，在此向相关书籍和资料的作者致以谢意。

由于作者水平有限，书中难免存在不妥之处，请读者提出宝贵意见。为方便教学，本书配有电子课件，读者可到机械工业出版社教材服务网 www.cmpedu.com 免费下载。

编　者

第2版前言

2005 年 1 月，在机械工业出版社的大力支持下，《网络广告设计》第 1 版出版。本书出版后受到广大读者的欢迎，同时他们也给本书提出许多宝贵意见。为了满足广大读者的要求，在机械工业出版社和北京青年政治学院的大力支持下我们对原书进行了修改。我们引用了大量 2005 年～2008 年的新素材，除了对原书的素材进行了修改和对软件版本进行升级外，为了加重网络广告的策划与管理部分，我们还增加了两章的内容，使本书更加适合不同类型的读者。

本书按照网络广告策划、设计、管理的流程，本着理论与实践相结合、内容新颖实用、通俗易懂的原则编写。具体思路如下：

第 1 章网络广告概述，全面地介绍了网络广告的基础知识，使读者能够对网络广告有全面的了解，为后面的学习打下基础。

第 2 章网络广告策划，是策划活动的总论，目的是使网络广告的策划、设计、管理者，对网络广告策划有初步的了解。

第 3 章网络广告创意，主要介绍了网络广告创意的方法和技巧。

第 4 章网络广告设计的原理，从心理学、色彩学等不同角度研究了网络广告设计时应遵循的基本规律。

第 5 章网络广告的组成要素设计，将一个网络广告划分为文案、图像、声音和视频等部分，研究各个部分的具体设计方法。

第 6 章常用网络广告制作软件，主要从软件特点、操作界面和应用实例等方面入手，介绍了各种网络广告制作软件的基本使用方法。

第 7 章网络广告的制作，主要从具体实例入手，介绍不同形式网络广告的制作方法。

第 8 章网络广告发布与交换，着重分析网络广告的发布方法和技巧。

第 9 章网络广告的监督与管理，主要从宏观的角度分析如何进行网络广告的监督管理。

第 10 章企业网络广告管理，主要从预算、效果角度分析企业如何进行网络广告的管理。

本书由北京青年政治学院的杨英梅、宁萍、马智萍、王蕊、唐平、王京、王丽静、崔秀娟，以及北京商贸学校的杨小华共同编写。具体编写任务如下：杨英梅编写第 1 章、第 4.1 节、第 5 章，宁萍编写第 2 章、第 8 章、第 10.1 节，马智萍编写第 3 章、第 10.2～10.4 节，王蕊编写第 6 章、第 7 章，唐平、王京编写第 9 章，杨小华编写第 4.2～4.5 节，王丽静、崔秀娟编写附录。北京青年政治学院的唐平、高嵩、赵星、刘磊 、秦音、赵今等负责教学课件的制作。全书由杨英梅负责统稿，由宁萍负责审稿。

在编写本书的过程中，我们参考了大量的有关书籍和资料，另外在教材中引用了部分学生的优秀作业，在此向相关书籍和资料的作者致以谢意。

由于作者水平有限，书中难免存在不妥之处，请读者提出宝贵意见。为方便教学，本书配有电子教案和素材，读者可到机械工业出版社网站 www.cmpedu.com 免费下载。

编　者

目 录

学习情境一　知晓网络广告

当今世界，以互联网为代表的现代信息网络正在急剧增长，1997 年底全球网民仅为 7000 万人，但到 2014 年全球网民突破 30 亿。互联网的快速发展，促使社会生活的各个方面发生巨大变化，电子商务模式逐渐被人们接受，网络营销等新的营销手段被企业广泛应用。1995 年互联网广告几乎为零，而到 2010 年，广告主品牌非行销部分预算当中，互联网广告预算已经上升到所有媒体的第二名，占 14%。传统媒体中，电视以 60%排在第一，报纸 9%，户外 7%，杂志 2%。2014 年网络广告超过电视占据广告市场主要份额。可以这样说，网络广告以其独有的魅力，吸引着越来越多的企业。

本部分主要是全面介绍网络广告基础知识，读者通过学习可以全面理解网络广告的概念，能够根据需要进行广告形式的选择。

项目任务 1.1　认识网络广告

任务情境

一直以来，快消品厂商都是电视媒体的主要金主之一。70 后、80 后的成长，伴随着一些广告语，它们如烙印一般深藏脑海："晶晶亮透心凉，雪碧已经上市！""飘柔的秘密，一传十，十传百，成为众所周知的秘密"。然而近几年电视媒体日渐衰落，开机率急剧下降，80 后、90 后已经逐步摒弃以电视台为信息源的电视媒体而转向互联网与移动互联网。

2012 年 4 月，Facebook 斥资 10 亿美元收购了社交化图片工具 Instagram。Instagram 是一款最初运行在 iOS 平台上的移动应用，它以一种快速、美妙和有趣的方式将用户随时抓拍下的图片进行分享。在 Instagram 里，付费的品牌图片账号与一般账号并无区别。拍照、使用滤镜、添加照片说明、张贴分享，如此往复。玄机出现在图片社交平台会根据大数据分析对合作品牌账号的图片进行定向投递——影响活跃的意见领袖，影响精准的消费群体。迄今为止，包括阿迪达斯、Burberry、Levis、雷克萨斯等早已是 Instagram 的忠实用户。Facebook 收购 Instagram 的秘密就是，将图片工具与社交化媒体打通，图片是入口，社交化媒体是传播渠道。

资料来源：http://a.iresearch.cn/new

任务要求

1. 什么是网络广告，它有哪些优点？
2. 网络广告的发展趋势是怎样的？
3. Facebook 为什么收购 Instagram？

知识点 1.1.1　网络广告的含义

网络广告可以分为狭义和广义两种。广义的网络广告是指一切基于网络技术传播信息的过程和方法，这些信息通常包括公益性信息、企业商品信息、企业的域名、网站、网页等。狭义的网络广告就是确定的广告主以付费方式运用网络媒体劝说公众的信息传播活动。《北京市网络广告管理暂行办法》第二条规定："本办法所称网络广告，是指互联网在网站或网页上以旗帜、按钮、文字链接、电子邮件等形式发布的广告。"这是典型的网络广告的狭义定义。

和其他广告一样，网络广告具备广告所具备的基本属性。但由于使用的媒体不同，网络广告又具备一些特殊的特点，具体而言，网络广告具备如下基本特征。

1．网络广告的五大要素

一般而言，网络广告包括五大要素：广告主、广告信息、广告媒体、广告受众和广告费用。

（1）广告主

广告主是指为推销商品或者提供服务，自行或者委托他人设计、制作、发布广告的法人、其他经济组织或者个人。网络广告主的范围十分广泛，包括发布网络广告的企业、单位或个人。

（2）广告信息

广告信息是指网络广告所要传达的主要内容，主要有商品信息（包括劳务信息）、企业信息、观念信息等。它们分别构成商品广告、形象广告和观念广告。

（3）广告媒体

广告媒体就是传播信息的中介物。传统广告的广告媒体有报纸、广播、杂志、电视等，网络广告的广告媒体指的是网络，包括互联网和手机。

研究表明，当一类媒体的用户规模超过 5000 万人或当一种媒介被 1/4 人使用时，这个媒介就是大众媒体。1998 年 5 月，时任联合国秘书长安南正式提出互联网为第四大媒体。据统计截至 2014 年 5 月，全球移动用户总量已超 10 亿。这些数据说明，手机的社会属性发生了变化，手机不再是简单的通信工具，不再是个人多媒体信息终端，而成了手机媒体，成了大众媒介。

（4）广告受众

广告受众是指广告信息的接受者，网络广告的受众就是网民。应该说，随着互联网的发展，网民人数逐年增加，为网络广告的发展提供了基础。

（5）广告费用

广告费用就是从事网络广告活动所付出的费用，包括媒体的使用费用、广告制作费和其他一些杂费。就媒体使用费而言，除了购买其他网站网络空间费用外，企业上网还须交 IP 服务商网络服务费和电话局电话费。

2．广告受众的明确性与广告信息的重复性和劝说性

和所有的广告一样，网络广告也有自己的特定受众，这种特定的受众就是企业的目标市场。网络广告就是根据目标市场的特点，用他们容易接受的方式，不断地向他们介绍产品、企业的特点，进而说服他们购买广告主的产品，促进企业利润上升的有目的的商业活动。而且由于 Cookies 等技术的使用，网络广告可以随时对其受众进行跟踪，有针对性地发布广告信息，使网络广告目标受众更加明确具体。

年复一年，日复一日，天天 24 小时，只要你愿意，你就可以上网。广告主购买网络广告的单位常常是 10 万次显示或 100 万次点击，这再次使它有别于新闻。网络广告是一种重复性活动。

3．信息传播的非个体化和双向性

凭借网络媒体，网络广告可以将广告信息一举送到成千上万的人眼前，其传播行为属于大众传播的范畴，而不是个体、亲身的传播，这使网络广告有别于传统的促销工具。

在接受网络广告信息时，广告受众可以根据自己的喜好，对传播信息进行自主选择，也可以随时通过网络与广告主进行信息的交换，形成双向信息传播。而传统媒体的大众只能被动地接受信息，传播是单项的。

4．网络广告制作的技术性、链接性和多媒体性

和传统广告不同，网络广告是利用数字技术制作和表示的网上信息，因此网络广告的制作者除具备传统广告制作知识外，还必须具备一些计算机应用知识。另外，网络广告具有可链接性，读者可以从一个狭小的空间，链接到更大的空间，使他们可以获取更多的信息。因此，网络广告的内容得到了极大丰富，突破了传统广告空间的局限性。

多媒体性是网络广告的另一个主要特性。传统广告形式一般主要诉诸某一要素，因而其表现形式比较单一，网络广告可以通过视频、音频、图像、文字组合运用来增加网络广告的表现力，增加网络广告效果。

知识点 1.1.2　网络广告的优势

相对于其他媒体的广告，网络广告具有如下优势。

1．传播时空的广泛性。

网络广告传播的时空极为广泛。从时间上来说，网络广告一经发布便会一天 24 小时呈现在网络上，网民可以随时浏览而不会因为错过了某个时段就无法接受信息。从空间上来说，传统媒体广告往往只局限于一个地区、至多几个国家。而网络广告可以通过国际互联网络把广告信息传播到世界各地，而且无论刮风下雨都不会影响到传播效果。

2．信息传递的互动性。

网络广告的最大优势在于互动性。“互动”一词，从广义上来讲，是指双方“相互作用和相互影响”。互联网的出现，使得互动性出现了新的内容，传统媒体是单向的传播，信息是从媒体向受众单向流动的，而互联网上的信息是双向流动的。对互动媒体而言，人们对信息不仅有选择权，还有控制权，所以互联网广告的互动性指的就是网民对网络广告的一种参与和信息的接受。

网络广告的互动性主要有 3 种表现形式：游戏参与型、情境体验型和鼠标配合型。

3．受众统计的精确性。

在传统媒体上做广告，很难准确地知道有多少人接触到了这则广告信息。以报纸为例，虽然报纸的读者是可以统计的（以报纸的发行量来衡量），但是刊登在报纸上的广告实际被多少人阅读过却只能估计推测而无法精确统计。至于电视、广播和路牌等广告形式的受众人数就更难统计。而在互联网上可以通过先进的科技手段，权威公正地统计出有多少网络用户看过某则广告，有多少人点击过某则广告，并可以进一步分析这些访客的主要分布区以及他们主要在何时对这些广告进行查询，从而为广告主正确评估广告效果、制定下一步广告投放策略提供依据。

4．广告形式的多样性。

网络广告在尺寸上分为旗帜广告、按钮广告、巨型广告等，在技术上还可以用动画、游戏等方式，在形式上可以在线收听收看、试用、调查等。网络广告可以吸收各种传统媒体形式的精华，从而达到传统媒体广告无法具有的效果，而且随着科学技术的发展，网络广告形式将越来越复杂多样。

5．信息诉求的针对性。

广告主可以根据受众对信息的不同需求，相应地裁剪信息的内容，使信息的发布更具有针对性，使每个访问者的需求都能得到满足，从而使网络广告向窄告方向发展。

6．修改的实时性。

传统媒体广告一经发布便很难更改，如非改动不可则须付出很大的经济代价。而在互联网上做广告就能按照需要及时变更广告内容，包括增加新的信息、修改原有信息，因此，经营决策的变化就能及时实施和推广。

7．费用的经济性。

首先，网络广告发布成本比其他传统媒体低很多，网络广告的千人成本一般是报纸的1/5，是电视的 1/8；其次，由于每个网站都有特定的目标群体，在一个大流量的站点做广告，可以使广告主的广告有针对性地影响到较多数量的人群，这样必然比分开在几个站点做广告的费用低；再次，若能直接利用网络广告进行产品销售，则可节省更多销售成本；最后，网络广告交换使广告主达到不花钱做广告的目的。因此，随着上网人数的不断增加和网络技术的不断进步，网络广告将成为最为经济有效的广告形式。

知识点 1.1.3　网络广告的产生与发展

1．网络广告的产生

世界上第一条网络广告是美国电报电话公司（AT&T）14 家客户在网络杂志《热线》（HOTWIRED）发布的旗帜广告，具体样式如图 1-1 所示。

资料来源：冯广超《网络广告》

图 1-1　世界第一条网络广告

据说，当时为了防止网民对网络广告的反感，网络杂志才将原来的广告尺寸减小，缩小成现在的网幅广告。1994 年 4 月 15 日，网络杂志和美国电报电话公司签署了第一笔网络广告合同，该网络广告在 1994 年 10 月 27 日正式发布，令人惊喜的是，几乎没有人对此提出质疑。这是广告史上的里程碑，从此网络广告便如离弦之箭，一发不可收。

《热线》是市场先锋。由于没有人知道在网络上卖广告应该制订什么价格，当时该公司的几个创办人员只有用传统平面媒体的角度去思考，也就是说，以平面杂志卖“版位”的方式来贩售网站上的广告。《热线》在 1994 年一则广告是比照杂志广告来定价的，刊登一个月，索价 10000 美元。

《热线》在网络上的创举，对当时刚刚开始商业化的互联网来说，等于投下一块巨石，使人们开始探讨，网络广告是否能成为互联网收入的来源，在以后几年得到了肯定的回答。从 1994 年至今，这二十年网络广告走过了一段不平凡的发展历程，从飞速发展到衰退再到复苏。

2．网络广告的发展趋势

全球网络广告大趋势往最简单说，就 3 个词：互动、精准与定位。

第一，互动。信任互动是广告界的圣杯。有人说，上一个百年是大众媒体。而在下一个百年里是信任推荐，它是广告发展的趋势。

第二，精准。精准是相对于消费者需要而言的，未来的广告是通过挖掘消费者个性化需求，实现一对一的定向广告。

定向广告是相对于普通广告而言的网络广告中的高级模式，它是类似基于美国 Doubleclick 公司提供的 DART（Dynamic Advertising Reporting and Targeting）技术平台而设计成的广告。该平台实际上就是广告动态报告及目标定位管理系统，具有很高的稳定性和精确管理性，可以处理目标定位、传送、汇报及记账等工作。换言之，利用该系统，网站可以根据不同类型的广告主及其产品对受众的不同需求，准确地判断出实效受众的相关特征，如 IP 地址、地理区域、邮编、个人资料（性别、年龄、爱好等）及网上习惯（页面逗留时间、网上购买兴趣等），并在几毫秒内决定是否送出广告信息以及送出哪类信息，而上述功能是网络普通广告时期所不具备的。因此，DART 技术的出现成为了网络广告发展进程中的分水岭，它标志着定向广告阶段的来临。定向广告正以其个性化广告信息服务、效果测量精确化和运营成本节约化等优点越来越受人们的欢迎。

第三，云端定位。定位技术将引领未来网络广告的发展。现在越来越多的广告网络和供应商可以根据用户的位置、行为，以及其他属性自动选择所推出的广告。美国网络广告使用 ActiveAds 系统，广告客户可以根据用户的位置、网页背景，以及其他因素，自行选择广告信息，以提供大量的个性化的广告。广告客户还可以对现有的和潜在的用户进行重新追踪。

云广告具有零成本和精准的优点，非常适合中小企业营销。利用云计算技术发布一个广告，可以出现在众多的网站上，可以成为商家低成本扩张、快速锁定目标市场的利器。云广告将会成为网络广告的新宠。

网络广告的载体基本上是多媒体、超文本格式文件，以图、文、声、像的形式，传送多感官的信息，让顾客身临其境；网络广告在技术上可以冲破时间和空间的限制；利用软件技术，客户可以指定某一类专门人群作为广告对象，而不必为无关之人付钱；网络广告可以通过即时效果监测，精确统计和评估每个广告的效果；网络广告可以做到一对一的发布以及一对一的信息回馈。网络广告可以进行人机对话和湿营销，可以根据需要及时变更广告内容。在工业时代，广告被称为人们心灵的复印机，它使人们的选择趋同；在网络时代，广告将变为窄告，在人际关系的密切化中，使人们的个性化选择能力充分得到实现。

项目任务 1.2　选择网络广告的形式

任务情境

2008 年 8 月 21 日，在搜狐 ChinaRen 社区中出现了一个名为《漂亮学姐竟是恋熊女孩，我来冒死掀她老底》的帖子，楼主称文章是学姐的私人博文，讲述一个精致而悲伤的爱情故事，故事的核心有两点：不要你 OnLine，只要你 By my side；男人不如酷库熊。文章的纯美内容和精美插画立刻受到网友追捧。

2008 年 8 月 21 日，搜狐 ChinaRen 社区再次贴出《三十五中校花拍酷库熊真人照片》。把原帖中抽象的文字转变为具体的形象：一只美丽的女孩和一位不离不弃的熊。由于有了真实的图像，故事变得具体了很多，酷库熊变成了一种爱情象征：随时在你身边。于是又出现了这只熊的卡通，有了它的表情，变成了一个网络形象。

2008 年 8 月 24 日，猫扑网友将酷库熊的故事拍成图片视频《恋熊女孩劲爆视频》，该贴在论坛受到热捧。

2008 年 8 月 25 日，除了网友自发的转帖外，陆续有各种专业人士和知名网站加入其中，制作各种周边宣传品，首先问世的是一套酷库熊的爱情熊样（漫画连载）。

2008 年 8 月 26 日，腾讯更以官方姿态，为这个感人无数的故事推出了酷库熊系列 QQ 表情下载，将这个火爆全网络的话题推向了一个高潮。

2008 年 9 月 1 日，该故事改编成电影，电影中不断出现联想未上市笔记本 S10，并在片尾处打出鸣谢联想赞助字幕，并泄露 30 秒宣传片花，称正式版本将于 9 月 4 日网络上映。9 月 4 日，《爱 · 在线》电影以联想 ideapad 冠名正式上映。

资料来源：http://wenku.baidu.com/

任务要求

1. 网络广告形式有哪些？
2. 案例中使用了哪些广告形式?

知识点 1.2.1　官方网站广告

官方网站是网络上对主办者所持有网站约定俗成的一种称谓，是指在互联网上，根据一定的规则、工具制作的用于展示特定内容的相关网页的集合。它是一种通信工具，人们可以通过站点来发布自己想要公开的信息，或者利用站点来提供相关的网络服务；另一方面，人们可以通过网页浏览器来访问站点，获取自己需要的信息或者享受网络服务。

营销界有句俗语：三流企业卖产品，二流企业卖服务，一流企业卖文化。如今，企业文化营销和品牌建设是企业运作的核心。官方网站是企业官方信息的平台，消费者通过官方网站不仅能了解产品和服务，更为重要的是可以加深对企业文化的理解，甚至可以形成及时的购买行为。

图 1-2 是快乐女生官网的截图。清新明丽的紫色充分表现出《快乐女生》受众群体个性张扬的特点。《快乐女生》通过统一视觉识别，传播《快乐女生》的营销理念，吸引公众的注意力并产生记忆，使观众形成对《快乐女生》的品牌认知，而提升受众的品牌忠诚度。《快乐女生》官方的 logo 用充满激情活力，张扬自我的标准色和名称，以及“想唱就唱，唱得响亮”的充满个性的娱乐口号彰显了“快乐女生”的个性和身份，与歌手心境相吻合。

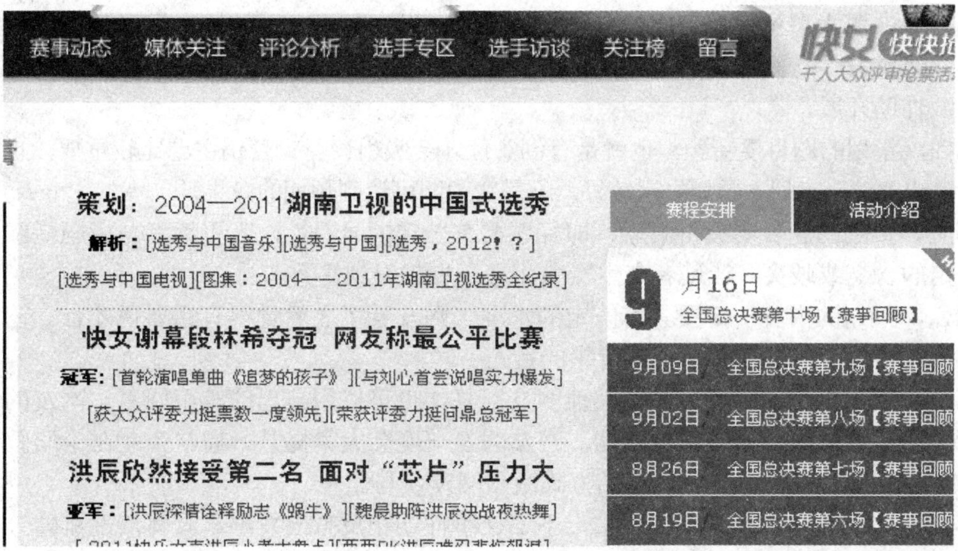

（资料来源：http://ent.hunantv.com）

图 1-2 “快乐女生”官网截图

知识点 1.2.2 网络论坛广告

网络论坛英文全称是 Bulletin Board System，简称为 BBS，翻译为中文是“电子公告牌”。BBS 是一种以文本为主的网上讨论组织。在这里可以通过网络，以文字形式聊天、发表文章、阅读信息、讨论问题，或在站内通信。伴随着“躲猫猫事件”“周老虎事件”等事件的爆发，网络论坛的扩音功能越来越被人们重视。

1．网络论坛的特点

第一，公共性。任何网民可以在任何时间、地点选择自己感兴趣的话题参与讨论。就形式而言，网民参与方式很多，如潜水、灌水、拍砖、留言、帖图、投票等。“我注意到奥一网推出的建言献策有一万多条的留言，网民纷纷‘拍砖’‘灌水’，在此我代表省委省政府对今天到会的网民代表表示热烈的欢迎，对长期支持广东经济社会发展和文化强省建设的网民们表示衷心感谢。”这是时任广东省委书记汪洋发表的一段话，再次说明网络论坛的特点。

第二，交互性。相对于传统媒体，网络论坛具有高度交互性特征。网民不仅可以参加讨论，而且可以提出话题供他人讨论，是一种典型多对多的媒体。但是，也造成了信息泛滥和不可控的现象。

第三，异步性。从传播时间上看，网络论坛既是适时媒体，又是延时媒体。网民可以选择即时在线讨论，也可选择参与。

2．BBS 广告的操作

第一，要有在全国各大知名专业性网站的注册账号，即马甲。根据企业不同产品注册相关论坛账号，更加利于产品的推广营销。

第二，每个论坛的马甲不低于 10 个，这个是保证前期炒作的条件。不同产品、不同营销事件，需求的马甲数量不定。如知名品牌进行论坛营销不需过多马甲即可产生效应；而普通企业在论坛推广产品时，则需要多一些马甲配合。

第三，在各大型论坛有专门的人员管理账号、发布帖子、回帖等。很多都有专人负责论坛推广，经常发帖、回帖是为了融入论坛核心，积累更多的威望，在进行论坛营销时，会有很多资源辅助开展。

第四，策划的题目要新颖，也就是有创意性才会吸引读者。营销主题比较重要，也是开展论坛营销的关键。策划主题如果比较好，不需费力即可达到预期的效果。

第五，策划的题目要吸引眼球，即标题要有一定的号召性，吸引读者。标题是敲门砖，要有一定的含义或歧义，让读者产生疑惑而进一步想得到答案。

第六，策划的内容一定要具有一定的水准，网友看了之后觉得有话要说才行。论坛营销现阶段已经很热，网友也深知论坛营销的目的。

第七，要积极参加回复、鼓励其他网友回复，也可以用自己的马甲回复。网友的参与是论坛营销的关键环节，如果策划成功，网友的参与度会大大提升。通常企业在论坛做活动营销居多，可利用一些公司产品或礼品方式激烈网友参与。

第八，要正确地引导网友的回帖，不要让事件朝相反方向发展。具体情况具体分析，有时在论坛产生争论也未必是件坏事，通过论坛途径演变成大范围病毒式营销，知名度会有很大提升。

第九，要仔细监测其带来的效果，同时注意改进，这点相当于一个细致的数据分析和用户群体分析。通过一次营销，总结出很多问题，下次策划时可以借鉴。但是，不同领域用户群体习惯不同，方式方法并不通用。

第十，要及时和论坛管理员沟通交流，熟悉各大论坛的管理员和版主有助于论坛营销的开展。经常发帖、回帖会与这个圈子近距离接触，和管理员、版主有很好的沟通机会，有资源辅助，论坛营销会开展得更顺利。

知识点 1.2.3　门户网站广告

门户网站是指提供某类综合性互联网信息资源并提供有关信息服务的网站。起初，门户网站只提供搜索引擎、目录服务。但随着市场竞争日益激烈，门户网站开始拓展各种新的业务来吸引和留住用户。如今门户网站已成为包罗万物的“网络超市”。目前，门户网站主要提供新闻、搜索引擎、网络接入、聊天室、电子公告牌、免费邮箱、影音资讯、电子商务、网络社区、网络游戏、免费网页空间等业务。腾讯网、新浪网、网易、搜狐、凤凰网、中国政府网、人民网等都是典型的门户网站，它们是网民经常去的地方，而且由于很多的网络新型服务绝大多数在门户网站进行试水，因此门户网站成为网络广告投放的黄金位置，也是企业竞争的场所。

门户网站广告形式多种多样，主要包括以下几种。

1．按钮广告

按钮式广告是一种面积比较小的广告形式，像个按钮或纽扣。最常用的按钮广告尺寸有125×125 像素、120×90 像素、120×60 像素、88×30 像素。按钮广告一般只是一个标志性图案，但由于其面积小，所以在网站上的数量最多，价格也比较低，比较受客户欢迎。

2．旗帜广告

旗帜广告又叫页眉广告、头号标题、网幅广告等，是最常见的广告形式。旗帜广告往往只是提示性广告，内容不多，但是具有冲击力，能够吸引网民的兴趣。所以，旗帜广告的设计或是运动的，或是色彩鲜艳的，或是比较有趣的文字。网民一旦感兴趣就可以直接点击，从而了解更详细的广告信息。旗帜广告就是一个窗口，能否吸引广告受众打开这扇窗户是旗帜广告效果大小的关键。据统计，旗帜广告在 Web 广告中占有 54%的比重，已经成了最有效的广告推销工具。旗帜广告大小一般为 468×80（或 60）像素，也可以根据需要进行适当的调整。目前，常见的旗帜广告的尺寸为 392×72 像素、234×60 像素等。

旗帜广告曾经和按钮广告一起，都是业界的标题广告格式。在网络广告中，旗帜广告具有建立品牌形象、传递广告到达率和接触频次、比较便宜等优势。

根据不同的标准，旗帜广告可以划分为不同的类型。从外形上分，旗帜广告分为横式和竖式两种类型；从形式上看，旗帜广告可以划分为静态和动态两种形式。巨幅广告就是其中之一。

课堂思考

美国一些著名的网上出版物拿出半页的篇幅供企业刊登广告。《纽约时报》网络版、《福布斯》杂志网络版 Forbes.com 和 CBSMarketwatch.com 相继引入了半页广告，而《今日美国报》网络版预计也将在近期效仿这种做法。

对于目前国外新推出的半页广告，业界有两种代表性的看法，一种是看好；另一种是持怀疑态度。

您认为这个标准如何？

另外一个显著变化就是垂直式广告风行。2003 年后，各大网站推出置于网页的纵向巨幅广告和对联式广告，如图 1-3 所示。

资料来源：www.sina.com

图 1-3　对联式广告截图

应该指出，随着技术的不断进步，一种新的旗帜广告正在被广泛使用，这就是富媒体广告（Rich Media）。富媒体广告又称 Extensive Creative Banner，一般指使用浏览器插件或其他脚本语言、Java 语言等编写的具有复杂视觉效果和交互功能的网络广告。这些效果的使用是否有效，一方面取决于站点的服务器端设置，另一方面取决于访问者的浏览器是否能顺利查看。一般来说，Rich Media 能表现更多、更精彩的广告内容，它需要占据比一般 GIF Banner 更多的空间和网络传输字节，但由于能表现更多、更精彩的广告内容，往往被一些广告主采用。国际性的大型站点也越来越多地接受这种形式的 Banner。

3．游动式广告

游动式广告是满屏游走的网络广告形式，如图 1-4 所示。其特殊的表现形式与传统的形式相比更能聚集网络访客的眼球，使得广告的影响力更深三尺。这种广告有着多种表现方式。例如，沿着某一固定的曲线飘动，或随着网友拖动浏览器的滚动条而做直线上下浮动等。目前，该类型广告突破传统广告的定式，不再固定在某一指定位置，而是随鼠标拖动而动，巧妙的设计会使得在不妨碍网友浏览的同时满足广告增加曝光率的需求。

资料来源：www.sina.com

图 1-4 游动广告

4．弹出式广告

弹出式广告，又被称为插入式广告、插播式广告、插页广告，是指在打开一个页面时自动弹出的网络广告形式。这种广告要比静态式广告更能吸引网民点击，但是它具有强迫性，而且会对受众造成干扰，频繁使用往往会使受众产生逆反心理，有很大的副作用。为避免这种情况的发生，许多网站都缩小广告的尺寸，有的只有 1/8 或 1/4 屏幕大小，这样可以不影响正常的浏览。

专家建议，使用插播式广告需要遵守如下几条规则，以避免引起浏览者的反感。

第一，选择已经使用插播式广告的网站，因为浏览者已对此形成习惯。

第二，使用小于全屏的插播式广告，小尺寸的插播式广告比全屏的插播式广告更容易被浏览者接受。

第三，在浏览者的屏幕处于空闲状态时插播，比如，在浏览者下载软件的过程中出现广告，这样可以避免引起他们的反感，反而能给他们在无聊的等待过程中带来一点消遣。

第四，使用互动式的插播式广告。

5．文本链接式广告

文本链接式广告是一种以一行文字作为一个广告，点击就可以进入相应的广告页面。图 1-5 是一些门户网站的文字链接。门户网站的访问量大，一般都具有导航功能，这样的文字链接可以大大增加网站的访问量。图 1-6 是另一种文字链接。文字链接是一种收费较低，对浏览者干扰最小，但却较为有效的广告形式，其目的主要是引导有兴趣的消费者进入网站。

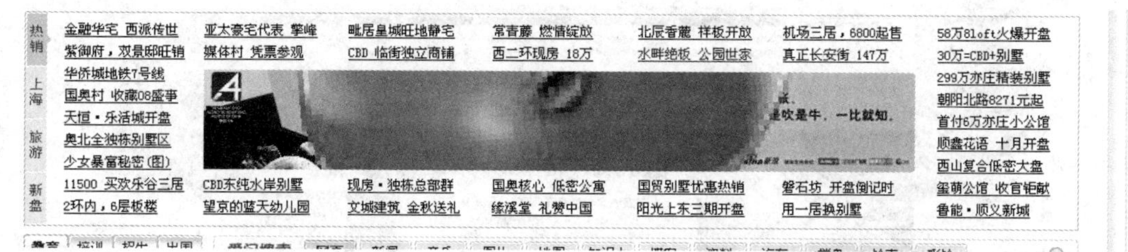

资料来源：www.sina.com

图 1-5 文本链接式广告 1

资料来源：www.sina.com

图 1-6 文本链接式广告 2

精彩演播

为了减少人们对插页广告的反感，新浪在缩小插页广告面积的同时，缩短插页广告时间。于是，打开网页时插页广告出现，然后立即缩小到不碍事的地方，如图 1-7 和图 1-8 所示。

资料来源：http://news.sohu.com

图 1-7 插页广告 1

资料来源：http://news.sohu.com

图 1-8　插页广告 2

知识点 1.2.4　关键字广告

关键字广告（如图 1-9 和图 1-10 所示）是在美国兴起的一种新的广告形式。这是一种在使用搜索引擎时出现的广告，是被搜出来的广告。在英文中这种广告被称为“Keyword-Triggered Banner Advertising”。关键字广告有两种基本形式：一种是关键字搜索结果页面上的广告可以由广告主买断。例如，IBM 买了 Yahoo 的“电子商务”，当在搜索引擎的搜索框中输入这个关键词（字）后，搜索的结果就会出现 IBM 广告。这种广告针对性强，品牌效应好，点击率高。另一种是在关键字搜索结果的网站中，广告主可以根据需要购买相应的排名，但广告主买下流行搜索的关键字，凡是输入这个关键字的用户都可以被吸引到他们的网站上去。

资料来源：http://finance.qq.com

图 1-9　关键字广告截图 1

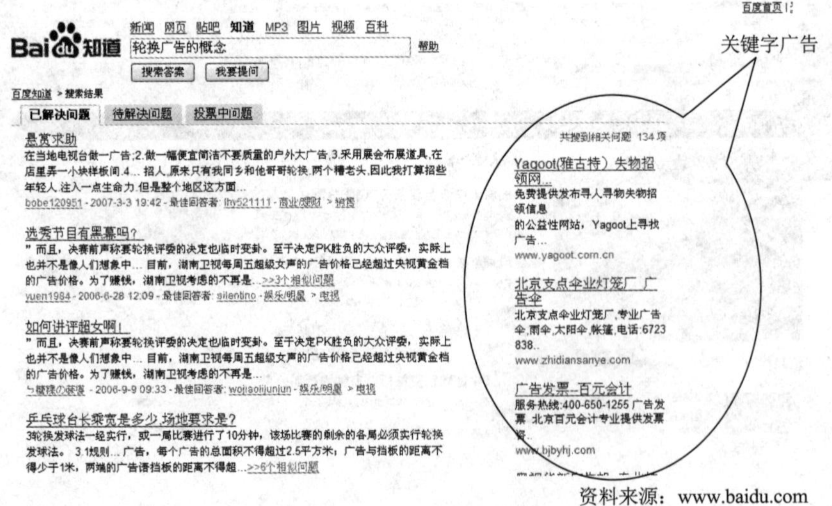

资料来源：www.baidu.com

图 1-10　关键字广告截图 2

知识点 1.2.5 博客（播客）广告

博客，又译为网络日志、部落格或部落阁等，是一种通常由个人管理、不定期张贴新的文章的网站。博客上的文章通常根据张贴时间，以倒序方式由新到旧排列。播客是在博客的基础上又增加了音频甚至视频的内容。

博客广告，简而言之就是发布在博客网站和个人博客上的广告，是网络广告的一种新的形式。博客广告网的创始人亨利·科普蓝德认为：广告商要像博客那样去思考，应该记住他们是加入了一个正在进行的谈话。更重要的是，广告商应该停止用横幅广告来干扰访问者。

博客广告可分为 3 种形式：在博客网站上刊登广告；企业募集专业写手，在博客网站上发表和企业产品相关的具有较强知识性、专业性的博客日志；企业建立企业或行业专题，由博客网站负责版面的设计、注释、链接和其他功能的设置，企业负责内容的提供。

知识点 1.2.6 即时通信广告

即时通信（InstantMessaging）简称 IM，是依靠互联网和手机短信，以沟通为目的，通过跨平台、多终端的通信技术来实现一种集声音、文字、图像的低成本高效率的综合型的通信平台。个人级应用的 IM 代表有： 百度 Hi、腾讯 QQ、微信、易信、来往、新浪 UC、网易 CC、网易泡泡、Skype、Lync、FastMsg、蚁傲、Active Messenger、阿里旺旺等。企业级应用的 IM 代表有：协达软件、点击科技等。

即时通信广告形式主要有以下几种。

1．客户端（聊天工具）深度嵌入

即时把广告作为联系人名单和聊天窗口的背景图片、开发新奇的客户端皮肤、表情图片作为广告载体等都是进行广告宣传的较好形式。

据 QQ 统计，平均每次客户端皮肤的下载达到 60 万次，其中麦当劳皮肤下载达到创纪录的 130 万次。这种皮肤嵌入模式是目前即时通信工具中最具优势的网络广告。

2．在线互动广告

快速、高效是即时通信的显著特点，这种实时交流功能在建立和改善顾客关系方面具有明显效果，尤其是一个网站内部中的即时通信应用，成为企业与顾客之间增强交流的有效方式。

3．利用族群（GROUP）进行广告宣传推广

在新的传媒技术的推动下，受众对媒介的选择性需求更加主动，传统意义上的大众传播不断走向分化，媒介类型和媒介形态多元化。这种多元化、多层次的受众需求与媒介提供的多种可能结合在一起，形成一种类似蜂房结构的多种小众化传播构成的结合体，就是人们所说的族群（GROUP）。企业可以利用即时通信来产生更多的客户或加强客户忠诚度。利用即时通信这一最具时效性和互动性的关系工具，口口相传这样的病毒式传播会对广告的宣传和推广起到意想不到的效果。

4．利用用户的网络应用

以客户端为中心，整合旗下的包括诸如即时聊天、门户、C2C、游戏、SP 在内的所有互联网模式，使广告商的品牌形象融合到用户的网络应用中，并以用户主动接受和理解的形式，完成广告信息的传递。

在腾讯 QQ 和仁和药业的闪亮新主播活动中，药业公司旗下产品和品牌营销以各种方式植入 QQ 中，QQ 宠物食品店中有闪亮滴眼露的销售，很多 QQ 对对碰游戏中的图案也换成了该企业的 LOGO。活动开展的头两个多月，加闪亮新主播，QQ 群的用户有 600 多万，每天关于此活动的留言有 8000 多条，下载闪亮新主播专版的用户有 30 多万，而在 QQ 宠物商店里购买了闪亮滴眼露的用户达到 20 多万，参加了 QQ 对对碰游戏专区的用户也达到了 80 多万。

知识点 1.2.7 网络视频广告

网络视频广告是采用先进数码技术将传统的视频广告融入于网络中，构建企业可用于在线直播实景的网上视频展台。网络视频广告不但继承了网络媒体覆盖范围广、互动性强、投放精准等优点，还具备了传统电视广告的生动、直观、声画并茂等特性，使网络视频广告具有较强的亲和力和影响力，对网络视频用户的有较好的劝说效果，具有明显的传播优势。

网络视频广告包括：视频贴片广告、视频区域外的广告、视频浮层广告和视频植入式广告 4 个主要类别。

1．视频贴片广告

视频贴片广告一般出现在视频内容播放的前、中、后 3 个时期。前期视频贴片广告是在视频内容开播之前，网络视频媒体会附上一段大概 10～30 秒的广告；期间视频贴片广告是在视频内容播放期间视频内容缓冲的时候插播的一段数秒的广告；后期视频贴片广告是当视频播放完毕后插入的一段数秒广告。

2．视频区域外广告

视频区域外广告是一种出现在视频周围的广告，当用户开始观看视频内容时，广告会以图片或文字的形式出现在视频区域外围。视频区域外广告在视频内容播放的整个过程中都在传达着广告中产品的信息，并吸引受众点击广告链接访问产品页面，受众具有很强的自主性，虽然在视频播放全屏时无法为这些广告保留足够的空间，但视频区域外广告仍然能影响到潜在的受众。

3．视频浮层广告

视频浮层广告，即在视频受众观看视频时，其广告文字或图片会短时间内出现在视频顶端或底端，这与传统电视画面底部出现的文字或图片广告类似，不同的是，当用户对广告感兴趣时可以直接点击广告，打开新的网站浏览产品信息。这种广告是一种非强制性的广告，不影响用户观看，是一种比较流行的广告形式。

4．视频植入式广告

视频植入式广告是一种隐性广告，视频内容本身可能就是一个广告。视频植入式广告不具备强制性，它试图在不经意间将品牌的理念传达给受众。但这种广告制作复杂，成本高。

知识点 1.2.8 SNS 广告

SNS 的全称是 Social Network Site，它是依据六度理论建立的网站。SNS 网站的核心就是交友，说得更具体点就是用户分享真实信息，映射真实的人际关系。

由于 SNS 网站拥有庞大的用户和用户关系的真实化，使 SNS 广告具有很多其他网络广告不具有的特质，低成本、高互动、高效率、高精准是 SNS 广告的优势，成为了网络广告中不可忽视的新力量。SNS 广告分为硬广告和软广告两类。

1．硬广告

硬广告是那些直接介绍产品（品牌）、服务内容的广告形式。一般而言，企业很少在 SNS 做硬广告。

2．软广告

软广告是 SNS 网站上使用最多、效果最好的广告类别，其往往以不以人容易发觉的形式出现，主要包括软文广告、游戏植入广告、企业（品牌）主页、活动赞助和活动订制等。例如，在抢车位游戏中植入汽车品牌信息。

知识点 1.2.9　网络游戏广告

网络游戏广告把网络游戏平台视为新兴媒体，以网络游戏玩家为目标受众，通过一定的技术手段将广告置入游戏中，使玩家在虚拟世界中接受广告信息传播。具体包括以下几种形式：

第一，把广告植入网络游戏的道具或场景中。比如，在天联世纪代理的韩国休闲类游戏《街头篮球》中，把游戏角色需要穿的篮球鞋设置为耐克的篮球鞋。

第二，线上与线下的互动。这种类别的网络游戏广告形式多样，它把虚拟世界与现实世界整合起来，不仅可以传播广告信息，还可以做到整合营销。游戏运营商第三波和必胜客曾展开合作，只要玩家在游戏《宠物王》中打怪物，就可以获得从怪物身上掉下来的必胜客的打折卡、赠餐券，甚至可以免费吃匹萨。

第三，游戏开始或结束时的广告。即在游戏开始缓冲或游戏结束时，PC 屏幕出现相关产品或品牌的广告信息。这种广告形式在网络视频节目中也经常用到，算不得新奇，但是与其他类别的网络游戏广告形式相比，广告的画幅会铺满整个屏幕，所以视觉冲击力会更强。也正因为如此，此类广告对广告画面要求更高，需要在短时间内吸引玩家的眼球，否则玩家会通过设置跳过广告。另外，这类广告形式在互动性方面相对弱一些。

第四，定制式网络游戏广告。这类广告是广告主花大笔资金专为某类产品开发的一种网络游戏，这种游戏既是游戏也是广告。如美国快餐巨头“汉堡王”推出的多款以汉堡王套餐为主题的游戏，如《汉堡王：碰碰车》《汉堡王：鬼祟王》《汉堡王：单车手》等。定制式网络游戏广告是这类影视广告结合了网络游戏后的变体，在网络游戏广告领域也较常见，不过，高额的游戏开发费用不是一般的广告主能够负担得了的。

知识点 1.2.10　移动广告

1．概述

移动广告是指基于无线通信技术，以移动设备为载体的一种广告形式，是移动营销的重要组成部分，它具有以下优势：

第一，广告受众庞大，无线广告庞大的受众基础为快速传播创造前提。中国互联网络信息中心（CNNIC）发布的第 35 次《中国互联网络发展状况统计报告》，《报告》显示，截至 2014 年 12 月，我国网民规模达 6.49 亿人，互联网普及率为 47.9%，较 2013 年底提升 2.1%，手机网民规模达 5.57 亿人，较 2013 年底增加 5672 万人。

第二，广告定点传播。手机媒体的私人性，为移动广告定点传播奠定了身份识别的基础。电视无法判定电视机前坐的是什么样的观众，但是手机并不一样，一个手机背后就是一个真真正正的受众，精准是新媒体的优势之一。

第三，广告及时传播。手机媒体的贴身性，将及时传播发挥到极致。大家在每天不同的时间段接触的是不同的媒介，有没有一种媒介是 24 小时贴身，相信除了睡觉之外，大家都把手机带在手边吧。电视广告从制作到发布需要 90 天，报纸广告从制造到发布需要 30 天，杂志广告从制作到发布需要 30 天，移动广告从制作到发布需要 1～2 天，它的作用就是迅速为广告主反馈信息。

第四，广告互动传播。利用移动广告的互动性，可以达到深度营销效果。

第五，广告再次传播。移动广告的再传播性，可降低广告的千人成本。可以想象，当一个人收到有价值的信息之后会转发给好友、亲戚，而这些都是不收费的。此外，移动广告在精准的基础上，人们给它设定的指标是覆盖率与互动率，那么移动广告作为一个互动传播的平台，可以整合其他的传统媒体平台来共同整合营销。

移动广告的发展可追溯至第一台便携式手机的诞生，并随着移动终端的迭代、广告技术的革新，移动广告也经历了三个发展阶段。

1）PUSH 时代（1992～2002 年），用户被动接收广告信息，推广成本高，用户体验不佳；

2）PULL 时代（2003 年至今），用户主动订阅广告资讯，推广成本较低，广告形态较尊重用户体验；

3）双向交互闭环时代（未来）：在用户许可情况下对用户行为数据进行收集，运用大数据技术对用户的基本属性、社会属性、消费属性进行识别，打通线上、线下的“认知→兴趣→搜索→决策→购买→分享”的消费行为闭环，精准找到潜在用户，实现定向推送，提升用户体验。

2．移动广告的形式

移动广告的形式主要有手机报、WAP 网站广告、手机搜索、短信、彩信、WAP PUSH、彩铃、声讯、游戏广告、手机图片、手机铃声、手机视频、手机电视、二维码、终端嵌入等。

（1）手机报

“手机报”是传统报业资源与移动通信技术结合，将平面报纸的资讯内容复制或经过精简再编辑后，通过彩信、WAP、短信等技术手段发送到读者手机终端，因为手机屏幕、容量的限制，一般是将报纸每天相对重要的内容提取出来进行编辑发布。与传统媒体相比，手机报具有受众资源丰富、信息传播方便、传播功能全面、传播速度快、实时互动等特点。目前手机报已经延伸到杂志，各种手机杂志也陆续出现。手机报的表现形式多种多样，现介绍如下。

彩信版手机报，图文格式，单条彩信最大容量约 50 KB，由文字、图片组成，不支持链接，阅读时自上而下拖动或翻页。所以，彩信形式的手机报可以将文字、图片等广告内容放置于头版冠名、彩信体的开头、中间或结束等位置。几乎所有用户都会阅读每天收到的彩信手机报，用户无条件地被动阅读广告内容，所以广告的曝光率极高，超过 90%。但是，彩信的交互能力较差，用户不可以直接通过点击链接的方式实现互动操作，可以回复彩信，但门槛较高，所以，广告的内容需要具有冲击力，通过吸引用户回复短信的方式来实现互动，以准确评估广告效果。彩信形式的广告效果较好，但投放成本较高，需要严格的广告内容审核和投放排期。

WAP 版手机报，与互联网的技术实现方式相似。WAP 广告具有 Web 所具有的特点，因此可以沿用 Web 广告的经营管理方法。但与 Web 相比，WAP 具有较高的点击率，最高点击率可以达到 20%以上。

短信版手机报，短信的最大字数容量为 70 个汉字，一般一条短信新闻的字数在 50～60 字，所以短信版的广告投放就是 10~20 个汉字的容量。这种形式的广告曝光率几乎达到 100%，适合做栏目冠名、品牌传播、促销信息等类型广告，互动性极高，用户可以直接通过回复短信实现操作。

语音版手机报，类似于收音机新闻，却不受时段的制约，用户可以随时拨打、随时收听。语音版广告的投放方式适合以栏目冠名或几秒钟广告播报的形式，可以准确评估广告到达率，这种形式可以通过用户手机进行互动的实现。

随着无线增值技术的不断进步，手机报的发展也会日新月异，无论在内容还是形式上都会超出人们现在对手机报的认知，形式就是内容，是发展初期人们的特定认知，当对形式熟悉之后，内容仍是手机报发展的关键。

（2）手机二维码

“手机二维码”是二维码的一种，是用特定的几何图形按一定规律在平面（二维方向上）分布的黑白相间的矩形方阵记录数据符号信息的新一代条码技术。

手机二维码由一个二维码矩阵图形和一个二维码号，以及下方的说明文字构成，如图 1-11 所示。用户通过手机摄像头对二维码图形进行扫描，或输入二维码号即可进入相关网页进行手机上网，从而使上网更加方便快捷。手机二维码可以印刷在报纸、杂志、广告、图书、产品、包装以及个人名片等多种载体上。

图 1-11　手机二维码

（3）WAP 广告

WAP 链接广告类似传统互联网广告，其本质在于依托 WAP 网站本身的用户流量带来对 WAP 链接广告的眼球效应，包括运营商官方 WAP 站点（official WAP）和免费 WAP 站点（free WAP）页面上的链接的广告形式。

从表现形式来看，定向类移动广告主要依赖于短信、彩信以及 WAP PUSH 等定向类移动广告。早期的定向类移动广告主要为短信群发，由于手机短信的单方面特征给用户带来了较多骚扰，用户对此投诉较多；从发展趋势来看，定向类移动广告的价值在于在获得用户许可的前提下，为用户提供具有价值的商品或服务资讯，为消费者和企业创造价值。

（4）语音类广告

语言类广告就是将广告主的语音类信息通过运营商的语音通道传递到终端用户手机上，包括 IVR、彩铃/炫铃、客服通道（10010）、铃声和中国电信的号码百事通等。

（5）终端嵌入类广告

终端嵌入类广告即以屏幕保护、壁纸、开关机画面、视频、铃声、游戏等方式将广告信息嵌入到新出产的手机里。

（6）搜索类广告

与互联网的搜索广告类似，包括关键词购买或竞价排名等形式。某些搜索引擎也利用手机平台的特点进行了创新，包括利用手机搜索直接可以拨打电话。

（7）小区短信类广告

以手机的短信功能为基础，向进入特定区域的用户发送信息，如到达新的省区、商场、机场等。

（8）手机程序

随着智能手机的兴起，手机程序（主要包括手机游戏和软件）的广告潜力也开始显现出来。这一块可以采取广告支持的免费游戏/软件供使用者下载的模式。游戏不必多说，一直是杀手级应用。而软件典型的有手机版的城市生活指南软件，如 Vindigo 开发的 VindigoCityGuide 软件，提供了美食，电影，音乐，展览，休闲，血拼（Shopping）等各类信息，是人们出行的好帮手，此前他们也和凯迪拉克有过营销方面的合作。

（9）移动视频

移动视频是指在移动设备内进行的插播视频的广告形式，分为传统贴片广告和 In-App 移动视频广告。

（10）移动 DSP

移动 DSP（Demand-Side Platform）就是针对移动端的需求方平台，是为解决广告主投放的各种需求，真正实现人群定位的精准广告的平台。以 YeahMobi 的移动 DSP 平台为例，其对接了 Smaato、Nexage、Mobpub、Google 等 Ad exchange 平台，用 YeahMobi 大数据匹配用户行为进行广告竞投，从而实现精准广告投放。

知识点 1.2.11　在线分类广告

在线分类广告（Classified AD），顾名思义，指的是网站将各种广告信息综合起来，按照产品和服务的类别进行详细分类，向网民提供各种各样的广告信息。在线分类广告是比较专业的广告形式，因为大量的广告信息被聚合起来后将是非常巨大的一笔资源。

在线分类广告凭借网络本身的诸多优势对传统报纸的分类广告形成了极大的冲击，因为在线分类广告通过网络搜索、数据库功能、快捷的更新争取到很多的用户。

百姓网（原客齐集）（http://www.baixing.com/）是这类广告形式的代表，图 1-12 是其网

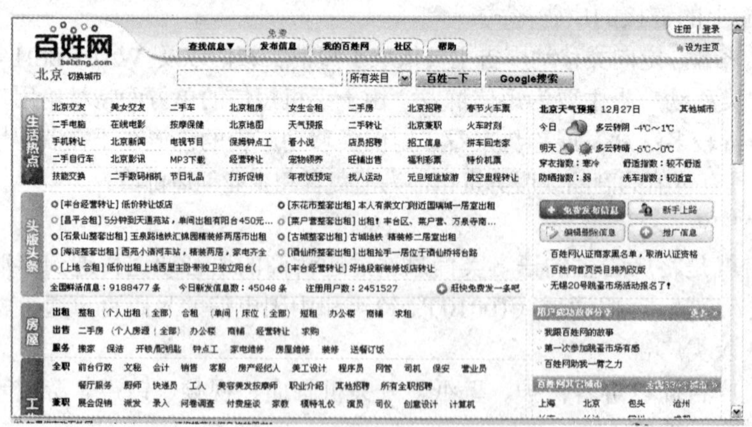

资料来源：http://beijing.baixing.com

图 1-12　百姓网网站截图

站的截图。2005 年 3 月 1 日，全球电子商务领袖电子港湾在世界 80 个城市推出最新的在线分类广告站点——KIJIJI。从此，“百姓网（原客齐集）”在中国诞生了。KIJIJI 可以使居住在同城同区域的用户获得从租房到找工作，从结识朋友到交易大件旧货，从讨论城里的餐馆、旅馆到各种生活信息和服务的消息。成立至今，KIJIJI 在全球 22 个国家和地区建立了分公司，在全球 300 多个城市开通了网站，截至 2015 年 6 月，百姓网月活跃用户数过亿，月新增信息量超过千万条，覆盖全国 380 个城市。其中，来自移动的流量已超过全站流量的 70%。

知识点 1.2.12　电子邮件广告

基于 E-mail 的网络广告主要有直接电子邮件广告、邮件列表广告、电子刊物广告等。直接电子邮件广告即利用收发邮件的方式，收集顾客或潜在顾客的 E-mail 地址，以便函方式有针对性地将商业广告直接发送给指定群体。邮件列表广告又被称为“直邮广告”，是一种按照某种分类将客户列入电子邮件列表，利用这种方式发送电子邮件，这样消息会实时传达给列表上的每一个人。电子刊物广告是指使用任何渠道吸纳自愿订阅用户，以有偿或无偿的形式用电子邮件载体向客户发送内容。

知识点 1.2.13　交互式广告

交互式广告（Interactive Advertisement）是指任何要求或允许浏览者做出行动的广告。交互式广告的形式多种多样，如游戏、插播式、回答问题、下拉菜单、填写表格等，这类广告需要更加直接的交互，比单纯的点击包含更多的内容。交互式广告可以分为 HTML 和 Rich Media 两种。

交互式广告使用者力图通过交互式广告的使用，使互联网用户花费更多时间关注在线广告，甚至把喜爱的广告嵌入他们自己的网页。例如，某网站有一个尼桑汽车的广告，网页浏览者在广告页输入美国的邮政编码，就可得到显示他们所在区域交通情况的地图。另一个六旗主题乐园的广告包括一个小游戏和一个“添加到你的××主页”的链接。正是由于与消费者的互动，交互式广告不仅为广告商提供了访问者的详细情况，而且大大提高了广告效果。在 2007 年前六个月当中，美国交互式广告收入达到了 100 亿美元，越来越多的商务公司看中了交互式广告带来的神奇促销效果。

习题

一、单选题

1．（　　）是被搜出来的广告。

A．关键字　　B．文本链接式广告
C．游动式广告　　D．弹出式广告

2．网络广告最大的优势在于（　　）。

A．非个体化　　B．互动性
C．双向性的传播　　D．个体化

3．网络广告信息传播是（　　）。

A．非个体化、双向性的传播　　B．个体的传播、亲身的传播

C．非个体化、单向性的传播　　D．个体化、双向性的传播

4．当一种媒介被（　）人使用时这个媒介就是大众媒体。

A．1 / 2　　B．1 / 3

C．1 / 4　　D．1 / 5

5．世界上第一条网络广告是美国电报电话公司（AT&T）等十四家客户在网络杂志（HOTWIRED）发布的（　）广告。

A．旗帜　　B．按钮

C．文字链接　　D．关键字

6．第五媒体是（　）。

A．因特网　　B．手机

C．电视　　D．报刊

7．（　）是指在打开一个页面时自动弹出的网络广告形式。

A．富媒体广告　　B．动画广告

C．旗帜广告　　D．插入式广告

8．（　）是满屏游走的网络广告形式。

A．富媒体广告　　B．动画广告

C．游动式广告　　D．插入式广告

9．（　）世界第一个网络商业广告诞生。

A．1985 年　　B．1994 年

C．1995 年　　D．1997 年

10．（　）中国企业第一个网络广告。

A．1985 年　　B．1994 年

C．1995 年　　D．1997 年

11．DART 技术的出现成为了网络广告发展进程中的分水岭，它标志着（　）来临。

A．富媒体广告　　B．定向广告阶段

C．文本链接式广告　　D．插入式广告

二、多选题

1．广告信息指网络广告所要传达的主要内容，主要有（　）等。

A．有形商品信息　　B．企业信息

C．无形商品信息　　D．观念信息

2．定向广告具有（　）等优点，越来越受人们欢迎。

A．个性化广告信息服务　　B．效果测量精确化

C．运营成本节约化　　D．量体裁衣

3．网络广告的媒体包括（　）。

A．手机　　B．网络　　C．电视　　D．广播

三、名词解释

网络广告　在线分类广告　赞助式广告　BBS　新闻组　交互式广告　弹出式广告　关键字广告　按钮式广告　旗帜式广告　富媒体广告　手机广告　博客（播客）广告　网络论坛广告　门户网站广告　即时通讯广告　网络视频广告　SNS 广告　网络游戏广告　移动

广告

四、简答题

1．简述网络广告的要素。

2．简述手机广告的形式。

五、案例题

“爱网络，爱自由，爱晚起，爱夜间大排档，爱赛车，也爱 29 块的 T-Shirt，我不是什么旗手，不是谁的代言，我是韩寒，我只代表我自己。我和你一样，我是凡客。”这句颇有文艺范儿广告语和代言人韩寒最近出现在了北京地铁和公交站大大的广告牌上。

凡客诚品也开始走线下了。这家以电子商务起家，以网络营销发家的标准线上公司开展了大规模的线下推广活动。曾经，凡客诚品以精准娴熟的互联网广告投放策略，几乎覆盖了所有重点网站。在这种铺天盖地的网络营销之下，凡客诚品 3 年间成长了 300 倍。

另外，淘宝和湖南卫视联合斥资 1 亿人民币投资的电视网购节目《越淘越开心》成为每晚网购秒杀族们的最爱；京东商城赞助中超联赛，通过体育营销实现其大众化品牌的梦想。

资料来源：http://a.iresearch.cn

此案例说明了什么？

六、操作题

查找 5 个不同网站，分析该网站的广告形式，写出分析报告。

学习情境二　进行网络广告调查

网上调查最早出现在美国，刚开始的调查内容多是访问者的背景、动机、上网情况等，而后被迅速扩展到各个领域。目前，网上调查在整个市场调查中所占的比例已经达到5%。

我国在这方面起步较晚。从1996年起，搜狐网每两周进行一期网上在线调查，开辟了中国网络调查的先河。1997年11月，中国互联网络信息中心在当时互联网上最流行的搜索引擎及免费电子信箱主页宣传的帮助下完成了第一次中国互联网用户的大型在线调查，其后每隔半年，中国互联网络信息中心就发布一次关于中国互联网络用户现状的调查报告。

网络广告调查指运用网络手段，系统地设计、收集、分析和提出有关市场的情报资料，更好地预测、把握目标市场的变化规律，为广告决策提供可靠依据的调查研究活动，是伴随着广告活动所进行的一切调查活动。

本部分主要是介绍网络广告调查步骤，网络广告调查方法。通过学习，读者可以全面理解网络广告调查的意义，能够根据需要进行网络广告调查。

项目任务2.1　认识网络广告调查

任务情境

达芙妮女鞋网络广告调查

通过对大学生进行调查，分析出他们对网络广告的关注度以及建议，同时结合达芙妮的营销活动对日后达芙妮的网络广告投放提出建议，从而让达芙妮更好地打进大学生市场。

（一）调查主题

通过调查诊断达芙妮在网络广告营销方面存在的不足并适当给予建议。

（二）调查方法

定性调查方法：小组访谈法。

定量调查方法：问卷调查法。

抽样方法：简单随机抽样方法。

被访对象的选择：由于大学生对网络的接触比较频繁，对网络信息的了解比较全面，还有大学城内大学生的密集程度比较高，可以节约成本又可以保证我们调查的准确性，因此我们的被访对象选择的是在校大学生。我们的被访对象跨法学、经济学、医学、地理学、语言学等多个学系和专业，这样进一步减少了数据的误差。

（三）调查结果

1. 调查对象普遍认为达芙妮的质量好，然而，在我们的小组访谈中，我们却从消费者口中得出，达芙妮鞋的质量有点差强人意。经过深入分析，我们得知没有买过达芙妮的群体普遍认为达芙妮质量好（因为价格高），而买过鞋子的群体却基本给出了差评。这就给达芙妮敲出警钟——做品牌，质量一定要把关。这绝不能只停留在广告层面！否则，达芙妮的回头客将越来越少。

2. 据调查，达芙妮的品牌形象在大众心中还是很不错的，其中达芙妮的形象代言人起到了不可磨灭的作用。因此，多在代言人广告上花心思显得尤为重要。

3. 学生们普遍认为达芙妮鞋的款式太少，有点老气，很明显的，达芙妮在设计方面需要加强。在走潮流、时尚路线的同时也应该尽量丰富款式的多样化，以适合不同消费人群的需求。

4. 在商品挑选上，价格总是消费者最为关心的一个因素，经我们的调查与小组访谈得知，达芙妮鞋最大的毛病之一就是价格不稳定，降价幅度太大而且频率高。这样其实会伤害消费者的购买积极性，从长远角度想，这种降价措施实际上给品牌降了一个档次。因此，我们提出的相应建议是打折频率不能太高，降价的幅度尽量压低。

5. 达芙妮的服务态度出现了严重的问题，服务给消费者带来的负面感觉是很难逆转的，因此，达芙妮公司应加强对加盟店人员的培训，并在加盟人员上把好关。

6. 绝大部分的消费者对于达芙妮的最新信息持无所谓态度，但是实际上，在小组访谈中，我们还是听到访谈对象给我们提出的意见："虽然我们对一些广告持无所谓态度，但是如果有吸引我们的广告或者活动，我们还是会愿意去看看的。"所以，达芙妮在今后的广告策略上应考虑到网络广告的形式，主要根据消费者的喜好来投放，比如情景剧、视频、有关形象代言人的活动等比较不会让人觉得厌烦或排斥。

7. 门店海报和电视这两项最主要信息渠道占据前两名，说明达芙妮的门店海报和电视广告宣传力度都比较到位，并能取得实际效果。网络位居第三，拥有 13.6%的比例，仍有很大的上升空间，说明达芙妮的网络宣传方面仍有很大的潜力。但经过我们调查了解到达芙妮的网络广告并不多见，虽然有自己的企业网站及销售网站，但知道的人并不多。因此，我们建议可在其他信息渠道上多对网站进行宣传。门店海报、电视的宣传作用明显具有绝对优势，因此我们认为网络宣传投入比重应不超过其他主流媒体为宜。

8. 相当大比重的学生都选择了门户网站和新闻网站，因此我们建议网络广告的投放媒体可多考虑这两类网站。

9. 调查结果显示百度、淘宝、腾讯是网民登录的最频繁的网站，其次为优酷、新浪网，因此我们建议与这些网站合作（后面我们将提到如何与百度、淘宝、腾讯合作）。

任务要求

1. 网络广告调查的主要方法是什么？
2. 网络广告调查对网络广告投放策略具有哪些作用？
3. 达芙妮网络广告调查的意义是什么？

知识点 2.1.1　网络广告调查的含义

目前，网络调查的含义包含两类，一类指以互联网络为手段进行的调查，这类含义与一般的市场调查并无太大区别，主要是指以计算机网络为传播手段，代替传统的面对面访问、电话访问或邮寄调查的手段，来研究人类的一般行为或研究特定群体的行为。

另一类指以互联网络为手段进行调查，例如，CNNIC（中国互联网络信息中心）每年进行的中国互联网络发展状况的网络调查。而传统的广告调查属于营销调查的一个分支，指的是广告主通过对产品、消费者、竞争对手和市场等相关信息的收集和分析，来帮助广告公司制定或评估广告战略、单独的广告或整个广告战役。

本书采用的是第一类网络调查的解释，并且结合网络调查和传统广告调查的含义，可以将网络广告调查定义为："利用计算机网络的传播手段取代面对面访问、电话访问或邮寄调查的方式，来研究产品、消费者、竞争对手和市场的相关信息，并对收集的信息进行统计和分析，来帮助广告公司制定或评估网络广告战略、单独的网络广告或整个网络广告战役"。

网络广告调查是为企业的整个广告运动服务的，是针对企业一系列的广告活动而言的，而不是网页上一则单独的横幅或旗帜广告。作为网络调查的重要分支，网络广告调查主要是以互联网为技术手段去收集和统计分析与广告活动相关的一些信息和资料，与传统的广告调查相比，网络广告调查所采用的"利用计算机网络的传播手段"来进行调查的方式更符合现今"全球化""地球村"时代的要求。

知识点 2.1.2　网络广告调查的特点

广告调查的目的是为了帮助广告主更好地了解消费者对产品的感觉、对竞争对手的看法以及对品牌形象和企业形象的信任度。既然广告调查的侧重点在消费者身上，那么，获取真实的与消费者有关的信息在广告调查活动中则占有关键的地位。随着科技的发展，"信息爆炸"使得人们利用传统的调查方式再难获取有价值的信息，信息的真假优劣也成为信息使用者面临的难题。网络作为新型的一种信息收集的渠道，能有效地解决传统调查方式所面临的信息难获取的问题。此外，传统调查包括了对人的访问和对事物、现场的实地考察两个方面，但网络调查却更侧重于人的方面，因此也更切合广告调查中针对消费者的调查目的的初衷。

网络调查的优势主要体现在以下两个方面。

1．即时接触目标消费群体、费用低廉

在进行广告的创意之前，企业都要针对产品的有关概念去调查消费者的态度。传统的调查方式主要是采用面对面的访问（FTF）、电话访问和邮寄调查的手段，来研究人类的一般行为或研究特定群体的行为。其中，产品的目标消费者作为特定的群体，随着社区管理的加强以及电信部门提供的筛选拨入电话的来电显示和阻止不明电话拨入等服务的完善，使得企业很难搜集到有关消费群体的信息，加大了对目标消费群进行调查的难度。并且，在可以接触到目标消费群体的情况下，企业在印刷、纸张、培训调查员和支付调查员费用等方面，都面临一笔不小的开支。但是，网络调查却仅需要一台可以上网的计算机，通过发送 E-mail 邮件、在 Web 站点上发布在线调查表以及通过弹出式调查、网上固定样本调查等方式，就可以吸引网民的注意力，即时地接触到目标消费群体，从而搜集到所需要的信息。

另外，通过统计分析软件可以对搜集到的数据进行自动处理和分析，不需要额外的调查人员对获取的信息再进行处理，既节省了经费也节约了时间成本。网络调查的经济成本一般可以降低到传统调查方式的60%。

2. 网络调查的方式丰富多样、可塑性强

传统的市场调研可以分为获取第二手资料的方法和获取第一手资料的方法两大类。而互联网早已经是获取第二手资料的最便捷渠道，称之为网上搜索法。互联网已成为可用于营销目的的二级数据的源泉，不少著名市场调查公司在万维网上发布一些简略市场数据，与此同时，其他互联网服务——如电子图书馆，则发挥着贸易、工商新出版的数据库的作用。

对第一手资料的获取，传统的广告调查从定性调查入手，来获得对市场、消费者及产品的总体印象，然后再通过定量调查方法或实地调查来得到对具体营销形势的准确数据。网络调查兼具定性调查和定量调查的特点，常见的网络定性调查有一对一的网上深度访谈、网上小组座谈和观察法。同传统的访谈和观察法相比，在网络的虚拟空间里，被访问者是匿名存在的，这就保证了对某些敏感性和私人性问题的回答率，接受深度访谈或小组座谈的目标消费者的回答会更加真实、客观，不受调查者主观暗示的影响，并且网络跨越了时空限制，因此可以随时随地地开展定性调查。在网络空间里，同样可以采用实验法。随着电子商务的普及，网上交易变得频繁起来，为实验调研法的网上推广提供了很好的环境条件。此外，在网络广告投放后，网络调查还可以进行对网络广告的监测，类似于传统的广告监测，并随时根据新出现的问题进行修改，可塑性强。因此，采用网络调查的方式进行广告调查是可行的，但是，在我国互联网发展的现状下，网络调查仍存在着许多的问题，需要引起高度的重视。

知识点 2.1.3　网络广告调查存在的问题

1. 调查的对象问题

我国网民的总数在总体人口中所占的比例很小，不足以构成规模，并且网民属于高学历、高收入的特殊群体，覆盖面小，在我国的很多领域不具有样本的代表性，这样将导致数据的不真实，影响调研的科学性。

首先，加强网络的基础设施和网站建设，进一步普及网络的覆盖面积，是解决样本代表性问题的当务之急。其次，根据统计学的理论要求，对不同内容的统计调查应对受访者的身份进行甄别。但是网络调查对象的身份是不受限制的，因此难以识别网民的真实身份，不少网民不会认真回答问卷，有些网站为了商业效益甚至用软件自动答卷，使得网上数据的真实性受到了很大的质疑。对此，现在主要采用网络识别辅之以特征识别的方式来甄别调查对象，避免重复答题的现象。网络识别一般通过被调查者的 IP 地址或 E-mail 地址，特征识别主要是对被调查者总体的特征描述来甄别对象。

2. 调查的误差问题

调查的技术问题主要表现在抽样框和无回答误差上。抽样框误差是由于我国的网民群体不具样本的代表性，因此抽样框不能涵盖目标总体的全部元素或者包括非目标总体的元素而产生的误差。无回答误差则包括有意无回答和无意无回答两种。前者是由于调查的内容涉及个人隐私或敏感性问题而引起被访问者的反感而产生的；后者包括多种情况，主要是被访问者主体不能参加调查活动或由于网络技术的问题丢失了问卷等原因导致了无回答现象。此外，网络传输速度慢，网络不稳定或问卷过长等，都会导致无回答误差。减少抽样框误差的方式可以通过正确界定目标总体和抽样框达到。可将网民设定为目标总体，再通过抽样的方法推断网民总体的特征值，最后通过网民与全国民众的差异，由“此特征值”推断出全国总体的特征值。而通过合理的设计问卷、充分利用多媒体对网民的感染力、提供一定的物质奖励和对某些敏感性问题提出保密的保障等措施，可以解决无回答误差的问题。

3．调查的安全问题

对目前的网络调查缺乏有力的法律法规进行监管。各个网站的网络调查的方式和标准都不一致，并且某些网站为了利益作假导致发布的数据不真实。此外，一些调查公司会突袭聊天网民，黑客技术窃取网民个人资料、发送爆炸式邮件等，给网络环境造成了安全隐患，加上网络技术的不成熟，在网络上病毒泛滥、数据被毁的情况时有发生，这些都导致了被访问者的极大反感，致使网络调查工作无法顺利进行。建立权威的网站发布平台和网站监管机制，提高网络统计系统的安全防范能力可以尽可能解决此类问题。

项目任务 2.2　如何进行网络广告调查

任务情境

网络广告效果调研问卷

如今网络越来越成为人们生活中重要的一部分，网络广告也成了营销队伍中逐渐壮大的一支力量。为了了解年轻族群对于网络广告的关注情况及态度倾向，我们特做此次调查，占用您宝贵的几分钟时间填写以下问卷，感谢您的参与！

1. 你的性别：男　　女
2. 你每天用于上网的时间：
   少于 1 个小时　　1-2 个小时　　2-3 个小时　　>3 小时
3. 你通常会在什么类型的网站上浏览广告（多选）？
   门户网站（新浪、网易、腾讯等）
   搜索网站（Google、百度等）
   新闻网站
   BBS 网站
   商业网站
   游戏网站
   政府网站或公益网站
4. 你对网络广告持的信任程度如何？
   从不相信　　半信半疑　　比较可信　　非常相信
5. 你是否曾经因为网络广告产生购买行为？
   没有　　偶尔　　经常
6. 你比较接受以哪种方式发布的广告（多选）？
   弹出广告
   视频、Flash 广告
   浮动广告
   电子邮件广告
   网页侧栏广告

游戏嵌套广告
商家发布的在线活动
“软文”“托”“红人推荐”等方式

7. 你对网络广告如何对待？
不会点击，非常讨厌
不常点击，但是浏览下大致内容
有时点击，看看自己感兴趣的内容和网站
经常点击，从中获取更多信息

8. 在阅读网络广告时，广告的什么内容能给你留下印象？
多选
广告标语
精美的图片与描述
产品的性能
企业 Logo（标志）

9. 你通常在怎样的情况下遇到网络广告（多选）？
浏览新闻信息
收发邮件
网上聊天
玩游戏
观看视频播放
下载东西
其他

10. 你认为广告是否吸引你的重点在哪？
商品本身
广告创意
品牌形象
出现在网页上的时间和位置

11. 你对网络广告不满意的地方是（多选）？
真实性无法保证
怕有病毒
强制性营销
影响阅读网页
广告中缺乏真正有用的信息
出现次数多，打扰自己
广告缺乏吸引力
杂乱无序

12. 你认为网络广告的哪一部分最重要？
广告标语　　广告的图片　　广告的内容　　其他__________

13. 你认为商家在广告的投入上应侧重哪一方面？

企业形象　商品质量　促销活动　其他__________

14. 对于秒杀商品和赠送活动，你的态度如何？

不相信，天上没有掉下来的馅饼

相信但不参与，觉得几率太小

机不可失，抢！

15. 你是否遭受过虚假网络广告的欺骗？是　否

16. 你感觉网络广告对你有效果吗？

没有

有一定的效果，可以作为借鉴

有很大效果

任务要求

1. 网络广告调查问卷中如何设计题目？
2. 网络广告调查问卷中最适宜的题目数量？
3. 网络广告调查问卷中备选答案如何设计？

知识点 2.2.1　调查目标与内容

广告调查不能漫无目的，否则会造成调研结果与广告策划需求不相符，导致人力与财力成本的浪费。我们需要根据广告活动的要求，制订明确的调查目标，界定调研的问题。分析现有的与调查问题有关的资料，明确广告调查需要搜集的资料，明确调查问题的要求。

广告调查的内容一般包括以下几部分。

1．市场调查

广告市场调查是广告调查的内容之一，指和广告活动密切相关的市场营销组合因素的调查和企业微观环境的调查。一般来说，市场调查的内容极为复杂，范围极为宽广，从不同的角度出发，就会对市场调查的内容和范围有不同的理解。但是，如果我们只从广告运作的规律考虑的话，市场调查的内容和范围还是基本确定的，主要有：市场环境调查、广告主企业经营情况调查、广告产品情况调查、市场竞争性调查、消费者调查等几项内容。

2．环境调查

调查文化环境主要是为了了解广告产品所处环境的文化特征、文化禁忌等，使广告及广告产品能够与社会文化相融合，而不致于发生严重的冲突；或者能够使广告及广告产品在扩展其市场空间时，避免与新开拓的活动环境的文化规则相冲突。

（1）消费者调查

所谓消费者调查是对与广告产品有关的各种消费者购买行为的调查，具体包括生理因素、心理因素和个性因素的调查。

（2）产品调查

产品调查是指对预定的广告产品的调查，以了解其是否适销、符合市场的要求和消费者的习惯。产品调查具体包括产品属性和产品竞争结构的调查。

（3）市场竞争调查

市场经济的原则之一便是公平竞争，现代商品的市场产品竞争愈演愈烈，所谓“商场如战场”。在市场竞争性调查中，重点查明市场竞争的结构和变化趋势；主要竞争对手的情况以及企业产品的竞争成功的可能性；在广告创业的竞争性调查中，还要了解广告市场竞争的状况、各种广告手段与效果分析以及提出新广告策划的可能思路，通过这种调查性分析寻找到最有希望的产品销售突破口，寻找到最佳的广告创意。

（4）广告企业经营情况调查

广告企业经营情况调查是指对广告企业的历史现状、规模及行业特点、行业竞争能力等情况的调查。其目的是为广告策划和创意提供依据，从而有效地实施广告策略，强化广告诉求。

3．形象调查

企业形象调查是对社会公众所给予企业的整体评价与认定的情况调查。由于在 20 世纪 90 年代的广告发展被公认为系统形象广告时代阶段，企业形象调查就显得尤为重要。企业形象调查的内容很多，具体包括品牌形象、技术形象、企业识别系统等。这些企业形象转化为具体的指数就是企业的知名度和美誉度。

所谓知名度是指一个企业被社会公众知晓、了解的程度，以及企业对社会产生影响的广度和深度。这一指数是评价企业在社会上名气大小的客观尺度。所谓美誉度是指一个企业获得社会公众认可、信任、赞许的程度，以及企业在社会上产生影响的美与丑、好与坏等。这一指数是评价企业在社会上名声好坏的客观尺度，是任何一个企业都极力追求的目标。

通过对企业形象进行调查，其结果有下列情况之一：

- 低知名度、低美誉度
- 高知名度、低美誉度
- 低知名度、高美誉度
- 高知名度、高美誉度

通过对企业形象进行调查，就会得到社会公众对企业整体形象认识的真实和完整的情况，使之与企业自身设定的形象进行比较，找到企业开展广告活动和公共关系活动的工作重点或区域。

4．效果调查

广告效果调查分事前调查和事后调查。事前调查又称广告试查，是指广告在实施前对广告的目标对象进行小范围的抽样调查，了解消费者对该广告的反应，以此来改进广告策划及广告表现，提高随后的广告效果。事后调查是指在广告发布之后的一段时间里，对于广告的目标对象所进行的较大规模和较广范围的调查，通过对广大消费者对该广告运动的反应，而测定广告效果的调查工作。其目的在于测定广告预期目标与广告实际效果的态势，反馈广告活动的受众信息，为修正广告策略和随后进一步开展广告工作奠定量化基础，以便广告主或广告公司的广告活动更好地促进企业目标的实现。广告效果调查必须以严格的定量化指标为结果和表现形式，所有的定性的内容都必须基于严格的量化参数。这就要求在广告效果的调查活动中，采用科学化的手段与方法去进行各个调查环节的工作，以达到广告效果测定结果的可信性与有效性。

知识点 2.2.2　确定调查方法

网络广告调查方法分为网络直接调研和网络间接调研。网络直接调研是指利用互联网技术，通过网上问卷等形式调查网络广告市场及其效果的一种调研类型。根据不同的标志，我们可以将网上直接调研方法分为若干种类型。网络间接调研主要是利用互联网收集与广告营销相关的市场、竞争者、消费者以及宏观环境等方面的信息。网络间接调研的方法，一般通过搜索引擎搜索有关站点的网址，然后访问所想查找信息的网站或网页。

1．网络直接调研

按调研的思路不同，可以将网络直接调研分为网上问卷调研和网上论坛调研等方法。

网上问卷法是将问卷在网上发布，被调研的对象通过 Internet 完成问卷调研。在实际操作中有两种网上问卷调研途径：一是通过网站发布和回收问卷。将问卷放置在 WWW 站点上，等待访问者访问时填写问卷，如 CNNIC 每半年进行一次的“中国互联网络发展状况调研”就是采用这种方式。这种好处是采取自愿性填写，缺点是无法核实问卷填写者的真实情况。为达到一定问卷数量，站点还必须进行适当宣传，以吸引大量访问者。二是通过电子邮件发送和回收问卷。通过 E-mail 方式将问卷发送给被调研者，被调研者完成后将结果通过 E-mail 返回。这种方式好处是可以有选择地控制被调研者，缺点是遭到被调查者的反感。采用这种方式时首先应争取被访问者的同意，并向提问者发送小礼物。

网上论坛调研指通过 BBS 和新闻组对企业的产品进行网上调研。尽管问卷调研方法有比较客观直接的优点，但也存在不能对某些问题进行深入调研和分析原因的缺点。为了弥补网上问卷调研的不足，许多企业设立 BBS 以供访问者对企业产品进行讨论，或者与某些专题的新闻组进行讨论，以更深入地获取有关资料。及时跟踪和参与新闻组和公告栏，有助于企业获取一些问卷调研无法发现的问题。因为问卷调研是从企业角度出发考虑问题，而新闻组和公告栏是用户自发的感受和体会，他们传达的信息也往往是比较客观的，网上论坛调研的缺点是信息不够规范，需要专业人员进行整理和挖掘。

按组织调研样本的行为不同，可以分为主动网上调研法和被动网上调研法。

主动调研法，即调研者主动组织调研样本，完成统计调研的方法。被动调研法，即调研者被动地等待调研样本造访，完成统计调研的方法，被动调研法的出现是统计调研的一种新情况。

按采用的调研技术不同分类，可以分为站点法，电子邮件法，随机 IP 法和视频会议法等调研方法类型。

站点法是将调研问卷的 HTML 文件附加在一个或几个网络站点上，由浏览这些站点的网上用户回答调研问题的调研方法。站点法属于被动调研法，这是网上调研的基本方法。

电子邮件法是通过给被调研者发送电子邮件的形式将调研问卷发送给一些特定的用户，由用户填写后以电子邮件的形式再反馈给调研者的调研方法。电子邮件法属于主动调研法，优点是大大提高时效性。

随机 IP 法是以产生一批随机 IP 地址作为抽样样本的调研方法，属于主动调研法，其理论基础是随机抽样。

视频会议法是基于 Web 的计算机辅助访问的调研方法，是将分散在不同地域的被调研者通过互联网视频会议功能虚拟地组织起来，在主持人的引导下讨论调研问题的调研方法。

2．网络间接调研

（1）收集竞争者信息的方法

1）利用搜索引擎进行检索。利用所有的相关关键词和喜爱的搜索引擎进行一系列的互联网检查是搜索竞争者信息的首选方法。寻找全球性竞争对手信息的最好方法是在全球 8 大导航网站中查找，即 Yahoo、altavista、infoseek、excite、hotbot、webcrawler、lycos、 planetseareh。收集国内竞争对手的方法，可以利用百度、搜狗等。值得注意的是，对于国内来讲，通过引擎可能只能搜索到部分，往往还需要配合传统方法收集信息。

2）访问竞争者的网站。竞争者的网站会透漏竞争企业当前及未来的营销策略，应该认真阅读竞争者网站风格、内容和主要特色。虽然调研者在网站上可能发现不了什么内幕消息，但浏览竞争者的网站是获得大量信息的好的开端。

3）收集竞争者网上发布的信息。在互联网上日益增多的信息中，商业信息的增长速度是最快的。调研者在考虑这些信息对企业的时效性时，应该注意它们的时效性和准确性。

4）从其他网上媒体获取竞争的信息。如果企业没有自己收集竞争者信息的资源或技术，就只能外购竞争者的信息了。外购信息优点是外部的咨询人员比较客观，他们具有丰富的专业经验，可以更快地完成报告，并且定期更新信息。外购的缺点是成本高，包括初始成本和更新信息的成本。

5）从有关新闻组和 BBS 中获取竞争者的信息。在网上有许多关于竞争者信息讨论组，参加其中的任何一个都会得到很大好处。

（2）收集市场行情信息的方法

企业所收集的市场行情资料主要是指产品价格变动、供求变化方面的信息。收集市场行情信息，首先要了解可能用来收集市场行情信息的站点。这一类站点数目较多，大致有以下 3 种。

1）实时行情信息网，如股票和期货市场。

2）专业产品商情信息网。

3）综合类信息网。一般来讲，不同商情信息网侧重点不同，最好是能同时访问若干家相关但不完全相同的站点，以求找出最新的、最全面的市场行情。

（3）收集消费者信息的方法

消费者信息是指消费者的需要、偏好、意见、趋势、态度、信仰、兴趣、文化和行为等方面的信息。通过互联网了解消费者的偏好，可以通过网上调研的方法来实现。了解消费者的偏好也就是收集消费者的个性特征，为企业细分市场和寻找市场机会提供基础。

1）利用 Cookie 技术收集消费者信息。Cookie 是用户硬盘里的一个小的文本文件，它可以把用户的上网信息储存在浏览器的存储器中。一旦用户浏览某个使用 Cookie 技术的网站超过一定时间，网站就会把相关的信息下载到用户的浏览器上并存储起来。利用 Cookie 技术，企业可以更详细地了解消费者的上网特征甚至购买行为。不管怎样讲，Cookie 是收集消费者信息的优秀工具。通过 Cookie 与电子问卷调研等手段收集的信息结合在一起，调研者就可以了解用户上网特征，包括用户人口统计数据、消费心理数据及其他统计数据。收集这些重要的消费者信息可以帮助调研者实施更有效的一对一营销。

2）通过二手资料获取消费者信息。互联网可以让调研者迅速收集到遍布全球的二手消费者信息。有大量组织机构提供内容广泛的消费者信息，调研者可以在互联网上找到各种商业报告、贸易杂志、数据库和政府的人口普查数据等。有些服务是免费的，但很多是付费的，一般来讲，购买二手数据比收集一手数据更快更便宜。

3）利用专业统计软件和网上订单收集消费者信息。有的公司还通过网页统计方法了解消费者对企业站点的感兴趣内容，现在的统计软件可以如实记录下每个访问页面的 IP 地址，如何找到该网页等信息。目前许多公司为了方便消费者，在公司网站架设 BBS，允许消费者对公司的产品进行评述和提意见。有的公司允许消费者直接通过网络下订单，提出自己的个性化需要，公司因此可以获取消费者直接的第一手资料。

（4）收集环境信息的方法

环境信息是指企业营销战略有关的宏观环境变量的总和。宏观环境主要指直接或间接影响企业生存与发展的社会、技术、经济和政治因素。环境信息调研应该看成是对主要的环境变量信息进行收集、评价并把它们与企业的日常决策和长期战略计划结合在一起的过程。在当今全球一体化趋势下，任何地方发生的事情或出现的问题都可能对企业实现其短期和长期目标的能力产生影响。

知识点 2.2.3　设计调查问卷

调查问卷又称调查表，是调查者根据一定的调查目的精心设计的一份调查表格，是现代社会用于收集资料的一种最为普遍的工具。

1. 调查问卷的分类

按照不同的分类标准，可将调查问卷分成不同的类型。

1）根据市场调查中使用问卷方法的不同，可将调查问卷分成自填式问卷和访问式问卷两大类。

所谓自填式问卷，是指由调查者发给（或邮寄给）被调查者，由被调查者自己填写的问卷。而访问式问卷则是由调查者按照事先设计好的问卷或问卷提纲向被调查者提问，然后根据被调查者的回答进行填写的问卷。一般而言，访问式问卷要求简便，最好采用两项选择题进行设计；而自填式问卷由于可以借助于视觉功能，在问题的制作上相对可以更加详尽、全面。

2）根据问卷发放方式的不同，可将调查问卷分为送发式问卷、邮寄式问卷、报刊式问卷、人员访问式问卷、电话访问式问卷和网上访问式问卷 6 种。其中前三类大致可以划归自填式问卷范畴，后三类则属于访问式问卷。

网上访问式问卷是在 Internet 上制作，并通过 Internet 来进行调查的问卷类型。此种问卷不受时间、空间限制，便于获得大量信息，特别是对于引起敏感性问题，相对而言更容易获得满意的答案。

2. 问卷的基本要求

一份完善的问卷调查表应能从形式和内容两个方面同时取胜。从形式上看，要求版面整齐、美观，便于阅读和作答，这是总体上的要求。具体的版式设计、版面风格与版面要求，这里暂不陈述。

再从内容上看，一份好的问卷调查表至少应该满足以下几方面的要求：

1）问题具体、表述清楚、重点突出、整体结构好。

2）确保问卷能完成调查任务与目的。

3）调查问卷应该明确正确的政治方向，把握正确的舆论导向，注意对群众可能造成的影响。

4）便于统计整理。

3. 问卷的基本结构

问卷的基本结构一般包括 4 个部分，即说明信、调查内容、编码和结束语。其中调查内容是问卷的核心部分，是每一份问卷都必不可少的内容，而其他部分则根据设计者需要可取可舍。

（1）说明信

说明信是调查者向被调查者写的简短信，主要说明调查的目的、意义、选择方法以及填答说明等，一般放在问卷的开头。

（2）调查内容

问卷的调查内容主要包括各类问题、问题的回答方式及其指导语，这是调查问卷的主体，也是问卷设计的主要内容。

问卷中的问答题，从形式上看，可分为开放式、封闭式和混合型三大类。开放式问答题只提问题，不给具体答案，要求被调查者根据自己的实际情况自由作答；封闭式问答题则既提问题，又给出若干答案，被调查中只需在选中的答案中打“√”即可；混合型问答题又称半封闭型问答题，是在采用封闭型问答题的同时，最后再附上一项开放式问题。

指导语，也就是填答说明，用来指导被调查者填答问题的各种解释和说明。

（3）编码

编码一般应用于大规模的问卷调查中。因为在大规模问卷调查中，调查资料的统计汇总工作十分繁重，借助于编码技术和计算机，则可大大简化这一工作。

编码是将调查问卷中的调查项目以及备选答案给予统一设计的代码。编码既可以在问卷设计的同时就设计好，也可以等调查工作完成以后再进行。前者称为预编码，后者称为后编码。在实际调查中，常采用预编码。

（4）结束语

结束语一般放在问卷的最后面，用来简短地对被调查者的合作表示感谢，也可征询一下被调查者对问卷设计和问卷调查本身的看法和感受。

4．问卷设计的过程

问卷设计的过程一般包括十大步骤：确定所需信息、确定问题的类型、确定问题的内容、研究问题的类型、确定问题的措辞、确定问题的顺序、问卷的排版和布局、问卷的测试、问卷的定稿、问卷的评价。

（1）确定所需信息

确定所需信息是问卷设计的前提工作。调查者必须在问卷设计之前就把握所有达到研究目的和验证研究假设所需要的信息，并决定所有用于分析使用这些信息的方法，比如频率分布、统计检验等，并按这些分析方法所要求的形式来收集资料，把握信息。

（2）确定问卷的类型

制约问卷选择的因素很多，而且研究课题不同，调查项目不同，主导制约因素也不一样。在确定问卷类型时，先必须综合考虑这些制约因素：调研费用、时效性要求、被调查对象、调查内容。

（3）确定问题的内容

确定问题的内容似乎是一个比较简单的问题。然而事实上不然，这其中还涉及个体的差异性问题，也许在你认为容易的问题在他看来是困难的问题；在你认为熟悉的问题在他看来是生疏的问题。因此，确定问题的内容，最好与被调查对象联系起来。分析一下被调查者群体，有时比盲目分析问题的内容效果要好。

（4）研究问题的类型

问题的类型归结起来分为 4 种：自由问答题、两项选择题、多项选择题和顺位式问答题。其中后 3 类均可以称为封闭式问题。

1）自由问答题。

自由问答题，也称开放型问答题，只提问题，不给具体答案，要求被调查者根据自身实际情况自由作答。自由问答题主要限于探索性调查，在实际的调查问卷中，这种问题不多。自由问答题的主要优点是被调查者的观点不受限制，便于深入了解被调查者的建设性意见、态度、需求问题等。主要缺点是难于编码和统计。自由问答题一般应用于以下几种场合：作为调查的介绍；某个问题的答案太多或根本无法预料时；由于研究需要，必须在研究报告中原文引用被调查者的原话。

2）两项选择题。

两项选择题，也称是非题，是多项选择的一个特例，一般只设两个选项，如“是”与“否”，“有”与“没有”等。两项选择题的特点是简单明了。缺点是所获信息量太小，两种极端的回答类型有时往往难以了解和分析被调查者群体中客观存在的不同态度层次。

3）多项选择题。

多项选择题是从多个备选答案中择一或择几，这是各种调查问卷中采用最多的一种问题类型。多项选择题的优点是便于回答，便于编码和统计。缺点主要是问题提供答案的排列次序可能引起偏见。这种偏见主要表现在 3 个方面：第一，对于没有强烈偏好的被调者而言，选择第一个答案的可能性大大高于选择其他答案的可能性。解决问题是打乱排列次序，制作多份调查问卷同时进行调查，但这样做的结果是加大了制作成本。第二，如果被选答案均为数字，没有明显态度的人往往选择中间的数字而不是偏向两端的数。第三，对于 A、B、C 字母编号而言，不知道如何回答的人往往选择 A，因为 A 往往与高质量、好等相关联。解决办法是使用其他字母，如 L、M、N 等进行编号。

4）顺位式问答题。

顺位式问答题，又称序列式问答题，是在多项选择的基础上，要求被调查者对询问的问题答案，按自己认为的重要程度和喜欢程度顺位排列。

在现实的调查问卷中，往往是几种类型的问题同时存在，单纯采用一种类型问题的问卷并不多见。

（5）确定问题的措辞

很多人可能不太重视问题的措辞，而把主要精力集中在问卷设计的其他方面，这样做的结果是有可能降低问卷的质量。问题的陈述应尽量简洁，避免提带有双重或多重含义的问题；最好不用反义疑问句，避免否定句；注意避免问题的从众效应和权威效应。

（6）确定问题的顺序

问卷中的问题应遵循一定的排列次序，问题的排列次序会影响被调查者的兴趣、情绪，进而影响其合作积极性。所以一份好的问卷应对问题的排列作出精心的设计。

一般而言，问卷的开头部分应安排比较容易的问题，这样可以给被调查者一种轻松、愉快的感觉，以便于他们继续答下去。中间部分最好安排一些核心问题，即调查者需要掌握的资料，这一部分是问卷的核心部分，应该妥善安排。结尾部分可以安排一些背景资料，如职业、年龄、收入等。个人背景资料虽然也属事实性问题，也十分容易回答，但有些问题，诸如收入、年龄等同样属于敏感性问题，因此一般安排在末尾部分。当然在不涉及敏感性问题的情况下也可将背景资料安排在开头部分。还有一点就是注意问题的逻辑顺序，有逻辑顺序的问题一定要按逻辑顺序排列，即使打破上述规则。这实际上就是一个灵活机动的原则。

（7）问卷的排版和布局

问卷的设计工作基本完成之后，便要着手问卷的排版和布局。问卷排版与布局总的要求是整齐、美观，便于阅读、作答和统计。

（8）问卷的测试

问卷初稿的设计工作完毕之后，不要急于投入使用，特别是对于一些大规模的问卷调查，最好的办法是先组织问卷的测试，如果发现问题，再及时修改。测试通常选择 20～100人，样本数不宜太多，也不要太少。如果第一次测试后有很大的改动，可以考虑是否有必要组织第二次测试。

（9）问卷的定稿

当问卷的测试工作完成，确定没有必要再进一步修改后，可以考虑定稿。问卷定稿后就可以交付打印，正式投入使用。

（10）问卷的评价

问卷的评价实际上是对问卷的设计质量进行一次总体性评估。对问卷进行评价的方法很多，包括专家评价、上级评价、被调查者评价和自我评价。专家评价一般侧重于技术性方面，比如说对问卷设计的整体结构，问题的表述、问卷的版式风格等方面进行评价。上级评价则侧重于政治性方面，比如说在政治方向、舆论导向等可能对群众造成影响的方面进行评价。被调查者评价可以采取两种方式：一种是在调查工作完成以后再组织一些被调查者进行事后性评价；一种方式则是调查工作与评价工作同步进行，即在调查问卷的结束语部分安排几个反馈性题目，比如，“您觉得这份调查表设计得如何？”。

知识点 2.2.4　分析调查结果

对问卷调查结果如何进行分析计算，与问卷调查如何设计有关。设计方法不同，计算和分析结果的分析方法也就不同。

（1）等级量化计算分析方法

这种形式的调查问卷，首先列出调查项目内容，然后让被调查者逐项表态：属于优、良、中、差中的哪一个等级。认为属于哪个等级，就在哪个等级下面划“√”。

调查者收回问卷后加以整理归纳，统计出每一项内容得到优、良、中、差的个数，然后规定优为 95 分、良为 85 分、中为 75 分、差为 60 分。用等级量化分数分别乘以等级个数，相加之后再除以总调查人数就得出了这次问卷调查的总评结果。这个最后结果是以量化分数形式出现的，这个分数与哪个等级的量化分数接近，就可以认为总评属于哪个等级。至于为什么会得到这样的分数和等级，就要具体问题具体分析。可以总体分析，也可以逐项分析，还可以将两者相结合。

（2）相对量化计算分析

这种类型的调查问卷从形式上与前一种并无本质上的区别。只是要求被调查者对调查项目内容的表态上并不一定是优、良、中、差中的某一个等级。它对评价结果的等级要求还要宽泛一些，等级分得更细一些。例如，有的调查问卷评价结果分为 7 级：1 是最差的，7 是最好的，最差（1）和最好（7）之间再分为（2，3，4，5，6）。被调查者对调查项目表态时，选择 1、2、3、4、5、6、7 中的任一级。

收回问卷后，按照调查问卷的项目顺序逐项统计出 1～7 各等级中的人数。即对该调查项目内容有多少个人认为是 1，……，多少人认为是 7。然后对于每一个等级，计算出该等级人数在总体中的比率。比如，某次问卷调查，被调查者 50 人，对于问卷中第一个项目内容表态结果是 1 等的有 0 人，2 等的 0 人，3 等的 1 人，4 等的 2 人，5 等的 8 人，6 等的 29 人，7 等的 10 人。则可以计算出各等级在总体中所占的比率依次是：0%，0%，2%，4%，16%，58%，20%。调查结果表明：认为该项目内容效果达到最好或者接近最好的占 78%（58%+20%）；认为最差和接近最差的没有；认为中等的占有 4%。如果想知道该项目内容得分多少可以二次量化，将等级化为分数，比如规定 1～7 级分别为 40，50，60，70，80，90，100 分，于是，该项目内容得分就是“40×0+50×0+60×2%+70×4%+80×16%+90×58%+100×20%=89 分。这种分析形式最关注的是各等级人数在总调查人数中所占的比率，也就是说有百分之几的人认为你属于这个等级，所以称为相对量化分析。

知识点 2.2.5　撰写调查报告

广告调查报告是市场调查报告的一种，是通过对广告环境、广告主、广告受众、竞争对手等市场情况进行调查后，对所得信息经过分析、研究和处理后而写成的为企业广告计划提供依据的报告性文书。

1．调查报告的特点

（1）针对性

文章针对企业广告计划或与广告计划相关的某一问题而进行的调查。例如，关于青少年消费群体的研究。

（2）真实性

所调查的是市场某一方面问题的过去和现状，调查信息必须反映市场现状、变化规律。

（3）时效性

要及时、迅速、准确地发现和反映市场的新情况、新问题。

2．调查报告的结构

（1）标题

常见的形式有两种：一种是公文式标题，如《关于吉诺尔冰箱市场前景的调查》；另一种是揭示调查对象式标题，常用正副标题。

（2）正文

导言须高度概括，简明扼要。应写明调查的基本情况，如调查目的、时间、地点、对象、范围、调查方法等。也可介绍报告的主要内容、观点。

（3）主体

主体一般分为 3 个层次：基本情况，介绍调查获得、经过归纳整理的资料数据及图表，说明被调查对象的过去和目前的商情；分析及结论，包括对资料数据如何分析、归纳以及发现的问题、关于市场状况的结论；根据分析及结论，提出有针对性的对策或措施。

（4）结语

结语可以概括全文的观点，写出总结式的意见，或说明调查中存在的问题，主要的情况倾向，或预测可能遇到的风险等。也可以不另加结语。

习题

一、单选题

1．问卷调查法的应用程序中，首当其冲的是要（　　）。

A．设计调查问卷　　B．选择、确定调查对象

C．发放调查问卷　　D．回收、审查调查问卷

2．问卷中设计问题有两种形式，开放式和（　　）。

A．半开放式　　B．封闭式

C．框图式　　D．半封闭式

3．（　　）是指在提出问题时不提供任何答案，由被调查者根据实际情况自由填写。

A．开放式问题　　B．实质性问题

C．指导性问题　　D．封闭性问题

4．市场调查中，明确调查目的是市场调查的（　　）。

A．第一步骤　　B．第二步骤

C．第三步骤　　D．第四步骤

二、多选题

1．调查资料按照其来源不同，可以分为（　　）。

A．一手资料　　B．二手资料

C．直接资料　　D．间接资料

2．市场社会文化环境调查主要包括（　　）。

A．消费者文化及教育水平　　B．民族与宗教状况

C．社会物质文化水平　　D．社会价值观念

3．市场调查研究阶段的主要任务有（　　）。

A．鉴别资料　　B．统计分析

C．整理资料　　D．定性研究

三、名词解释

1．网络调查

2．网络广告调查

3．调查问卷

四、简答题

1．简述网络广告调查的作用。

2．简述网络广告调查的特点。

3．简述网络调查的一般程序。

五、案例题

商品经济飞速发展，报纸杂志广告、广播广告、电视广告竞争日益激烈，随着网络技术突飞猛进，网络广告也开始加入这一行列。网络广告与其他广告形式相比，独具优势：不仅目标准确度惊人，而且互动效果明显。互联网正以独特的冲击力改变着广告业界的整体面貌

和操作形态。

网络媒体的优势几乎是说不尽的：传播范围最广，交互性强，针对性强，受众数量可准确统计，实时、灵活、成本低，具体强烈的感官性……其中，交互性强是互联网络媒体的最大优势。传统媒体基本上只能进行大众传播，而在互联网上，既能进行大众传播，又能进行个人传播、人际传播、群体传播和组织传播。通过网络实现信息互动传播，彻底改变传统媒体信息的单向传播。用户可以获取他们认为有用的信息，厂商也可以随时得到宝贵的用户反馈信息；广告主还可通过设计在线表单的方式获取用户反馈信息，缩短用户和广告客户之间的距离。

换言之，互联网比其他任何媒介赋予消费者更多的直接与广告主进行互动活动、进而建立未来关系的能力。网络广告可以做到一对一的发布以及一对一的信息回馈。对网络广告感兴趣的网民不再被动地接受广告，而是可以及时地做出反应。这种优势使网络广告可以与电子商务紧密结合，马上实现一个交易的过程，大大提高了广告受众的行动率。

另一方面，网络广告的受众是年轻、具有活力、受教育程度较高、购买力较强的群体，传统媒体零互动、强迫接受的广告方式明显不符合这类人的兴趣，很多人因而产生抵触情绪而使广告效果大大打折，而网络广告的交互性则无疑可以帮助卖方直接命中最有可能的潜在消费者。

当我们收看电视广告时，选定了某个频道自己就无法决定播出什么，只有看或者不看的选择，也无法向电视台去询问有关广告中产品的情况，因此电视广告就不具有交互性。当收到某个商场寄来的产品目录，如果对某个产品感兴趣时，可以打电话询问，这种直复营销方式就有了一定的交互性，但顾客与商家之间的交流不是实时的，因而仍然不能称为交互营销。

而网络广告的载体基本上是多媒体、超文本格式文件，受众可以对某感兴趣的产品了解更为详细的信息，使消费者能亲身体验产品、服务与品牌。同时，这种以图、文、声、像的形式传送多感官的信息，让顾客如身临其境般感受商品或服务，并能在网上预订、交易与结算，将更大地增强网络广告的实效。当我们通过计算机浏览一幅交互式网络广告或者一个多媒体形式的产品演示时，用户可以根据自己的兴趣点击某个部分进行详细的研究，甚至可以改变各种图像的显示方式，可以选择不同的背景音乐，或者根据自己的指令组合为新的产品模型，也就是说具有较高的交互性。

交互性的特征在于用户可以实时参与。这种参与可以是有意识的询问、在一定程度上对原有顺序和内容的改变，也可以是随机的、无意识的点击等行为。交互的程度除了设定程序的组合之外，也与参与者的兴趣和方式有关。

在评价一个网站时，通常会看到诸如“缺乏交互性”或“具有较好的交互性”之类的评论。除了网站本身之外，在网络营销中，常用的互动手段包括：搜索引擎、电子邮件、反馈表单、即时信息、论坛、网络广告、电子书、电子贺卡、在线调查表等，也都具有不同程度的交互性。但这些方法的交互性并不是自然产生的，交互性还需要通过一定的技术手段才可以实现。

比如一个企业网站，如果采用静态网页，便体现不出交互的功能；网络广告如果仅仅是一幅图片（包括动画），要被动地等待用户的点击，其交互性也不够明显。E-mail 作为最重要的网络营销工具，不同的操作方式，其互动效果也有很大的差别，这与受众的需求特点、邮件的格式、内容的设计，以及发送时间、发送频率等都有很大的关系，只有掌握了其中的规律，才能让交互性在营销中发挥出更大的作用。

网络广告采用交互界面，可以使访问者对广告的阅读层次化，除了产品的概况外，感兴趣的访问者还可以阅读有关企业和其他产品的资料。借助于电子邮件，广告浏览者可以方便地在线向厂商请求咨询或服务，随时通过文字、图像、声音等方式向厂商提出自己的意见和要求；厂商也能够在很短的时间里收到信息，并根据客户的要求和建议及时做出积极反馈。网络广告提供的这种交互功能，可以非常方便地满足消费者边浏览广告，边在线订货、购物的需求。这就顺应了人们快节奏工作和生活的需要，从而吸引更多的消费者。

网络广告吸引广大受众，充分发挥其特色去加大广告市场占有率。根据网民的特点、喜好、需求采用适当的方式提供广告信息。CNNIC 的最新调查显示，在吸引用户点击的广告类别方面，排在前五位的分别为有奖促销活动（67.9%）、公益性活动（51.2%）、娱乐活动（42.9%）、新闻信息（41.5%）、商品信息（33.1%）。网络广告可以根据网民的喜好，针对受众需求提供广告信息，与受众建立长久的网络关系。

利用传统媒体做广告，很难准确地知道有多少人接收到广告信息，而在 Internet 上可通过权威公正的访客流量统计系统精确统计出每个广告被多少用户看过，以及这些用户查阅的时间分布和地域分布，从而有助于客商正确评估广告效果，审定广告投放策略。企业可以利用网络及时监测功能对访问者类型、访问的时间、访问的地区进行统计，从而了解到广告的实际效果，并随时修改广告出现的频率或实时改变创意。

网络广告形式具有多样性的特点，更需要加强广告创意。根据 CNNIC 的调查，在吸引用户点击的网络广告形式方面，点击游动式广告的网民居多数（40.7%），其次是横幅式广告（31.2%）。网络广告应利用其特有的形式，从广告制作的策划和创意方面入手，去吸引受众的注意力，打动受众的购买欲望，激发其消费需求。

网络广告在广大网民心目中的预期地位已经可以和传统媒体广告相媲美。可以预见，随着互联网络的进一步发展，网民数量的进一步增加和网民结构的进一步成熟，将会有更多的个人和企业接受网络广告的跨时空、跨地域、图文并茂、双向传播信息的超凡魅力，网络广告将以其交互性为首的各种优势成为一种具有巨大商业潜力的传播媒介。

讨论：网络广告交互性调查结论对网络广告策略制定的作用。

六、操作题

VANCL（凡客诚品），由卓越网创始人陈年创办于 2007 年，产品涵盖男装、女装、童装、鞋、家居、配饰、化妆品七大类，支持全国 1100 城市货到付款、当面试穿、30 天无条件退换货。创立以来，凭借极具性价比的服装服饰和完善的客户体验，凡客诚品已经成为网民购买服装服饰的主要选择对象。

创业以来，凡客诚品依靠良好的产品和个性化的服务，建立了企业的口碑；在让消费者对凡客诚品的产品建立信任之后，凡客诚品开始时尚品牌塑造的进程。凡客诚品首先走出电子商务企业的思维定式，回归到服装品牌的定位，按照时尚品牌的方式，塑造强势品牌。

凡客诚品开始不断地推广校花、超级模特（中外）的时尚大片，奠定了品牌时尚基调；后来利用王珞丹和韩寒作为品牌代言人，增加企业的品牌知名度和美誉度。

针对凡客网广告投放效果设计调研问卷。

学习情境三　进行网络广告预算

任何广告主都希望用尽可能少的资金投入获得尽可能好的广告效果，广告预算就是用于衡量广告主在广告方面的投入。网络广告也和传统广告一样，必须进行网络广告预算，来安排应该投入多少广告费以及具体如何分配使用这些广告费，这样有利于广告主控制网络广告投入和检测网络广告效果。

本部分主要是介绍网络广告计价方式和网络广告预算基础知识。通过学习，使读者能够结合各种影响因素，选择合适的预算方法，来编制网络广告预算方案。

项目任务 3.1　认识网络广告计价方式

任务情境

网络招聘的方式在美国等国家已经深入人心，成为大家求职的首选方式。而在我国，由于受技术和观念的制约，网络招聘还处于起步阶段。对用人单位来讲，网络招聘拥有收费低、速度快、针对性强等优势；对应聘者来讲，足不出户就可以向各个用人单位投递简历，省时、省力、省钱。目前，我国的网络招聘模式一般为广告招聘模式。网络招聘市场被前程无忧、中华英才网以及智联招聘三分天下，还有其他国内知名招聘网站及众多区域性招聘网站紧随其后，竞争日益激烈。图 3-1 和图 3-2 是智联招聘网站上的招聘广告。

资料来源：百度百科

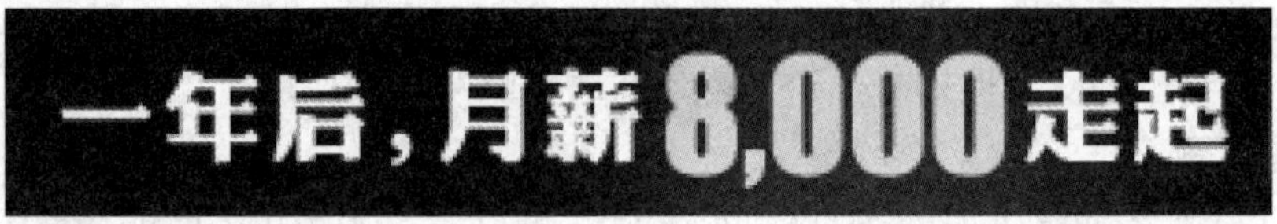
一年后，月薪8,000走起

资料来源：www.zhaopin.com

图 3-1　智联招聘网站上的招聘广告 1

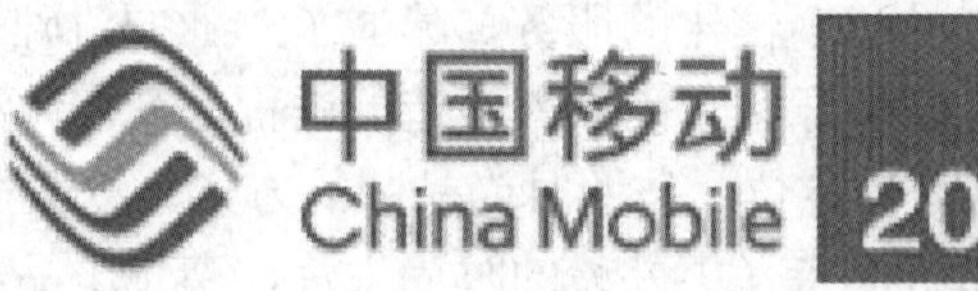

中国移动
China Mobile
江苏移动
2014社会招聘

资料来源：www.zhaopin.com

图 3-2　智联招聘网站上的招聘广告 2

任务要求

1. 智联招聘网如何收取广告费？采用什么样的网络广告计价方式？
2. 招聘网站能不能实行双向收费？为什么？

知识点 3.1.1　CPM

CPM（Cost Per Milli-impression）每千人印象成本是指广告显示 1000 次所应付的费用。例如某网站主页横幅广告报价为 15 元/CPM，那么就意味着该网站显示 1000 次这个 Banner 的话就收 15 元，如果广告投入是 600 元则可以获得 40×1000 次播放机会。至于每 CPM 的收费究竟是多少，要根据主页的热门程度（即浏览人数）划分价格等级。按显示次数给广告定价，传统媒体大多数也采用这种计价方式。但在网络上 CPM 却发挥了比在传统媒体上更大的作用，传统媒体无法对实际接触广告信息的人数做详细准确的统计，而网络媒体却能够比较精确地计算广告显示的次数。

在 CPM 中印象的标准是不同的，有 Page Views 也有 User Sessions，前者是访问次数，后者则是一个用户的活动过程。Page Views 更能反映有多少人访问网页，User Sessions 只反映了多少人到过这个网站，与看广告并没有直接联系。所以按 Page Views 来收费更科学，也更能反映此广告的效果。

CPM 的广告计费方式有明显的好处。第一，以访问次数为单位来计费，可以更加公平、科学地把主页广告与非主页广告区分开。如果以页面来计算，显然更多的广告主会争夺主页的广告权，非主页则由于受访问次数的限制，没有主页的传播效果好。即使对主页与非主页区别收费，也难以有科学的划分标准，更多的网站在实践中是同等对待，这就更加突出了主页广告而冷落了非主页广告。以访问次数为计算标准则解决了这一矛盾。第二，激励网站千方百计提高网页的浏览人数，这对加大广告效果非常有利。如果实行包月制或笼统付费方式，则广告的实际效果与网站没有直接关系，互相也不存在激励，广告效果会大打折扣。这种收费模式最直接的好处就是把广告与广告对象联系了起来。

知识点 3.1.2　CPC

CPC（Cost Per Thousand Click-Through）每千人点击成本的收费模式是以实际点击的人数为标准来计算费用的，它仍然以 1000 次点击为单位。例如一则广告的单价是 20 元/CPC，则表示 200 元可以买到 10×1000 次点击。与 CPM 相比，CPC 是更科学、更细致的广告收费方式，它以实际点击次数而不是页面浏览量为标准，这就排除了有些网民只浏览页面，而根本不看广告的虚量。当然，CPC 相应的成本与收费比 CPM 要高。尽管如此，CPC 仍然比 CPM 更受欢迎，它能直接、明确地反映出网民是否对广告内容产生兴趣，能点击广告的网民肯定是对这种产品有兴趣或购买欲望的人。但恶意点击作弊对这种收费模式是致命的打击，正因为这样也就应运而生另外一种网络广告收费模式，那就是收费价格的确定是基于网民是否做出实际购买行动，而不是仅着眼于广告点击率。

经典演播

"我的地盘，我就喜欢！M-ZONE 动感套餐任你选"（见图 3-3）

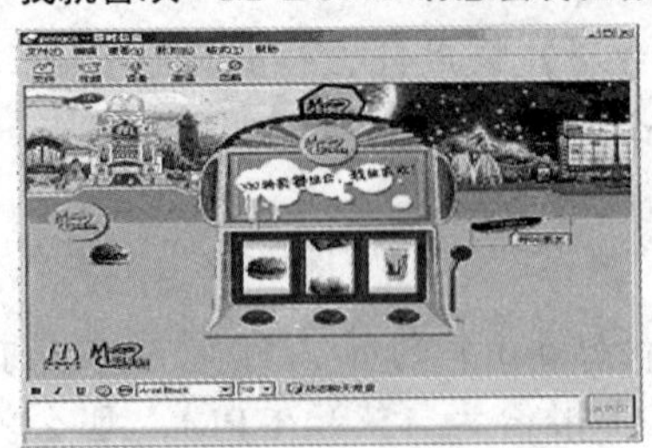

图 3-3　M-ZONE 网络广告截图

此网络广告的挑战性在于：动感地带品牌与麦当劳联盟推广，希望大家能由动感地带的套餐联想到美味、便宜、流行的麦当劳套餐。把通信服务形象化，产生具体的联想，让目标受众在游戏中，接受这一概念。

采取的解决方案：

（1）利用雅虎通聊天工具专门为动感套餐订制皮肤和聊天背影，加互动游戏，网民可通过老虎机摇出喜欢的套餐，套餐的概念深入人心。

（2）配合投放首页疯狂广告及其他形式广告。

活动时间一个月，下载动感套餐聊天背景的独立用户达 36182 人，整个活动的点击成本为人民币 0.82 元。

资料来源：雅虎网站

知识点 3.1.3　CPA

CPA（Cost Per Action，每行动成本）就是广告主为每个行动所付出的成本，即根据每个访问者对网络广告所采取的行动收费的定价模式。Action 这个所谓的"行动"可以包括很多，购买产品也是行动，但现在把这种单独拿出来叫"CPS（Cost Per Sales）广告"；注册、发贴等这都是行动，也单独把这种叫"CPL（Cost Per Lead）广告"。但总的来说，常说的 CPA 可以理解为注册会员、下载安装等。这种计价方式对于广告主而言，是非常有利的。CPA 模式在充分考虑广告主利益的同时却忽略了网站主的利益，遭到了越来越多的网站主的抵制。网站主们普遍不愿意拿优质广告位投冷门产品的 CPA 广告，因为广告被点击后是否会触发网友的消费行为或者其他后续行为（如注册账号等行为），最大的决定性因素不在于网站媒体，而在于该产品本身的众多因素（如该产品的受关注程度和性价比优势、企业的信誉程度等）以及现今网友对网上消费的接受状况等因素。

知识点 3.1.4　CPP

CPP（Cost Per Purchase，每购买成本）是指根据每个商品的购买成本来决定广告费用。其好处就是把商品的购买与广告费用联系起来，即只有在网络用户点击网络广告并进行在线交易后，才按交易笔数付给广告站点费用。这是广告主为规避广告费用风险而采用的一种方式。随着网站销售业绩的增长，网站肯定希望投放广告的商家产品销路极佳，而对销路不佳的商品则不愿采用这种广告计费方式。当然，这必须借助于一些软件的支撑。著名的 Value Commerce 公司利用其 ITrack 软件，构造了一个根据交易来收费的广告模式，该模式也可算作 CPP 的一种变体。它借助 ITrack 软件，当交易完成时才开始计费，把广告与销售实际效果联系起来。

知识点 3.1.5　包月

这是一种包时制，就是买断某一时期的广告，实行固定收费制。通常是以月为计价单位，所以叫作“包月制”，即按照“一个月多少钱”这种固定的收费模式来收费。除了按月，还可以按天、周、季度等不同的时间来收费。表 3-1 显示了搜狐网站 2013 年 10 月～2014 年 3 月部分频道的广告报价。

表 3-1　搜狐网络常规广告报价（2013/10/1～2014/3/31）

形式说明	搜狐首页		新闻频道	财经频道
部分频道首页首屏通栏右按钮，广告尺寸为 120×85 像素，文件要小于 8 KB	右侧第一按钮 4 轮换	右侧第二按钮 3 轮换	首页第一通栏右侧静态按钮 2 轮换	首页第一通栏左/右侧静态按钮 3 轮换
其他位置，广告尺寸为 120×60 像素，文件要小于 5 KB 新新国际公寓	190000 元/天	160000 元/天	55000 元/天	60000 元/天

其好处在于，不仅操作简单，对网站技术水平要求也低，不需要对浏览量、点击率进行统计。正因如此，它是许多技术水平较低的小网站普遍采用的方法。它的缺点也是十分明显的，首先就是广告投入费用与实际效果脱钩，这就意味着网站与广告主之间总会有一方在这种误差之间受损；其次，它难以调动网站加大广告宣传力度，因为收费是以时段为标准，网站不必要花哪怕是小钱去加强广告效果，广告效果自然无法保证；最后，这种方式也不利于广告主对广告效果进行测评，没法得到广告效果的有关数据。

知识点 3.1.6　其他形式

某些广告主在进行特殊营销专案时，会提出以下方法进行个别议价：CPL（Cost Per Lead），以搜集潜在消费者名单多少来收费；CPS（Cost Per Sales），以实际销售产品数量来换算广告刊登金额；PFP（Pay-For-Performance），按业绩付费。

相比较而言，一般 CPM 和包月方式对网站更为有利，而 CPC、CPA、CPP 等则对广告主更为有利。目前比较流行的计价方式是 CPM 和 CPC，最为流行的则为 CPM。

项目任务 3.2　分析影响网络广告预算的因素

任务情境

四川智强集团原是一家地方国营食品企业，名不见经传。但在 1998 年央视广告招标会上，该集团却以 6750 万元的巨资夺得央视在 1999 年第一、二、四季度广告黄金段位的“A

特段”。加上在其他媒体投放的广告，所耗广告费用高达 1 亿多元，成为当年四川投放广告最多的企业，被称为四川“标王”。在巨额广告费的轰炸下，“智强”商标的知名度在全国范围内迅速提升。集团的主导产品“智强核桃粉”“智强鸡精”等产品销往全国近 400 个大中城市，甚至出口到了新加坡、泰国等东南亚国家。企业也先后获得“四川省重点企业”“四川省小巨人企业”等殊荣，并被誉为“中国核桃粉大王”。然而，巨额的广告投入和一系列荣誉光环并没有让智强集团在市场上持续火爆下去。由于该集团在鼎盛时期的年产值才 1.6 亿元，但每年的广告费就超过 1 亿元，企业经营被高昂广告费所困。短短几年时间后，智强集团的经营状况每况愈下，出现了借钱或贷款打广告的现象，而应付货款一拖再拖，各种债务纠纷接踵而至。到 2003 年成都春季糖酒会，已是强弩之末的智强集团上演了最后一次广告“大手笔”——出巨资包断主会场的大门和最重要的展场。不久，溃败就一发不可收拾，仅仅半年后，智强集团即向法院提出了破产申请，成为被广告拖垮的典型企业。

资料来源：http://news.sohu.com/

任务要求

1. 智强集团为什么会破产？
2. 在做广告预算时应考虑哪些因素？

知识点 3.2.1　广告预算与企业销售

课堂思考

某地“塔山酒厂”酿的酒质优价廉，属于省优产品。一开始以为只要酒香就不怕巷子深，结果在远销沿海的首次就吃了闭门羹，谁也不买账，好酒到货数天也无人问津。在这样的处境下，他们才心一横，借助该省电视台，唱起了“川北一枝花，幸福千万家”的酒神曲。仅半月时间，1500 箱大曲一抢而空，该厂厂长开了眼界，感慨道：“酒香也怕巷子深，要靠广告敲开门。”（资料来源：百度文库）

有人认为只要广告费投入越多，销量就会越好，您赞同这种说法吗？

在进行广告预算的时候，通常首先要预计在一定时期内（通常为一年）投入的广告总费用为多少，预计能带来多少商品销售额。但是在实践中，这却是一个难题。一则好的广告，不仅能够提高商品的知名度，还能在无形中让消费者倾向于购买同类产品中宣传力度最大的那个产品。在销售时，若能让自己的产品拥有一则受到大家关注的广告，往往可以大大提高产品的销售量。这也使得大多数企业相信：不论广告宣传要达到什么样的目标，广告投入的增加最终总是要与企业商品销售相联系。正是基于这一点，国内外许多企业都不惜投入大量广告费来进行广告宣传活动。

但是广告投资不同于其他经济项目的投资，既不会看到立竿见影的直接效果，也没有固定不变的标准。对于一个企业来讲，究竟花多少钱做广告才合算，究竟哪一部分销售是广告带来的效果，都是难以判断的。有时在广告预算前，似乎看不出哪项广告费是非花不可的，有时投入广告见效后，又似乎每一项广告费都是应该支出的，一定时期内广告费多支出几千元或少支出几千元，似乎在广告效果上没有多大的差别。

由此可见，广告费与企业销售之间的关系很复杂，很难直观地看到广告费与商品销售额之间的因果联系。从央视历届标王的情况（请见表 3-2）来看，也能得出这样一个结论，一个产品要想卖得好，并不是单凭做广告就能行的。

表 3-2 央视历届标王与中标价

年 份	招标额最高企业	中标金额（元）	央视招标总额（元）
1995	孔府宴酒	0.31 亿	
1996	秦池酒	0.67 亿	
1997	秦池酒	3.2 亿	
1998	爱多 VCD	2.1 亿	
1999	步步高	1.59 亿	
2000	步步高	1.26 亿	
2001	娃哈哈	0.22 亿	
2002	娃哈哈	0.20 亿	26.26 亿
2003	熊猫手机	1.08 亿	33.15 亿
2004	蒙牛	3.1 亿	44.12 亿
2005	宝洁	3.8 亿	52.48 亿
2006	宝洁	3.94 亿	58.69 亿
2007	宝洁	4.2 亿	67.96 亿
2008	伊利	3.78 亿	80.28 亿
2009	纳爱斯	3.05 亿	92.56 亿
2010	蒙牛	2.039 亿	109.66 亿
2011	蒙牛	2.305 亿	126.68 亿
2012	茅台	4.43 亿	142 亿

资料来源：http://news.sohu.com

尽管广告费与企业销售之间的关系很复杂，但是为了使企业对于在一定时间、一定市场环境条件下所做的广告投入更有效果，在做广告预算时还是有必要详细分析广告费与企业销售之间的关系。例如，根据碧生源的年度报表，2007 年，碧生源广告费支出是 4910 万元，占年度总销售额的 30.1%；2008 年，碧生源广告费支出是 11820 万元，占总销售额的 33%；2009 年，碧生源广告费支出是 19670 万元，占总销售额的 28.4%；在 2010 年前 6 个月，碧生源广告费支出是 11710 万元，占总营业额的 31.8%。从碧生源广告投入不难看出，广告费一直是占据碧生源销售额的比例在 30%左右（数据来源：www.sina.com）。

知识点 3.2.2 广告预算与市场竞争

企业的广告预算常常不能脱离产业和整个市场的竞争状况。竞争者的水平及实力也会大大影响本企业的广告投入。如果竞争对手实力强大，产品有相当的影响力，要与之较量，自己的广告投入就会相应上升；当竞争对手突然改变广告策略及投入时，自己必然也要做出相应调整。除此以外，市场上的“广告拥挤度”的大小也影响企业的广告预算规模。广告拥挤度是指单位时间内，某一特定媒体刊播的广告数量。如果广告拥挤度非常大，较小的广告预算无法与竞争企业抗衡。只有企业的广告是众多广告中最响亮的情况下，才有可能引起媒体受众的注意，诱使他们产生购买欲望。比如在一间有 30 多位同学的教室里，每一个人都向老师（只有一位老师）诉说，在这种吵闹的无秩序的环境里，作为学生的你，如果想让老师听清你的话，你的声音只有比其他人更响亮，才会达到你的目的。而“响亮的声音”需要花费更多精力。这个道理在“广告爆炸”的年代里，同样适用。竞争对手越多或者“广告拥挤度”越大，那么本企业所要投入的广告费就要越多。

课堂思考

2010 年 ChinaJoy“全球社交游戏和中国战略”圆桌论坛上，Zynga、Watercooler Inc、Playdom 等 SNS 游戏开发商、游戏平台都抱怨今年上半年公司广告费用上涨，其原因是由于 SNS 游戏行业竞争加剧导致企业要增加广告费用来加强推广。

Playdom 战略规划高级副总裁 Howard Marks 称，公司广告费用近 6 个月来在增加，因为市场竞争越来越激烈，广告费用也越来越昂贵。公司内部原来是 2 个人做广告，后来扩大规模，增加到 8 个人，让这些人来确保可以更好利用广告资金，密切地监控广告费用。

Watercooler Inc 首席产品制作总监 Andrew Sheppard 称，看到类似的趋势，尤其是关于 SNS 平台的开发商，以及关于客户获取、用户获取成本越来越高，竞争也越来越激烈。比如在同一个游戏空间里有越来越多的游戏品牌。

Playfish 中国区总经理顾文认为，每一个游戏平台，当它们越来越大，客户获取成本也会越来越高。平台运营人需要考虑到 IP 和知识产权的问题。一旦在市场营销上花更多的钱，那就会使得必须要不断地来获得更多的收入，然后做更多的市场营销，但是如果这些回报率不高的话，那这些市场营销将会没有意义。（资料来源：http://tech.163.com）

您认为需不需要根据市场竞争状况来做广告预算？怎么做？

知识点 3.2.3　其他因素对广告预算的影响

1．产品生命周期

产品生命周期会影响企业网络广告预算。

（1）引入期

当企业产品处于引入期，即刚刚投入市场时，大多数消费者还不大熟悉。这个时候，投入的广告费不可能马上对消费者产生立竿见影的效果。因此，增加广告费用，商品销售额不一定增长，将广告费计入到商品销售成本中去，企业总的销售利润有可能下降。

（2）成长期

当广告宣传使消费者开始认识、了解和熟悉企业产品时，产品也就步入了成长期。这个时候，广告费用与销售额的关系最为明显。因为往往每投入一定的广告费用，销售额就会有所增长，企业销售利润也会因此而迅速上升。广告预算应重视这一时期，应在这一时期内，增加广告投资，以提高产品的知名度，增强产品的竞争力，扩大商品销售额。

（3）成熟期

当产品进入成熟期，促销策略往往以营业推广为主，但这个时候为了保持产品的知名度，广告预算的费用也应该稳定在一定的水平上。

（4）衰退期

一旦产品进入衰退期，广告费用便要大幅度削减了。

2．产品的地域

产品的地域不同也会有不同的投入，不同地域有不同的“挤入成本”，产品进入难度较大的，广告投入也较大。如果这种产品进入一个地区不受阻碍和消费者的抵制，那么广告投入也会大大降低。此外，地域的大小也会影响广告投入，地域大，则投入多。

3．消费者

消费者的行为不仅影响市场的走向，也影响广告预算的制定。消费者是广告的直接对象，如果消费者对产品反应冷淡，则广告的投入会更大，以刺激消费者，使消费者逐渐认识产品。并且，不同层次的消费者接受广告的成本是不同的，也就是说要说服或引诱他们所花的成本是不同的。如果消费者文化层次较高，接受新事物能力较强，则这种投入会较小；相反，则要花更大的成本去打开这个市场。而当产品已被消费者认同时，就可以适当地控制或减少广告预算规模。

4．企业自身因素

不同实力的企业的广告不仅在行为上不同，投入也会有很大差别。广告预算的规模大小，归根到底是受企业的规模、实力制约的。企业的规模大、实力强、产量高、资金雄厚，当然可以把广告预算制定得规模宏大。反之，如果企业的资金、产品规模都比较小，那它在编制广告预算时应该量力而为，不可盲目求大。

5．网站

网络广告中，网站规模、网站性质、网络普及率及范围也是影响广告投入的因素，这种媒体因素与传统广告有区别。一般说来专业性的网络广告网站收费较高，效果较好；在其他网站附带做广告，收费较专业网站低，但效果没有专业网站好。另外，网站规模的不同对广告费的要求也有区别，实力雄厚的网站收费较高，这种网站普及率及覆盖范围也较大。

总之，网络广告预算的影响因素中，大多与传统广告相同，只是在媒体因素中表现出更多的不同。

项目任务 3.3　选择网络广告预算制定的方法

任务情境

聂国奈尔逊调查公司的派克汉（J.O.Peck-ham）通过对 40 多年的统计资料进行分析，得出要确保新上市产品的销售额达到同行业平均水平，其广告预算必须相当于同行业平均水平的 1.5～2 倍的结论。因此，对于一个企业要进入新市场或新产品要投入市场都必须加大广告的投入。

某服装生产企业想进军 A 地区服装市场，并想拥有 10%的市场销售占有率。目前 A 地区市场上的服装品牌共有 6 种，它们的广告媒体投资总额为 8000 万元，预估下年媒体购买费用将上升 10%，那么，该服装生产企业来年的广告预算至少应为 1320 万元。

资料来源：百度百科

任务要求

1. 常用的广告预算方法有哪些？
2. 企业如何选择广告预算方法？

知识点 3.3.1 销售百分比法

销售百分比法是根据一定时期内产品的销售额，按一定比率计算出经费的方法。这种方法由于计算标准不同，又具体分为以下几种。

1．计划销售额百分率法

根据对下一年度的预测销售额计算出网络广告预算额。

2．上一年度销售额百分率法

根据上一年度或过去数年的平均销售额计算出网络广告预算额。

3．平均折中销售额百分率法

折中上述两种方法计算出网络广告预算额。

4．计划期销售增加百分率法

以上一年度网络广告费为基础，再加上下一年度计划销售增加部分的比率计算出网络广告预算额。

销售百分比法在国外是被广泛采用的一种网络广告预算总额的方法，它具有以下优点：

第一，计算简单方便，尤其适用于增长率较为稳定、受市场变化影响较小的一些产品，或者某些经营资料丰富、预测能力较强、竞争环境较稳定的企业。

第二，易于管理预算分配。

但这种方法也有以下一些明显的缺陷：

第一，因果倒置。网络预算是提高销售额的因素之一，销售是结果，利用结果决定原因，有些因果倒置。而且，网络广告与销售之间不存在直接的线性关系的假设，因其他影响销售的因素不同，其线性关系可能成立，也可能不成立。如当产品已不再适应市场需求、走向产品生命周期的衰退期时，若依然依据上一年度的销售额制定网络广告费用，也不可能推动产品销售额的增加，销售额可能依然依据产品生命周期的发展规律而走下坡路。

第二，比较呆板，应变能力较差，难于根据市场变化做出相应的变化。如当商品供不应求时，销售量扩大了，此时企业的主要任务是把资金投向生产，所以可适当地节约网络广告预算；反之，商品的销售量减少了，为了促进销售，也可以增加广告预算，以加强广告宣传的力度。

第三，这种方法不利于销售情况不好和生产新产品的部门。若企业以此法确定下属各部门或分公司所需网络广告经费时，销售情况越好的，产品处于生命周期成熟期的部门或分公司，就越会得到较多的广告费。但是，有些销售情况虽不好，但通过网络广告促销并结合其他措施可以重振雄风的部门，或产品处于生命周期投入期或成长期的部门，却不能得到一笔急需的经费，这种预算方法无疑与实际需求相脱节了。

知识点 3.3.2　销售单位法

销售单位法首先为产品的每一个销售单位确定一定数量的网络广告费，再乘以计划销售量，从而形成企业总的网络广告经费。其中企业网络广告费一般依据上一年度资料而确定。计算公式如下：

$$\text{网络广告预算} = \frac{\text{上一年网络广告费}}{\text{上一年产品销售量}} \times \text{本年度计划销售量}$$

此方法的优点：第一，预算的计算方法简单；第二，计算产品的销售成本比较方便。

不足之处：第一，需要依赖历史资料及销售预测技术，若预测失误，可能造成网络广告费用不足而延误整个产品的销售计划；第二，不能适应市场的迅速变化，被动地被销售量所约束。

知识点 3.3.3　目标达成法

目标达成法也称目标任务法，或“完成指标计算法”，由美国 R·H·比科利于 1961 年提出，为公认的最合乎逻辑的、最具有理论上的合理性的一种广告预算方法。此种方法是依据总营销目标，来具体确定网络广告的制作目标，再根据网络广告目标的要求确定采取何种广告策略，进而计算推行这些网络广告策略所需要的费用。

西方一些广告专家把广告目标分为：知名、了解、确认、行为 4 个阶段。越走向高层次，越需要发挥更大的广告功能。如果以其中某一阶段为广告目标，就要决定达到这一目标所必需的各项广告费用，包括广告活动的内容、范围、频率及时限等。如为了增加商品的知名度，就要扩大网络广告的投放量。假设网络广告目标是要使点击这则网络广告的妇女增加 2000 名，经调查计算出每增加 1 名点击此网络广告的妇女平均要花 1 元，一个月若重复 10 次这一广告，则每月广告费为 2 万元。计算公式如下：

网络广告费=目标人数×平均每人每天每次广告所需费用×网络广告次数

由于目标达成法是以计划来决定预算的，广告活动的目标明确，因而便于检验网络广告效果。但运用此法有一定难度，应注意在决定网络广告预算时，要结合销售百分比法以使预算切实可行。

知识点 3.3.4　竞争对抗法

竞争对抗法是根据竞争者的网络广告活动费来确定本企业的网络广告预算，又称为竞争对等法。此法的整体思路与销售百分比法及销售单位法不同。销售百分比法和销售单位法是从企业自身出发确定广告费的多少，对市场的迅速变化反应比较迟缓。而竞争对抗法则是依据市场竞争对手的广告费投放情况来确定应投入的网络广告费的多与少。所以，竞争对手及其所处行业的网络广告费数额增加，本企业的网络广告费也相应增加；反之，则减少。采取这种方法的往往是财力雄厚的大企业，资金不足的中小企业使用这种方法具有很大的风险性。这种方法的计算有以下两种。

1．市场占有率法

市场占有率法是先计算竞争对手的市场占有率和广告费用，求得单位市场占有率的广告费后，在此基础上加码，乘以预计本企业市场占有率，即为本企业的广告预算。计算公式：

$$网络广告预算=\frac{对手广告费总额}{对手市场占有率}\times 本企业预计市场占有率$$

2．增减百分法

增减百分法是以竞争对手本年广告费比上一年广告费增或减的百分率，作为本企业广告费增或减的百分率参考数。计算公式：

网络广告预算=（1±争对手广告费增减率）×上一年广告费

如竞争对手本年广告费比上一年增加20%，本企业也至少增加20%。

竞争对抗法以主要竞争对手的广告费支出为基础，确定足以与其抗衡的广告支出额。但这种方法也有缺点，广告费浪费大，对财力有限特别是中小企业来说，一般不宜采用。而且，竞争对手广告支出资料不易取得，所收集信息也不一定正确。所以，只有当市场竞争激烈，广告竞争也激烈，企业财力雄厚并能及时、准确地掌握竞争对手的活动态势时，才可以使用。

知识点 3.3.5　支出可能额度法

支出可能额度法也称为全力投入法。这种方法是按照企业财政上可能支付的金额来确定广告经费的方法，此法符合“量入为出”原则。所以，企业能拿出多少钱来就拿出多少钱做广告，从而在其有限的财务预算内尽可能多地来支出广告费，最大限度地发挥广告的促销作用，并且可以根据市场情况的变化灵活地加以调整。这是一种较适应企业财政收支状况的方法。但由于此方法不是依据企业的营销目标来制定广告费用，所以具有一定的盲目性，不利于企业的长远发展。

项目任务 3.4　编制网络广告预算方案

任务情境

Socailfresh 发布了 2012 年 Facebook 广告报告，其中发现：44%的广告主将大部分的 Facebook 广告预算分配到用户获取上。最普遍的 Facebook 广告目标有：品牌认知（61%），受众获取（53%），转化（44%），参与（35%）。而在获得最多预算的营销目标方面，受众获取占比最高，为 44%，然后是转化和品牌认知。

资料来源：http://www.199it.com

任务要求

1. 44%的广告主为什么将大部分预算分配到用户获取上？
2. 怎样进行网络广告预算分配？

知识点 3.4.1　网络广告预算方案

编制网络广告预算方案的具体流程包括：调查研究影响网络广告预算的主要因素、分析企业上一年的销售额、分析历年来本企业产品的销售周期性、确定广告投资总额、网络广告预算的具体分配、制定控制与评价的标准、确定机动经费。

1．调查研究影响网络广告预算的主要因素

企业在着手编制网络广告预算之前，必须对所处的市场环境、竞争环境、经济与社会环境进行全面且系统的调查；同时要对企业自身的情况和竞争者的情况进行详细的比较和研究。正所谓"知己知彼，百战不殆"，这是制定网络广告预算的先决条件。

2．分析企业上一年的销售额

企业在制定下一年网络广告预算时应对上一年度的销售额进行细致的分析，以了解上一年度实际销售数量和销售额是否符合上一年度的预测销售量和预测销售额。通过此项分析可以预测下一年度的销售情况，从而安排适当的广告费用，以适应实际销售和推销活动的需要。

3．分析历年来本企业产品的销售周期性

产品销售跟随着该产品的整个经济周期的变化也呈现出周期性变化的规律性，要充分研究计划期产品销售所处周期阶段，对网络广告经费做出合理的预算。大部分产品在一年的销售中，由于受季节、节假日等因素的影响，也呈现出一种周期性的变化。即在某些月份销售额上升，而在另外几个月中销售额又下降；也有销售的淡季、旺季的更替。通过对企业产品销售周期的分析，可以为网络广告的总预算提供依据，从而确定不同月份的广告费用的分配，做到因时而异。

4．确定广告投资总额

通过上述对市场现状的调研和分析后，提出网络广告投资总额的计算方案和理由，从而确定投资总额的多少。

5．网络广告预算的具体分配

根据前几项工作得出的结论，确定一个年度中广告经费的具体分配。企业可根据自身的实际情况及市场状况，将网络广告费用分配到合适时间和地区，从而使总预算落实到每一个具体的活动细节上。

6．制定控制与评价的标准

在网络广告的预算编制中，还应确定每笔广告费用支出所要达到的目的和效果，以及对每个时期每一项广告开支的记录方法。通过这些标准的制定，就可以结合广告效果对广告费的支出进行控制和评价。

7．确定机动经费

网络广告预算中还应对一定比例的机动支出做出预算，如在什么情况下可投入机动开支、机动开支额的大小、效果如何评定等。

知识点 3.4.2　网络广告预算总额

网络广告预算总额的确定取决于选用什么样的广告预算方法。如果选用销售百分比法，那么网络广告预算总额就是根据一定时期内产品的销售额，按一定比率计算出来。如果选用目标达成法，则先要列出实现目标所需要的各项费用，再进行加总。以下表格是某楼盘为达到某个目标，选用目标达成法来计算网络广告预算总额的例子。

项　目	开 支 内 容	费　用/元	备　注
市场调研费		总　8300	
1．问卷设计	问卷的设计、发放	500	
2．实地调查	调查员的工资	2550	
3．资料整理	搜集整理资料费	250	
4．研究分析	聘请行业专家	5000	
广告设计费		总　900	
1．按钮广告	设计费	300	
2．旗帜广告		300	
3．插页广告		300	
广告制作费		总　600	
1．按钮广告	制作费	200	
2．旗帜广告		200	
3．插页广告		200	
广告媒介租金	网络广告位费用	总　3600000	期限为 10 天
1. 新浪网	首页某位置	160000/天	
2. 搜狐网	首页某位置	200000/天	
管理费用	管理人员工资	总　50000	
机动费用	媒介价格上调的费用	总　100000	
总 计		总　3759800	

知识点 3.4.3　网络广告预算分配

各个企业均有其不同的市场目标、销售任务、销售范围以及销售对象，因而其网络广告预算的分配标准也不一样，这直接影响到企业的广告效益。

1．按广告的时间分配预算

按广告的时间分配是指根据广告发布的不同时段来具体分配广告费用。根据时间来分配广告费用是为了取得理想的广告效果，因为在不同时间里，媒体受众的人数以及生活习惯是不同的。

广告费用的时间分配策略包含以下两种：

（1）季节性分配

在不同的季节里，由于市场需求情况的变化，就要求广告活动的规模有所侧重。比如在我国每年的 12 月到次年的 2 月是零售业的销售旺季，这时投入广告可以营造一种节日的气氛，调动媒体受众的购买欲望，其广告效果比较好；而 6 月～8 月是销售淡季，再多的广告投入也难以改变商品销售不旺的规律，这一段时间内可以适当缩小广告规模。

（2）一天内的时段性安排

在一天的时间内，不同网民的作息时间以及上网时间都会有所区别。那么就要根据目标受众的上网时间来进行广告安排，加强广告效果。

2．按广告的地域分配预算

按广告的地域分配是先将目标市场分割成若干个地理区域，然后再将广告预算在各个区域市场上进行分配。一则广告常常要在多个地域中播放，不同地域对广告的要求不一样，广告的成本也因而有别，预算的地域分配就是在充分考虑地域特点的基础上，对重点地区加以重点投入，又要确保整个广告计划的完成。

3．按广告的产品分配预算

按广告的产品分配是根据不同产品在企业经营中的地位，有所侧重地分配广告费用。这种分配策略使广告的产品与销售额密切联系在一起，贯彻了重点产品投入的经营方针。分配广告费用的依据可以是产品的销售比例、产品处在不同的生命周期阶段、产品的潜在购买力等。

广告预算的品牌分配法也属于产品分配法。按品牌分配就是根据经营品牌的某些特征对广告预算进行具体分配。以美国宝洁公司为例，该公司的洗涤类产品有汰渍、快乐、Gain、Dash、Bold、象牙、Dreft、Oxydol、Exa、Solo 等品牌，其中象牙品牌是一个成熟品牌，其广告预算可以相应少一点。Exa、Solo 等品牌是新品牌，需要大量的广告推广，以提高品牌的知名度，其广告预算就需要多一些。

4．按广告的媒体分配预算

广告媒体费用一般占整个广告预算费用的 70%～90%，而广告信息的传播效果又主要是通过媒体效果来体现的，因此按照广告媒体的不同来分配广告预算是企业常采用的方法。传统广告可分为在不同媒体间的广告预算分配和在同一类型媒体内的广告预算分配两种。对于网络广告而言，就是在网络这个媒体内针对不同的广告发布方式，如何分配预算。

5．按广告的机能分配预算

为了便于对广告财务上的管理和监督，企业还经常采用按广告的不同机能分配广告预算的方法。广告预算按广告媒体费、广告设计制作费、一般管理费和广告调研费等进行分配。

习题

一、单选题

1．（　　）是指广告显示 1000 次所应付的费用。

A．CPM　　B．CPC　　C．CPA　　D．CPP

2．广告的单价是 20 元/CPC，则 2000 元可以买到（　　）次广告点击。

A．100　　B．100000　　C．2000　　D．20

3．一般而言在产品寿命周期的（　　），企业投入广告费用最大。

A．进入期　　B．畅销期　　C．饱和期　　D．衰退期

4．（　　）是广告主为每个行动所付出的成本。

A．CPM　　B．CPC　　C．CPA　　D．CPP

5．（　　）计价方式对于网站而言，是非常有利的。

A．CPM　　B．CPC　　C．CPA　　D．CPP

6．（　　）是指根据每个商品的购买成本来决定广告费用。

A．CPM　　B．CPC　　C．CPA　　D．CPP

二、多选题

某企业的主要竞争对手的某商品的市场占有率为 30%，它的广告费为 60 万元，本企业预计市场占有率为 35%，则广告费至少在（　　）万元以上，才能与对手抗衡。

A．70　　B．35　　C．60　　D．30

三、名词解释

CPM、CPC、CPA、销售百分比法、竞争对抗法、支出可能额度法

四、简答题

1．简述影响广告预算的因素。

2．简述广告预算方法。

五、案例题

从上市公司 2012 年年报数据来看，伊力股份、光明乳业、蒙牛乳业和贝因美国内四大乳企在广告费的投入上都极为惊人。

单就广告宣传费来看，2012 年，伊利股份广告支出金额高达 37.32 亿元，在全 A 股市场 2500 多家上市公司中，广告费单项支出排名第三大的公司。在香港上市的蒙牛乳业 2012 年全年广告及宣传费用也达 23.1 亿元，如果要对照 A 股广告大户排行榜，则紧挨着伊利，位居第四。相对而言，光明乳业在广告支出上明显少于前两者，但也有 4.85 亿元的广告投入。上市刚刚满两年的贝因美在广告投入方面更是毫不逊色于三大巨头。2012 年，作为其在 A 股市场第一个完整年，其广告支出也高达 8.56 亿元。

令人担忧的是，从广告费与营业利润比较来看，上述四家企业，广告支出全部高于当年公司净利润。蒙牛乳业 2012 年归属母公司净利润为 12.6 亿元，23.1 亿元的广告宣传费几乎是其利润的两倍。贝因美 2012 年广告支出 8.56 亿，远超 5.09 亿元的净利润。即使是在广告上投入最“吝啬”的光明乳业，其 4.85 亿元的广告费相对于公司 3.11 亿元的净收入，依然是一笔收支不平衡的买卖。

从同比数据来看，2012 年，蒙牛广告费支出较上一年减少 5.3 亿元，全年广告及宣传费用占收入比例轻微下调至 6.4%。其余三家广告支出则均较上一年有所增加：伊利上涨 0.8 亿元，占收入比例为 8.88%；贝因美增加了 0.89 亿元，占收入比例为 16.2%；光明广告支出同比涨 0.61 亿元，占收入比例为 3.5%。

资料来源：http://finance.sina.com.cn

您怎么看待四大乳业在广告费上的投入？

六、操作题

某品牌饮料企业欲制作一则 Flash 广告，在年末发布，目的在于吸引大家去点击甚至参加活动，广告内容为征集祝福新年吉语。请您为这则广告进行经费预算分析。

学习情境四　制订网络广告目标和媒体计划

网络广告目标是网络广告策划的第一步，决定着网络广告策划后面的工作，而媒体选择决定着广告费用和信息传播速度和广度。本部分主要介绍策划中如何制定广告目标和选择广告媒体。

项目任务 4.1　制订网络广告目标

任务情境

“活力 28”广告策划中的“广告目的”：经过当年的广告攻势，在珠江三角洲消费者心目中，初步建立“活力 28”的知名度与好感度，并且能够在广东洗衣粉市场中站稳脚跟，与高富力分割市场。

任务要求

1. 什么是网络广告目标？
2. 如何制订广告目标？

知识点 4.1.1　网络广告目标

所谓网络广告目标，简单地说就是网络广告所要达到的目的；具体地说就是指企业通过某次或几次网络广告活动所要达到的效果，这种效果可以表现为知名度、美誉度的提升，也可以表现为销售额、市场占有率等的提高。网络广告目标规定着网络广告活动的总任务，决定着网络广告活动的方向，为网络广告效果评定提供依据。

广告目标与营销目标是不同的但又有一定联系的概念。营销目标的基本点是销售额与利润，而广告目标则代表了对目标顾客传达销售信息，并达到某种传播效果的标准。测定营销目标的具体形式就是销售金额和利润数量，而广告目标则是以公司及产品在消费者中知名度的提升、态度或观念的转变，并最终促动消费行为来认定的。如某企业的营销目标是销售额提高 30%，而为了实现这一目标，广告目标为：提高品牌知名度 80%以上，提高品牌认知度 60%以上，提高品牌偏好度 25%以上，提高品牌忠诚度 25%以上。

知识点 4.1.2　网络广告目标的类型

就网络广告目的而言，网络广告目标大致可以分为两类：推销品牌和获得受众直接反应。

推销品牌，树立企业形象，像传统广告一样，实现以信息传播为手段来影响受众。例如，“中国路，大众心”通过一系列带“心”字底的汉字，表现出大众汽车追求完美、不断创新和持之以恒的造车之心，以及大众汽车对广大中国用户的赤诚之心。在中国的公众中留下较好的大众品牌形象。

获得受众直接反应是网络广告与传统广告目标的最大不同。受众主动操作性增强及接受之间交互性传播的方式，使网络广告产生全新性传播效果，直接获取受众信息，甚至让受众在浏览广告后立即下订单，是网络广告的一个目标。因此，受众直接反应是多方面的，如广告的点击率增加等。

（1）AIDA

从网络广告在受众心理产生的影响而言，网络广告的目标具体可以分为AIDA。

字母 A 是“注意”（Attention）。在网络广告中意味着消费者在计算机屏幕上通过对广告的阅读，逐渐对广告主的产品或品牌产生认识和了解。

字母 I 是“兴趣”（Interest）。网络广告受众注意到广告主所传达的信息之后，对产品或品牌发生了兴趣，想要进一步了解广告信息，可以点击广告进入广告主放置在网上的营销站点或网页中。

字母 D 是“欲望”（Desire）。感兴趣的广告浏览者对广告主通过商品或服务提供的利益产生“占为己有”的企图，他们必定会仔细阅读广告主的网页内容，这时就会在广告主的服务器上留下网页阅读的记录。

字母 A 是“行动”（Action）。最后，广告受众把浏览网页的动作转换为符合广告目标的行动，可能是在线注册、填写问卷参加抽奖或者是在线购买等。

（2）第一目标和第二目标

另外，还可以这样划分网络广告的目标：第一目标和第二目标。第一目标是指广告对顾客的吸引，它包括顾客认可率、信任度、偏好度等；第二目标又叫根本目标，是广告最终促成的购买行为，它与公司的营销计划和经济利润目标是处于同一层次的，用来刻画根本目标的指数常有销售量、市场占有率等。广告的第一目标与第二目标是相互联系的，只有在成功地达到第一目标后，才有可能达到第二目标，而第二目标的达到又可能是多种因素的结果，不一定与第一目标有直接的相关性，但在第一目标与第二目标之间寻找一个均衡点却是重要的，这也是网络广告策划的目标因素的具体要求。

知识点 4.1.3　网络广告目标的确立

广告目标的确立，不能以僵硬的方式进行教条化操作，一定要结合企业产品、市场竞争做出判断。另外，广告目标应尽量加以具体化、数字化，力求准确表述，以便有针对性地制定策略。

1．分析影响广告目标制立的因素

第一，企业经营战略。它决定了广告目标，广告有长期目标和为了实现长期目标而制订的稳中有降相应阶段的短期目标，如长期渗透战略，采用持久的广告手段和多种广告形式宣传企业和产品形象，如宝洁。如果是集中式战略，可采用短期目标，多种形式宣传产品的特点、好处，广告目标短期内即可实现。

第二，商品供求状况及生命周期。商品供求状况有 3 种：供不应求、供过于求、供求平衡。第一种目标在进一步巩固企业与品牌形象上。第二种目标应针对产品滞销的主要原因来确定广告目标。第三种目标定在产品的促销上。其生命周期可分为 3 个阶段：成长期，产品信息传播；成熟期，保证已有市场份额；衰退期，延长产品的衰退。

第三，市场环境。在纯粹垄断市场下，目标比较特别。在寡头垄断的市场，广告目标为品牌定位。在垄断性竞争市场下，市场定位空隙大，具有分散性特点，目标在提高企业或产品知名度、熟悉感上。在纯粹竞争市场下，人员推销占重要位置，目标在辅助推销上。

第四，广告对象，这是重要因素。广告不是决定销售的唯一因素，故合理的做法是以产品的认知度、广告的回想率、品牌的知名度和消费者行为态度的转变作为广告的目标。

2．制定明确的广告目标

首先，确定了广告目标的基本方向，W.S.Dunn 运用分类方法将这种要求予以展开，认为广告目标可以具体到以下一些种类之中。

第一，心理性目标。将产品新的使用途径或服务以及新的构思传达给消费者，产品必须与消费者能得到的最大利益联系起来，使消费者使用该产品不会产生任何厌烦，将产品与消费者广泛认可的人物或符号联系起来，将产品与消费者共有的心愿或理想联系起来，将产品与一种独特的东西联系起来，促使消费者回想起先前有过的经验，表明该产品或服务如何满足基本需求，利用消费者的潜意识需求改变消费者的原有态度。

第二，行动性目标。鼓励消费者增加使用的次数，鼓励消费者增加更换产品的频率，劝说消费者购买非时令产品，鼓励消费者试用某一产品的代用品，感动一个人，让其影响他人购买，向消费者推荐试用品，让消费者点名购买该产品，采取试样和其他咨询形式，欢迎消费者来商店浏览。

第三，企业的目标。表明公司富有公众意识，搞好内部员工间的关系；增加股东对公司的信赖，使大众理解公司是行业先锋，吸引从业人员，表明公司产品和服务范围广泛。

第四，营销的目标。刺激对该产品的基础性需求，确立对该产品的选择性需求，激发公司销售人员工作热情，鼓励商家扩大公司产品销售，扩大公司产品的销售网络。

其次，确定广告目标的指标。广告目标必须具体化、数量化，客观性，充分了解、分析影响广告目标的多种因素，避免主观臆造，否则使指标过高或过低，或根本无法测定。好的目标表述一个数量，界定一群对象，限定一个周期。如：在 3 个月的时间内，使 M 区域中 25～40 岁的男性消费者，对品牌 S 的知名度由目前的 15%上升到 75%。这种对广告目标的量化设定，有一个显而易见的优势，它使广告效果由模糊变为具体，由不确定变为可测定。

项目任务 4.2　编制媒体计划

任务情境

2000 年，“润妍”产品投入市场时曾进行了大规模的广告宣传，公司对网络广告的媒体选择标准如下：

第一，媒体选择标准。Media999 根据目标受众比例、网站的知名度和声誉、广告的表现形式和可承载性、广告效果的可控制性、合理的性价比等多项指标对网站进行评估。

第二，媒体选择范围。Media999 选择了三大区域：综合性门户网站相关频道、区域性覆盖网站、知名女性垂直网站。

第三，网络媒体投放的区域，以大中城市为主。

第四，最终投放网站。Media999 在宝洁提供的初始资料的基础上，最终选择了 Sina、

Netease、zhaodaola、yesee 等网站进行投放。

任务要求

1．你认为"润妍"媒体选择如何？

2．如何进行媒体策划？

知识点 4.2.1 网络广告媒体策划

广告媒体的策划是最早从事广告策划的人就开始探讨的问题。在今天，随着广告业的发展，广告策划已经进入一个细致、周全、动辄万言的方案形成过程，广告媒体策划就更显得重要和必不可少。广告媒体策划的主要问题是对媒体的选择与组合，要考虑选择什么样的广告媒体，如电视、电台、报纸、街灯或是其他传媒。当然，在网络广告中，主要媒介是网络，但几乎没有哪一家广告商和企业主是只在网络上做广告的。这就关系到媒体的组合问题，选择什么媒体互相配合，在具体形式、播出时间、版式版面、持续时间等因素上做到互相配合和一致。在现代广告中，媒体的选择余地更大了，各种形式的广告更是五花八门，这既是机遇又是挑战。说是挑战，是因为众多的媒体在组合上存在困难。如何花最小的成本，达到最优化组合，即将广告最有效地全面推向社会，是现代广告策划的重点。

对网络广告来说，媒体主要是网络。媒体策划主要是指对网站的选择，网站与其他传媒的配合。网站不同其覆盖人群也有差别，选择合适的网站以便有针对性地向网民推销自己的产品；不同网站对广告的成本也是不同的。结合成本投入、播出频率、播出范围、网民特点、网站信誉等与网站有关的因素进行对策和分析就是网站策划。选择好了网站之后还要考虑广告的形式和与其他媒体的搭配问题。在形式上有网幅广告（Banner）、图标广告（Picture）、文字广告（Words）、分类广告等。这些形式往往与网站的特点紧密相关，只有充分研究好网站，才会在形式上统一起来。网络广告在媒体选择与组合上主要应考虑的形式有点击率、覆盖面、信誉度等问题。其考虑的思路可以从广告目的、广告成本、营销市场、竞争对手、潜在市场等实际与企业相关的商业环境出发去考虑。图 4-1 所示为网络广告媒体选择流程图。

选择与其他媒体组合 ⟹ 选择网站 ⟹ 选择能与其他媒体搭配的广告形式

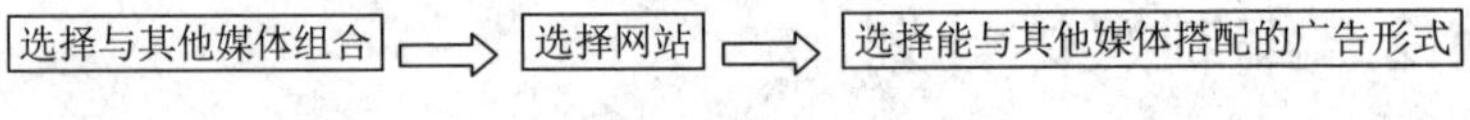

图 4-1　网络广告媒体选择流程图

知识点 4.2.2 网络媒体的评价指标

网络广告的媒体选择，殊途同归，最终追求的是两个指标，一是网站的用户访问特性，二是广告相对成本。

1．网站的用户访问特性

2010 年，艾瑞咨询推出《iResearch-2010 年网站用户访问特征评估体系》。报告中，艾瑞从第三方的角度，提出一套相对完整和科学的网站用户访问特征评估体系，能稳定、准确、有效地反应网民访问各个网站的不同特征，提出了完整的网站用户访问特征评估体系，包括以下六大指标。

（1）网站日均覆盖人数（Unique Visitors Per Day）

网站日均覆盖人数指一个月中，某网站平均每天的独立访问用户数。这里用户重复访问不重复统计。网站日均覆盖人数，反映的是媒体普及程度。

日均覆盖人数=当周每日的网站覆盖人数的平均值

（2）日均回访比例（Revisit rate）

日均回访比例指在某天访客中，平均属于本周老访客的比例（也等于 1-新访客比例）。日均回访比例，反映的是用户对网站的忠诚度。

日均回访比例=(7-周覆盖人数/日均覆盖人数)/6

（3）人均单日访问次数（Visits Per User Per Visiting Day）

人均单日访问次数是指平均每个用户平均每日访问某网站的次数。人均单日访问次数代表顾客的访问频度。

人均单日访问次数=Average(某用户某周访问该网站的次数/某用户该周访问某网站的天数)

（4）人均单次浏览页面（PV Per User Per Visit）

人均单次浏览页面数是平均每个用户平均每次访问该网站浏览页面的数量。人均单次浏览页面数代表用户对网站的浏览深度。

人均单次浏览页面数=Average(该用户该周该网站浏览页面数/该用户该周访问该网站的次数)

（5）人均单页浏览时间（Effective Viewing Duration Per User Per page）

人均单页有效浏览时间是平均每个用户在浏览该网站每个页面时的有效浏览时间。人均单页浏览时间反映的是网站对用户黏性，时间消耗度。

人均单页有效浏览时间=Average(该用户某时间段内该网站总浏览时间/该用户该时间段内该网站总浏览页面数)

（6）目标用户集中度参数

目标用户集中度指数（TGI）也是媒体选择的重要指标，它反映目标网民用户在某一特定网站的集中情况，它是 Target Group Index 的缩写。目标用户集中度指数越高，越是我们应该选择的媒体。

TGI＝某网站所有访问者中目标用户的比例/总体网民中目标用户的比例

要计算 TGI，首先要确定目标用户，这里以常见的人口属性来定义目标用户，比如假设 25～40 岁的女性为目标用户。然后根据目标用户定义，计算总体网民中这个人群的比例和不同媒体中这个人群的比例，如表 4-1 所示。

表 4-1　iUserTracker-2009 年 47 周主要网站目标用户 TGI

网　　站	网站类别	目标用户一周覆盖人数（万人）	总一周覆盖人数（万人）	目标用户一周覆盖 TGI
qq.com [腾讯]	综合门户	3899.9	18009.2	98.8
baidu.com [百度]	搜索引擎	3870.4	17920.6	98.6
sina.com.cn [新浪]	综合门户	2675.3	12374.7	98.7

（续）

网　　站	网站类别	目标用户一周覆盖人数（万人）	总一周覆盖人数（万人）	目标用户一周覆盖 TGI
163.com [网易]	综合门户	2118.6	9894.5	97.7
sohu.com [搜狐]	综合门户	1850.7	8584.9	98.4
google.cn [Google 中文]	搜索引擎	1665.6	7963.6	95.4
soso.com [搜搜]	搜索引擎	1539.1	7763.5	90.5
taobao.com [淘宝网]	网上购物	1457.4	5757.5	115.5
hao123.com [网址之家]	网站导航	1228.3	5533.5	101.3
youku.com [优酷]	在线视频	1173.8	6529.3	82
tudou.com [土豆网]	在线视频	1027.5	5459.8	85.9
360.cn [360 安全中心]	其他网站	979.1	5303.6	84.3
tianya.cn [天涯虚拟社区]	社区博客	954.8	4531.3	96.2
msn.com.cn [MSN 中国]	综合门户	843.3	3171.5	121.4
yahoo.com.cn [中国雅虎]	综合门户	841	3611.0	106.3
kaixin001.com [开心网]	交友社区	824.8	2802.6	134.3
xunlei.com [迅雷看看]	在线视频	799.4	4695.5	77.7
ifeng.com [凤凰网]	综合门户	623.1	3097.0	91.8
合计		4858.8	22173.8	

其中，目标受众一周覆盖 ＝ (网站目标受众一周覆盖 / 网站一周总覆盖)/(合计总目标受众数 / 合计总网民数)

艾瑞媒体评估指标体系可以应用在各类媒体的评估上，全面准确地反映不同媒体的用户访问特征。如图 4-2 所示是对不同媒体类别进行的访问特征描述。

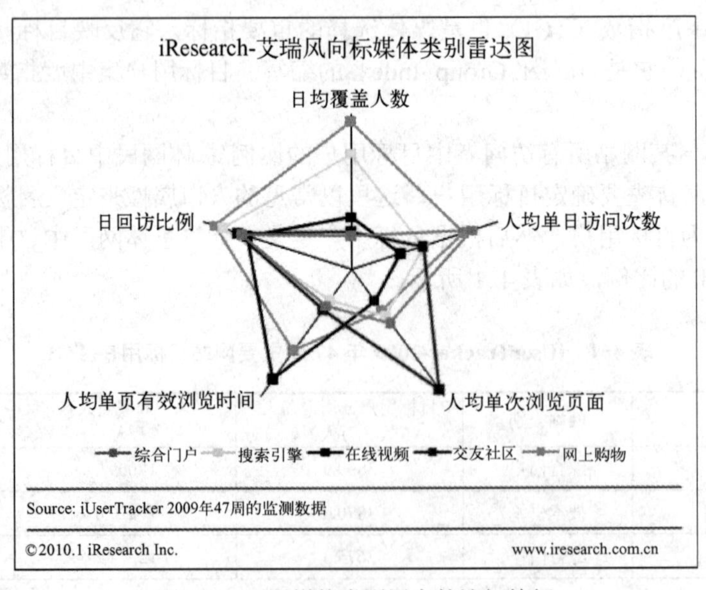

图 4-2　不同媒体类别用户的访问特征

综合门户：除人均单次浏览页面外各指标均表现良好，单次浏览深度有限；

搜索引擎：日回访比例高，单页有效浏览时间低；

在线视频：单页有效浏览时间最高，但日均覆盖人数，用户浏览深度较弱；

交友社区：回访比例和用户浏览深度都较为突出；

网上购物：人均单日访问次数和回访比例较高，但日均覆盖人数和单页浏览时间处于低水平。

2．覆盖的相对成本

不同媒体所需成本是选择广告媒体的依据因素。依据各类媒体成本选择广告媒体，最重要的不是绝对成本数字的差异，而是媒体成本与广告接收者之间的相对关系，即相对成本。由于媒体计价方式不同，常用的有每千人成本或每千次成本。

（1）每千人成本

每千人成本是将一种媒体或媒体排期表送达 1000 人或“家庭”的成本计算单位，是衡量广告投入成本的实际效用的方法。

每千人成本=(广告费用/到达人数)×1000

如今很多网站按访问人次收费，因此网络广告的 CPM（千人成本）指的是广告投放过程中，听到或者看到某广告的每一千人平均分担到多少广告成本，CPM 取决于“印象”尺度，通常理解为一个人的眼睛在一段固定的时间内注视一个广告的次数。

（2）每千次成本

每千次成本是指广告被用户点击 1000 次所支付的广告费用。

知识点 4.2.3　制定媒体的运用策略

网络广告媒体的运用策略主要包括媒体型态的确定、栏目的确定、时间的确定、网络广告形式的确定。

1．媒体型态的确定

网络媒体型态目前主要有 3 大类：网站媒体型、电子邮件型、应用软件型。

（1）网站媒体型态

网站媒体型态，即以网络站点作为广告的载体。多种多样的网络站点主要可以分为两类：综合门户网站和专业网站。综合门户网站通常内容多样而丰富，几乎包括了人们生活方方面面的信息，信息（特别是新闻）更新迅速及时，网民上网冲浪常常先进入这些网站，如新浪、搜狐、网易和新华网等，它们是目前我国网络广告收入的大户。这类网站适合于通用性较强、面向家庭的产品和服务以及塑造企业形象广告的发布。专业网站的内容通常主要集中在某一专业领域，针对性较强。如国内有名的天极网、驱动之家等，主要集中面对行业提供专业内容。这类网站则适合于个性化较强、面向个人的产品和服务以及塑造品牌形象广告的发布。

（2）电子邮件型态

电子邮件型态，即以电子邮件作为广告的载体。其最大特点就是一对一，即通过电子邮件，可以将产品及服务的有关信息有针对性地送到每一个潜在目标消费者那里。如果企业采取一定的措施，通过网络调查或其他方式能够获得网民自愿提供给企业的较为真实可信的资料及电子邮件地址，其针对性更强。电子邮件主要适合于将有关产品和服务的详细信息，如产品规格、特点甚至使用方法和技巧等发布给潜在消费群，帮助他们进一步了解产品和服务，促使其做出购买决策。

（3）应用软件型态

应用软件型态，即以应用软件作为广告的载体。作广告载体的软件一般都是免费软件，放在网站上供网民自由下载。使用面很广的一些网络应用软件，也是一种非常有潜力的网络广告媒体。如目前国内专门用于发送电子邮件的软件、专门在网上聊天的腾讯软件等，其使用面很广，而且只要使用这一软件，就不得不接受广告。

2．网站栏目的确定

网站栏目就像电视台、电台的不同节目，是网站信息内容的分类。它代表着更细地细分市场和目标网民，因而具有更明确的受众指向性。故媒体型态确定后，还应确定发布广告的栏目。

一个网站，通常由首页及不同栏目组成。首页一般是网民上网时首先登录的页面，然后再从首页进入其想要浏览的内容栏目。通常门户网站可供我们选择的栏目有新闻、时尚、娱乐、体育、科技、文化教育等。而专业网站只是栏目分得更细，当然其受众指向性更强。

由于首页广告的稀缺性，价位一般较高，这在客观上经营与管理经济理论研究误导了一些广告主，他们误认为网站首页的广告效果一定要比其他页面好。因此为了追求首页的浏览量，不顾产品特性，只争在首页上露个脸。虽然网站首页的访问量较普通页面高，能产生大量的页面浏览量，但由于访问首页的人群存在主题不明确、目的性不强的特点，客观上使得广告缺乏针对性。此外，首页的广告繁多，广告受注意的环境并不理想，导致广告的效果不佳，造成费用的浪费。在进行网络广告时，广告主应注意“注意力差额效应”，注意力差额是指网站（网页）本身的内容对受众的吸引程度与页面内广告对受众的吸引程度之间的差额。这个额度可以反映出一个网站的广告注意程度。所以尽管一些网站的访问量大，但却因为页面本身所含的信息比广告内容更具吸引力，即注意力差额较大，广告的实际点击率不是很高，效果并不明显。只有这个差额较小甚至是广告的注意力大于页面的注意力，投放的广告才能取得较好的效果。

3．时间的确定

网络广告的发布时机和时间的选定，对广告效果的影响也非常大。时机选择是指在什么时候做广告，即利用一个切入点，这个切入点能够引起更多人的关注，就像新闻事件一样。时间的选择则是选定了广告发布时机后，在网站全天中的什么时间发布广告。这个时段应目标受众每天上网最集中的时间。

4．网络广告形式的确定

网络广告的形式多种多样，每一种形式都有自己的特点和长处，因此选择恰当的广告形式对吸引网络浏览者、提高浏览率、树立企业及产品形象、建立声誉、促使潜在顾客购买起着重要作用。

第一，根据广告目标选择网络广告的形式。如果企业的广告目标是品牌推广，想让更多的人知道、了解这个品牌的产品，那么可以选用旗帜广告、按钮广告、软件搭载广告等形式；如果企业的广告目标是树立企业形象和产品声誉，则一般应采用微型网站广告和主页型广告；如果企业的广告目标是商品促销，则可以选用游动式广告，或者时效较强的赞助式广告；如果是向潜在目标顾客传递企业及产品的相关信息，可以选用电子邮件式广告等。

第二，根据广告对象选择网络广告形式。如果广告对象是以年轻人（大约 35 岁以下）为主，可以选用互动性较强的游戏互动式甚至游戏互动竞赛式广告；如果是企业的忠诚用户，则可以制作屏幕保护程序广告或墙纸式广告供其下载。

第三，根据广告费用预算选择网络广告形式。如果预算充裕，可以选用丰富媒体广告，而预算紧张则可以选用文字链接式广告。

第四，根据竞争对手情况选择网络广告形式。通常竞争对手采用什么形式的网络广告，企业也应采用相应形式的广告，并且最好还能够有所创新，这样才能富有新意并充满吸引力。此外网络广告发布技术、广告主的广告发布时间等都对广告形式的选择有影响。广告主应该结合自身实际情况灵活地选用网络广告形式，以达到广告最佳效果。

知识点 4.2.4 网络广告媒体的组合策略

媒体组合的根本目的在于充分利用媒体各自的特点，扬长避短，形成协同效应，达到媒体资源的最佳配置，从而以最优的广告投入取得最大的广告效果。网络广告媒体组合策略主要有：不同网络广告媒体类型的组合、不同网络广告媒体形式的组合、网络媒体与传统媒体的组合。

1．不同网络广告媒体类型的组合

网页广告、邮件列表、软件广告各有其优势。网页广告形式多样，就广告表现形式而言有旗帜型、浮动型、文字连接型、弹出型等；就技术层面而言有静态图片式、动态图片式、Flash 媒体动画甚至是视频广告，广告品种的选择余地大；收费方式灵活多样、科学合理，有包时间段收费、按浏览量收费、按点击量收费、按业绩收费等多种方式。邮件列表的优势在于成本低廉，广告方式直接，广告信息可以直接传达给消费者。软件广告的优势在于其注意率高、强制性大，只要使用软件就必须接收，不容易被屏蔽，可以实现定向传播等优点。不同类型的网络媒体组合后优势明显，劣势抵消，可以最大限度地覆盖网络广告受众，有效发挥各种类型广告的强势效果。

2．不同网络广告媒体形式的组合

单一的网络广告形式只能满足一部分人的浏览习惯，而受众浏览习惯的多样性已是不争的事实，广告形式的单一势必流失很大一部分受众。动态的画面、含有互动游戏的广告颇能打动青少年网民。而旗帜型等大幅面的页面内嵌广告更容易引起那些上网寻找信息的中青年网民。对于那些爱看新闻的网民而言，News Bar（新闻滚动条）也是一个不错的选择。此外，多样的网络广告形式还给网络广告的创意表现带来了更多的余地。传统的文字、静态图片广告不再一统天下，动态图片广告、Flash 广告动画、基于 DHtml 和 Java 技术的动态互动广告甚至是视频广告形式纷纷亮相。这些技术上的变化极大地丰富了网络广告的创意表现，广告形象更为逼真，视、听、互动结合，超越了传统媒体的创意表现手段。

3．网络媒体与传统媒体的组合

不同性质的媒体有不同的功能及特点。网络媒体不可能完全取代传统媒体，反之亦然。但网络这一新媒体与传统媒体一旦结合必将产生惊人的效力。电视广告强制性高，报纸广告“曝光”持久，而网络广告更具有仿真性及实时交互性等巨大优势。网络广告与传统媒体广告合作，不但不会威胁到传统媒体广告的生存，相反会激活其广告市场，从而实现双赢。因此，在网络上投放广告的同时，要注意利用平面广告进行复合或交叉媒体宣传，以提高广告站点或公司站点的知名度。例如可以在平面媒体上登载与网页广告设计、创意类似的内容，并标明“详情请登录某某网站”，同时给出 E-mail 地址；电视广告播放的时候，可以在屏幕上同时打出产品网站地址，使更多的受众了解和熟悉广告站点。这样的整合能充分融合多种媒体的优势，进一步促进网络广告的发展，使更多的潜在消费者了解产品的信息，使得广告的层次更高、效果更好。

总之，网络本身是一种很有潜力的广告载体，它集传统媒体广告诸多优点于一身，同时又具有自身独特的优势，跨时空、跨地域、图文并茂、双向传播信息的超凡魅力使它迅速成为广告王国的新宠。在实际的网络广告投放的过程中，讲究网络广告媒体的使用策略，既可以增强广告效果，也可以节约费用。相信随着人们对网民接受心理的认识以及对网络传播规律的认识，网络广告的投放会越来越理智、越来越科学。

习题

一、单选题

1.（　　）是一个月中，某网站平均每天的独立访问用户数。

A．网站日均覆盖人数　　B．人均单日访问次数

C．人均单次浏览页面　　D．人均单页浏览时间

2．从网络广告在受众心理产生的影响而言，网络广告的目标具体可以分为 AIDA。其中 I 为（　　）。

A．注意　　B．行动　　C．兴趣　　D．欲望

3．就网络广告目的而言，网络广告目标大致可以分为（　　）。

A．推销品牌和获得受众直接反应

B．AIDA

C．第一目标和第二目标

D．经济效果、心理效果、社会效果

二、多选题

1．好的广告目标表述应包括（　　）等。

A．一个起点　　B．企业信息

C．限定一个周期　　D．一个终点

2．网络广告媒体组合策略主要有（　　）。

A．不同网络广告媒体类型的组合

B．不同网络广告媒体形式的组合

C．网络媒体与传统媒体的组合

D．传统媒体间组合

三、名词解释

网络广告目标、目标用户集中度指数

四、简答题

1．简述选择网络媒介的指标。

2．简述网络媒介的使用策略。

五、案例题

小熊电器“妙想生活”案例

小熊电器是一个以小家电（酸奶机、煮蛋器、电炖盅等）为主营核心产品的电商品牌，品牌在电商的行业占有率处于领先地位，但品牌知名度不高。传统知名家电品牌（如美的、九阳）同类产品的渗透、其他同质化电商品牌的跟进，挤压了小熊电器的市场空间，使本来知名度不高的小熊电器品牌雪上加霜。为此进行了本次广告宣传。

品牌目标：短期内认识小熊，关注小熊

2012 年为小熊电器 6 周年庆，品牌理念“妙想生活”全新出台，期望借此契机及品牌理念，短时间内迅速提升品牌曝光度，占领消费者心智，让更多人关注并知晓小熊电器。

具体目标：

第一，以低成本、高互动的方式提升小熊电器品牌曝光度（其中百度指数达到 200 以上、互动人数不低于 100 万人/次，千人成本 CPM 低于 7 元）。

第二，结束小熊电器品牌零用户关注的历史，创造活动期间持续的高关注度。

第三，为小熊电器品牌社会化媒体的构建提供 CRM 沟通及管理的数据支持。

第四，争取消费者及混媒主动的口碑效应，为品牌注入强大的舆论拉力。

传播策略：

结合目标消费者的媒介接触点（视频网站，新浪微博、各大女性论坛），以新奇好玩的内容，引发她们的关注与互动，发起一场网络传播运动。

传播节奏：1.【视频引爆】——2.【互动卷入】——3.【巧借热点】

执行实施：

1.【视频引爆】

“妙想熊”搞笑小创意，解决你的生活大问题，夸大生活中各种问题，带出小熊电器的功能信息。

3 月 21 日、22 日、23 日“妙想熊搞笑视频”之神奇瘦脸机、疯狂点菜机及无敌吵架机相继在优酷推出，并以惊人的扩散力在新浪微博上热转。视频中诙谐幽默的创意冲击力引起众多网友的热议。一周内，3 条视频在新浪微博上的转发量总计超过 8 万次，为小熊电器带来高频次高质量的品牌曝光量。

Onlyady、瑞丽等多个中高端女性网站，以及热门女性论坛、口碑社区、娱乐频道同时传播，充分激活病毒视频的扩散性，立体地构建品牌传播面。

2.【互动卷入】

笑到蛋疼还中奖，你也快来奇思妙想。制造话题，激发消费者卷入。趁借传播热潮，在新浪微博发起为期 3 天的#晒妙想 赢电器#有奖转化活动，鼓励网民共创妙想电器。网民的妙想不断，使得活动反应热烈，15000 人成为小熊电器的微博粉丝。

3.【巧借热点】

小熊一妙想，杜甫就很忙。借东风，借力打力，让社会热点为品牌服务。推广期间，“杜甫很忙”网络涂鸦热潮突然爆发，小熊电器顺势推出妙想熊的妙想生活之#杜甫很忙#系列稿与热点巧妙结合，乘势追击，引起受众高度关注，充分发挥了品牌的妙想精神，新浪微博单日转载量超 2 万次，并引发网媒纷纷自主报道。

试分析该广告策划的目标和媒体选择。

六、操作题

2013 年 7 月，新疆大集网正式上线。新疆大集网（www.xjdaji.com）是由新疆维吾尔自治区商务厅、和田地区驻北京联络处、北京新疆企业商会共同努力支持下，由北京西域大集电子商务有限公司建设的大型新疆产品门户网站。

新疆大集网搭建的电子商务平台集电商平台优势于一身，目标是打造“新疆大集网，新疆啥都有”的购物新理念。网站开拓了崭新的展销展示模式，为新疆商家或经销商提供更广阔的平台，让新疆企业和产品扎根北京，让新疆商品大集常态化，不间断展销、展示绿色天然的新疆特色产品，推进特色产品销售，带动新疆经济发展，同时也让京城乃至全国消费者轻点鼠标就能“365 天随时赶大集”，轻松买到正宗地道、质量上乘的新疆特色产品。

新疆大集网的建设，将促进新疆特色农产品快速进入北京市场，打造农产品外销平台，利用国家“西果东送”的契机，实现新疆农民增收，丰富北京市民物质生活，加强新疆与北京两地的经济交流与合作。

请为新疆大集网制订网络广告目标，并制定媒体策略。

学习情境五　进行网络广告创意

当今是一个策划的时代，也是一个创意的时代。广告离不开策划，更离不开创意。在充分了解广告主的意图及目标受众的需求等信息之后，网络广告的创作就有了较为明确的方向。互联网作为一种新型媒体，能将大众传播范围广泛的特点与人际传播的高反馈性和高互动性的特点充分地结合到一起，使广告和受众能有效地互动。网络广告作为广告的一部分，与传统广告既有联系又有区别，也要使用传统广告的基本理论。确定网络广告目标，应以沟通为核心，要想达到这一目标就需要有好的广告创意。

项目任务 5.1　认识网络广告创意

任务情境

创意法国旱冰宝宝广告爆红网络

一段法国依云矿泉水的视频广告在视频网站 Youtube 上引起轰动，一群穿着纸尿裤的可爱宝宝竟然滑旱冰，还摆出各种酷酷的姿势，甚至大跳 Hip-Hop。短短时间内，这段视频的点击已经达到 400 万次，这几个旱冰宝宝更是成为网上的超人气明星。

该视频共长 60 秒，是为法国依云矿泉水做的一个创意广告，体现依云矿泉水“保持年轻”（Live young）系列的宗旨。视频一开始，伴随着说唱团体“糖山帮”（Sugarhill Gang）的 Hip-Hop 单曲《说唱者的喜悦》（Rapper's Delight）的音乐声，几名穿着纸尿裤的宝宝脚踩旱冰鞋，隆重出场。别看这些宝宝还只是婴儿，他们却拥有无比的神力，旱冰鞋在他们脚下如飞火轮一般自如。他们忽而跳跃，忽而跳上栅栏，忽而翻跟头，忽而又大跳 Hip-Hop，简直比专业 Hip-Hop 明星还要酷（见图 5-1）。

这段视频一经推出就受到网友的热捧，网友纷纷将这部广告转帖，发送给自己的朋友。就像病毒感染一样，这段视频很快就传遍了网络造成了轰动。

资料来源：网络营销教学网站

图 5-1　旱冰宝宝广告图片

任务要求

1. 明确什么是广告创意？

2. 知道网络广告创意有哪些要求？

3. 掌握网络创意理论？

知识点 5.1.1 广告创意的含义及作用

1. 什么是广告创意

创意是网络广告的灵魂，随着网络技术的不断发展与成熟，网络广告的创意也趋于多样化、复杂化。它实现了许多传统媒体广告创意不能实现的梦想。网络广告创意依据互联网这个特殊媒体的特点，将广告的创意发挥得淋漓尽致，所以需要有更多的广告创意。

广告创意是指通过独特的技术手法或巧妙的广告创作脚本，更突出体现产品特性和品牌内涵，并以此促进产品销售。广义理解，广告创意包含了广告活动中创造性的思维，主要是涉及创造新的方面，从战略、形象，到战术以及媒体的选择等。狭义理解，现实中，广告界更愿意以“广告作品的创意性思维”来定义广告创意。广告创意简单来说就是通过大胆新奇的手法来制造与众不同的视听效果，最大限度地吸引消费者，从而达到品牌声望传播与产品营销的目的。广告创意在英语中的表达是 idea & creative，指广告中有创造力地表达出品牌的销售信息，以迎合或引导消费者的心理，并促成其产生购买行为的思想。广告创意由两大部分组成，一是广告诉求，二是广告表现。

广告定位是广告创意的前提。广告定位先于广告创意，广告创意是广告定位的表现。广告定位所要解决的是“做什么”，广告创意所要解决的是“怎么做”，只有弄明确做什么，才可能发挥好怎么做。一旦广告定位确定下来，怎样表现广告内容和广告风格才能够随后确定。由此可见，广告定位是广告创意的开始，是广告创意活动的前提。

广告创意的内涵包括：

1）创意是广告策略的表达，其目的是创作出有效的广告，促成购买。

2）广告创意是创造性的思维活动，这是创意的本质特征。

3）创意必须以消费者心理为基础。

4）广告是使顾客了解本产品的途径。

5）广告最重要的作用是使顾客通过广告产生购买产品的行为，促成交易的达成。

2. 广告创意的作用

广告创意可以说是广告活动的灵魂，是广告活动过程中非常重要的环节，因此广告创意必须通过整体广告活动体现其作用。

（1）创意有助于广告活动达成预定目标

广告活动作为一种经济范畴的商业活动，最终以营利为目的，因此，广告创意必须有助于广告活动达到传播的预定目标，这是衡量广告创意的重要标准。

（2）创意有助于广告进行告知活动

广告能够完成其有关产品信息的告知于诉求的职责，很大程度上，取决于广告作品是否具有创意。优秀的创意使广告作品更形象、生动。

（3）创意有助于影响消费者行为

调查表明，广告要想有更强的说服力，就必须创造性地运用非文字信息元素，强化文字信息元素。比如在作品中有效运用色彩和空间，促使受众根据广告信息了解该信息。

（4）创意有助于广告进行提示活动

创新的广告创意会使广告诉求变成有趣的、耐人寻味的广告，广告人需要思考的问题就是如何通过广告创意来提醒顾客购买我们的产品。

（5）创意可以为广告增添“轰动”效应

广告作品要通过有效的广告创意让受众产生共鸣，通过巧妙的设计来烘托氛围，从而制造出“轰动”的效应。

例如，手机凤凰网制作的“双十一凤凰天猫购物节广告”，就是由于优秀的广告创意，从而达到了较好的效果（见图 5-2）。

该手机网络广告市场定位是收入高、消费能力强、使用智能手机浏览网页、喜爱网购的消费者。创意表达是以“就今天我们不一样”作为本次广告投放的主题，口号响亮，在用户心中留下深刻的印象，恰当体现“凤凰天猫购物节”活动理念的深度传播。传播策略采用“造势-引爆”一气呵成：活动当天的高关注离不开前期的强造势。投放一共持续 3 天，在 11 月 9 号、10 号两天，手机凤凰网在主页上投放广告，制造噱头，充分调动起用户的好奇心，为 11 月 11 号的狂欢埋下伏笔。理念出彩，表现加分：效果震撼、颜色跳跃的界面，文案方面与时下最流行元素相结合。“凤凰首页此般异常，元芳，你怎么看？”“大人，此事背后一定有一个天大的秘密！”“元芳体”的大胆运用引出大事件。活动当天（11 月 11 号），手机凤凰网一改往日风格，采用凤凰天猫购物节定制界面，将手机包装成了一个移动购物商城，为用户发掘出了手机凤凰网的新功能。用户可以一边看新闻一边网购，资讯购物两手抓。

资料来源：艾瑞广告先锋

图 5-2 双十一凤凰购物节广告

该手机网络广告效果如下：活动覆盖影响独立用户 551.55 万，PV 高达 7.35 亿次；仅 11 月 11 日首页活动入口展示及凤凰天猫购物节专属站就为天猫导入 381.54 万独立用户，PV 高达 2.73 亿，其中手机凤凰网用户交易达 21.5 万余件，交易突破 1500 万元。与上年双十一相比，独立用户数增长近 7 倍，曝光增长逾 20 倍，推广期成交额较之平日增长 10 倍。另一方面，活动还获得了巨大的舆论营销价值。手机凤凰网首页改版引来了不少网友的热议，网友们纷纷在微博上称赞凤凰改版很萌很创新，新颖的模式获得了大家的好评。后续针对双十一营销事件有超过 50 家主流媒体（人民网、和讯网、天极等）进行热力报道，在业内强有力的发声使营销价值持续升温。

知识点 5.1.2 网络广告创意的要求

创意是一种创造性思维，创造性思维的基本方法是发散思维和聚合思维、顺向思维和逆向思维、横向思维和纵向思维的有机结合。但是广告是一种功利性、实用性很强的经济行为，同时又是一种有着广大受众的社会文化现象，因此对广告创意有着与一般的创造性思维不同的要求，广告创意必须在不自由中寻找更高境界的自由，是“戴着镣铐跳舞”。

如果一个网络广告能结合画面度、创意度，吸引眼球度的话，必将带来更多的潜在消费者，让已经消费的人对产品更加忠实。留住老客户，吸引新客源才是创意者成功的基本要素。网络广告创意大致有以下一些要求。

1. 相关性

广告创意必须与产品特点、企业形象和消费者需求相关联。创意的过程是对商品信息的编码过程，受众接受广告信息后，要经自身的译码，在译码中产生联想和会意，使自己的经验、体会与商品信息结合在一起才能达成沟通。创意把概念化的主题转换为视听符号，直观性强，但也产生了多义性。为了避免产生歧义，创意时要符合相关性要求，即广告传递的信息必须与商品或企业相关，让人一看（或听）就知道是某商品或某企业的信息，而不能含混不清或是喧宾夺主。

2. 原创性

广告创意贵在“新”。要做到这一点，就要突破常规、出人意料、与众不同，切忌雷同、似曾相识，没有原创性，广告就缺乏吸引力和生命力。好的广告创意一定要在合情合理的前提下，做到新、奇、特，要做到“意料之外，情理之中”。

3. 震撼性

震撼性是指广告创意能够深入到受众的心灵深处，对他们产生强烈的冲击。没有震撼性，广告就难以给人留下深刻的印象。一个人每天要接收到大量的广告，要想使受众对广告产品留下深刻美好的印象，新颖、惊奇是重要的手法。刺激越强，造成的视听冲击力越大，就越容易给受众留下印象。具体说来，画面、音响、富有哲理的广告语，都能不同程度地造成一定的视听冲击力。只有在消费者心中留下印象，才能发挥广告的作用。而想要做到这一点（吸引消费者的注意力，同时让他们来买你的产品），就需要有很好的点子。

4. 简明性

广告创意必须简单明了、纯真质朴、切中主题，才能使人过目不忘、印象深刻。广告大师伯恩巴认为：“在创意的表现上光是求新求变、与众不同并不够，杰出的广告既不是夸大，也不是虚饰，而是要竭尽你的智慧使广告信息单纯化、清晰化、戏剧化，使它在消费者脑海里留下深而难以磨灭的记忆。”最好的创意往往是最简单的创意，因为在信息爆炸的当代社会，受众被淹没在信息的海洋中，只有那些简洁明快的广告能够吸引他们。因此在广告创意时，主题要突出、信息要凝练、诉求重点要集中、无关紧要的要删去，广告镜头要破除烦琐，反映主信息。

经典演播

例如麦当劳的一则广告：画面是一个婴儿在摇篮中荡来荡去，一会儿哭一会儿笑，笑是因为摇篮荡上去时他看见了麦当劳的标识；哭是因为摇篮荡下来时看不到标识，整个广告极其简洁，没有任何多余的东西，但却形象地将广告所要表达的信息完整地传达给了目标受众。

5. 合规性

广告创意必须符合广告法规和广告发布地的伦理道德、风俗习惯。由于各个国家的广告法规和风俗习惯都有所不同，因此在广告创意时一定要做到符合规范。比如，香烟广告在很多国家都被禁止在公共场合发布，在我国，不能做比较广告和以“性”为诉求点的广告等。

广告管理法规是调整广告管理机关和广告客户、广告经营者及消费者之间在广告宣传、广告经营、广告管理中所发生的各种社会关系和法律法规的总称。其表现形式为有关广告管理规定、专门的广告管理行政法规、国家管理机关发布的规章和规范性文件、地方立法机关颁布的广告管理地方性法规、地方人民政府发布的广告管理的地方规章。《广告管理条例》《广告法》等都是十分重要的广告管理法规。风俗习惯是人们根据自己的生活内容、生活方式和自然环境，在一定的社会物质生产条件下长期形成，并世代相袭而成的一种风尚和由于重复、练习而巩固下来并变成需要的行动方式等的总称。不同的国家、不同的民族有不同的风俗习惯，如果违反了广告法规和广告发布地的伦理道德、风俗习惯，势必招致失败。所以，在广告创意中，必须考虑到合规性。只有这样，才不至于徒劳无功。

6. 互动性

“互动”指双方“相互作用和相互影响”，互动性是网络广告最突出的特点。在互联网中，受众不再是被动接受信息，受众不但可以选择信息，还可以控制信息。网络广告不再是单纯的信息发布与接受，浏览者可以即时参与其中，直接反映广告效果。

例如某游戏的广告创意，如图 5-3 所示。

资料来源:艾瑞网

图 5-3　大型武侠 RPG 网页游戏截图

据广告主透露，这个案例（消灭扶桑刺客创意）投放时取得了非常好的广告效果。分析原因，就是高互动性、明确的点击提示和题材。

1）看到这则广告的第一眼，会让人以为是一个射击类的游戏（通常射击类游戏都是使用鼠标进行操作的，并且操作非常频繁，互动性很强）。

2）一排小偷模样的扶桑刺客匀速跑动，加上一个大准心在画面中间及醒目的文案提示（“鼠标瞄准左侧射击”字样），让你忍不住就会点击鼠标，想去消灭扶桑刺客，做一回保家爱国的志士。

总结一下，要想做一个高点击的网络广告创意，有以下几点是需要关注：

1）动态的永远比静态的好。现在网站上密密麻麻都是广告，要想使自己的广告创意从周围众多广告中突围出来，建议做动态的广告素材。不论是字闪，还是按钮闪，亦或是画面上的人物闪，只要画面中有动态的元素，就一定比纯静态的广告创意吸引人眼球。

2）充分的点击理由。在考虑创意时，需要考虑不同用户的心理，给他们一个明确的点击理由，如想得奖励等。

3）情节简单，不需要过多思考。如果一个创意让用户看了以后还要思考几秒钟到底再说什么，那很可能就不去点击了。越简单直观的情节，点击效果越好。

4）互动性很重要，但要符合逻辑。曾经看到一个游戏做了一个接金币的广告创意。画面上方哗啦啦地不停往下金币，下方有两只手作出捧起的动作，让玩家去接天上的金币。按逻辑来说，捧起的手是直接可以接住金币的，根本不需要用户点击鼠标去抓或者去拿。因此这个创意从逻辑上来说，是一个不需要用户点击的素材。既然不需要点击，那这个广告创意的点击数据自然不会很理想。

5）趣味性。广告创意的情节有趣、画面上的人物形象让人觉得有趣等，也会为一个广告创意加分不少。

补充材料

研究表明互动式比非互动式广告点击率高 35%

据 Break Media 及它的广告合作伙伴 Panache 进行的一项研究表明，美国互动广告署（IAB）执行视频广告标准的 4 个表现最好的单元的点击率在 10%以上。

本田公司、T-Mobile 和 truTV 的一些广告活动也参加了此次在 Break.com 网站上的滚动网页广告的活动。此次活动截至 8 月 2 日，历时 11 个多星期。其中的调查结果：87%的观众会观看 15 秒的前滚动广告，而且互动式前滚动的广告（包括号召观众有所行动的文字）的点击率（CTRs）比那些非互动式的前滚动广告的点击率要高出整整 35%。Break 和 Panache 表示，非互动式的前滚动广告的点击率要低于 10%，而互动式前滚动广告的点击率为 11%～13%。

该研究不能被视为对所有互动广告署推出的视频广告格式的一个全面的评估。在涵盖互动广告署 5 月推出的视频广告格式指引的 12 个广告单元中，Break 和 Panache 仅仅选择了其中 4 个表现最好的单元来报道。除了前滚动式广告，他们还很关注其他两种类型的图形广告：覆盖式和非覆盖式的“邀请”广告。前者（即覆盖式广告）不会影响视频本身的内容；但后者（即非覆盖式广告）则会使视频本身的内容变得不清晰。

这些格式会有哪些好处，现在还不太清楚。对于非覆盖式的图形广告，它的平均点击率仅仅为 0.08%。而有创意的会影响视频内容的覆盖式广告，它的点击率就要高得多，达到 0.65 %。

“当人们去观看视频的时候，他们真的会把观看重点放在屏幕的某一部分。通过将这些广告放在这些地区，你就能知道，观众到底是看向哪里。”Panache 的总裁史蒂夫·鲁宾逊（Steve Robinson）表示。

研究人员指出，如果广告使用了明亮的颜色，那么点击率就会从 0.045%上升到 0.13%。“充满创意和活力的颜色，更引人注目的广告，会有一个较高的点击率，这并不奇怪。”Break Media 的首席执行官（CEO）基思·里奇曼（Keith Richman）说。

（资料来源：2008-8-19　艾瑞网　曾翠编译）

知识点 5.1.3　网络广告创意的理论

20 世纪 80 年代初，“创意”一词开始在中国广告界出现。但对于什么是广告创意，却有着种种不同的说法，还很少有一个基本一致的看法。有的人认为“广告创意是把原来的许多旧元素进行新的组合”，有人认为“广告创意是一种创造意外的能力”等。这些说法都有道理，但作为广告创意的定义，却又都觉得不妥。虽然詹姆斯·韦伯·扬曾经对什么是广告创意做过十分精辟的说明，所谓“旧元素，新组合”，在广告界人人都认同，但这仅仅是对广告创意元素的归纳总结，并没有对广告创意的过程做更深入的阐述，当然，也不能作为广告创意的定义。我们认为，广告创意是广告人员在对市场、产品和目标消费者进行市场调查分析的前提下，根据广告客户的营销目标，以广告策略为基础，对抽象的产品诉求概念予以具体而艺术的表现的创造性思维活动。

以下介绍几种影响深远的广告创意理论。

1．独特销售主张理论

独特销售主张理论（Unique Selling Proposition，USP）是 R·雷斯在 20 世纪 50 年代提出的一种有广泛影响的广告创意策略理论，其基本要点：每一则广告必须向消费者“说一个主张（Proposition）”，必须让消费者明白，购买广告中的产品可以获得什么具体的利益；所强调的主张必须是竞争对手做不到的或无法提供的，必须说明其独特之处，在品牌和说辞方面是独一无二的；所强调的主张必须是强有力的，必须聚焦在一个点上集中打动、感动和吸引消费者来购买相应的产品。

经典演播

1954 年，R·雷斯接受 M&M 糖果公司的委托，为其生产的糖果创意广告。在调查中，R·雷斯了解到 M&M 糖果，如图 5-4 所示，是当时美国唯一用糖衣包着的糖果，构思很快形成，在电视广告中只见到两只手，旁白道：“M&M 巧克力，只溶在口，不溶在手。”

图 5-4　M&M 糖果

该广告创意体现了该产品独特的优点，简单清晰，广告词朗朗上口，很快就家喻户晓。几十年过去了，M&M 糖果公司的规模有了突飞猛进的发展，成为美国私人企业中的佼佼者。而“只溶在口，不溶在手”的广告词，到 20 世纪 90 年代仍是 M&M 巧克力豆的广告主题，被牢牢记忆在世界各国消费者心中。该理论指出，在消费者心目中，一旦将这种特有的主张或许诺同特定的品牌联系在一起，USP 就会给该产品以持久受益的地位。实际经验已表明，成功的品牌在多少年内是不会有实质上的变化的。

不同的产品，能为消费者提供不同的好处和功效，以此来满足消费者不同的消费需求。

同类产品的竞争，又如何争取消费者，赢得消费者的格外青睐呢？关键在于能为消费者提供其他同类产品不能提供的好处和功效，并且这种好处和功效，又必须符合消费者的消费利益需求。广告的责任，就在于努力寻找和发现广告产品所具有的、能为消费者提供的，而其他产品却不具有的、不能为消费者提供的独一无二的好处和功效，并将这一信息如实地传达给消费者。在运用独特销售主张策略时，要求每一个产品都应该只发展一个代表产品个性的销售说辞，并通过大量的重复展现，将该广告信息传递给媒体受众，以使该品牌产品成为同类产品的代表者。“USP”理论是对广告传播的科学认识，它影响了整整一个时代。

2．品牌形象理论

20 世纪 60 年代，由 D·奥格威提出的品牌形象论是广告创意理论中一个重要流派。在此策略影响下，出现了大量优秀的、成功的广告。品牌形象论的基本要点：为塑造品牌服务是广告最主要的目标。广告就是要力图使品牌具有并且维持一个高知名度的品牌形象；任何一个广告都是对品牌的长程投资。从长远的观点看，广告必须尽力去维护一个好的品牌形象，而不惜牺牲追求短期效益的诉求重点；随着同类产品的差异性减小，品牌之间的同质性增大，消费者选择品牌时所运用的理性就越小，因此，描绘品牌的形象要比强调产品的具体功能特征重要得多；消费者购买时所追求的是“实质利益+心理利益”，对某些消费群来说，广告尤其应该重视运用形象来满足其心理的需求。广告创意中的品牌形象策略主要有广告主形象策略、专业模特形象策略、名人形象策略和标识物形象策略。

（1）广告主形象策略

这种策略是指在广告创意中，以直接塑造广告主的美好和独特形象为创意主题，即广告品牌被赋予生产经营者自己的形象。

例如聚美优品的广告创意。聚美优品创立于 2010 年 3 月，由陈欧、戴雨森和刘辉创创办，聚美优品是第一家也是中国最大的化妆品限时特卖商城。聚美优品的广告策略很具有挑战性，他们在不和任何广告公司合作的情况下进行产品的宣传。聚美优品创业团队自己做广告策划，通过在电视台播广告的形式，进行企业的宣传。广告宣传片由聚美优品 CEO 陈欧与明星韩庚共同为聚美优品代言，电视广告同时在各大网络平台投放广告，提高了企业影响力，加深了品牌的深度。刚开始没有人看好聚美优品，觉得他们的营销策略很荒唐。但是，聚美优品团队没有被困难吓倒，他们依然以自己的方式去推广企业。“你只闻到我的香水，却没看到我的汗水；你有你的规则，我有我的选择；你否定我现在，我决定我的将来；你嘲笑我一无所有，不配去爱，我可怜你总是等待；你可以轻视我们的年轻，我们证明这是谁的时代。梦想是注定孤独的旅行，路上少不了质疑和嘲笑，但那又怎样，哪怕遍体鳞伤，也要活的漂亮！！！我是陈欧，我为自己代言！”这就是聚美优品的广告，道出了当前 80 后、90 后年轻人所遇到的困难，也展现了年轻人的理想与憧憬，引起很多 80、90 后的共鸣。陈欧在电视上变换着机位，为自己的梦想而奋斗，为自己的品牌做代言。陈欧作为一名 80 后的创业者，无疑是最成功的，自己为自己的品牌做代言，得到了非常好的效果。聚美优品一夜走红，网站知名度迅速提升，成为中国最成功的网站之一。

（2）专业模特形象策略

这种策略是借助合适的专业模特来间接地塑造产品的形象。最具代表性的是李奥·贝纳创造的“万宝路”牛仔形象。1923 年，美国菲利普·莫里斯公司生产了一种牌号为“万宝路”的香烟，专供女士享用。广告的口号也尽力突出其味道“像五月的天气一样柔和”。然而，产品投放市场后，境况十分糟糕，销售业绩始终不佳，一度停产。二战后，美国经济有了新的发展，烟草消费量激增，过滤嘴香烟问世。菲利普·莫里斯公司抓住有利时机，再次投放女子市场，依然未能打开销路。于是，菲利普·莫里斯公司求助于李奥·贝纳。当时的美国市场，竞争异常激烈而残酷。要使一个倒了的牌子东山再起，简直比下台总统重返白宫还要困难。李奥·贝纳勇敢地接受了这一挑战。经过周密的市场调查和精心策划，李奥·贝纳提出了一个“颠倒阴阳”的大胆构想：去掉万宝路原有的浓厚脂粉气，为其重塑一个具有男子汉气概的全新形象。于是，一个新的方案大体确立：保持原有配方，改用菲利普·莫里斯公司首创的平开式盒盖包装，选用最具美国风格、被美国公认的最具男子汉气概的西部牛仔充当万宝路的广告形象。广告画面中，那深具美国英雄主义价值精髓的牛仔形象被众多男同胞竞相效仿，也使不少女烟民为之魂牵梦绕。有人对美国和欧洲的烟民做了一次测试，测试者将万宝路香烟放在不标品牌的棕色盒里，然后放在其他香烟之中，插上标明“万宝路”的标价牌（降价 50%），以供参加测试的烟民选购。但对棕色万宝路感兴趣的人仅占测试人数的 21%。由此可见，大多数人不但要买香烟，而且要买“万宝路”的品牌形象。万宝路的品牌商标，已成为公司的一笔巨大资产。这的确是广告史上的奇迹！不改变牌号，不改变配方，竟然能使一种眼看就要被市场浪潮所吞没的商品，变为目前世界上最著名、销量最大的香烟品牌之一。在这里，我们看到完全不同于“独特销售主题”的全新广告创作方式。如果说“独特销售主题”的广告创作主要着眼于产品本身能给消费者带来实际物质利益的享受，那么，万宝路香烟广告的创作，则主要着眼于产品能给消费者带来某种心理和精神上的满足。

（3）名人形象策略

这一策略是指借助名人的社会效应来间接地树立品牌形象。名人形象策略的广告创意是非常昂贵的，麦克·杰克逊在 1983 年因拍了两部广告片，以世人所熟知的形象举行了一次巡回演出，就获得 550 万美元。名人广告的价格虽然昂贵，但这种广告的收视率或受读率却高于一般广告，能给企业带来丰厚的经济效益。美国烟草公司依靠名人形象策略的广告宣传，使其幸运财（Lucky Strike）牌香烟的销售额在短短的两个月内增长了 37%。日本松下电器公司的松下牌收录机经过美国的“R&B 土风火演唱团”的广告宣传，该品牌在美国市场的份额很快从末位上升到首位。

（4）标识物形象策略

这一策略是指通过宣传广告主的标识物来塑造广告产品的形象。常见的标识物主要是一些动画人物、动物或植物，如我国海尔集团的大眼睛“海尔”兄弟，国外的“米老鼠”“唐老鸭”等。

3．定位论

20 世纪 70 年代，由 A·里斯和 J·屈特提出的定位论主张在广告策略中运用一种新的沟通方法，创造更有效的传播效果。定位理论的创始人 A·里斯和 J·屈特曾指出：“‘定位’是一种观念，它改变了广告的本质。”“定位从产品开始，可以是一种商品、一项服务、一家公司、一个机构，甚至于是一个人，也许可能是你自己。但定位并不是要你对产品做什么事。定位是你对未来的潜在顾客心智所下的工夫，也就是把产品定位在你未来潜在顾客的心中。所以，你如果把这个观念叫作‘产品定位’是不对的。你对产品本身，实际上并没有做什么重要的事情。”

广告定位论的基本主张：广告的目标是使某一品牌、公司或产品在消费者心目中获得一个据点，一个认定的区域位置，或者占有一席之地；广告应将火力集中在一个狭窄的目标上，在消费者的心智上下工夫，是要创造出一个心理的位置；应该运用广告创造出独有的位置，特别是“第一说法、第一事件、第一位置”。因为创造第一，才能在消费者心中造成难以忘怀的、不易混淆的优势效果；广告表现出的差异性，并不是指出产品的具体的特殊的功能利益，而是要显示出现实和品牌之间类的区别；这样的定位一旦建立，无论何时何地，只要消费者产生了相关的需求，就会自动的、首先想到广告中的这种品牌、这家公司或产品，达到“先入为主”的效果。例如，可口可乐是红色，百事可乐为蓝色。前者寓意热情、奔放，富有激情；后者象征着未来，突出“百事——新一代”这个主题。虽然其他可乐饮料也有采用红色与蓝色作为自己的标准色，但是，它们首先占有了这些特性，因而，其他品牌就难以从消费者的心目中将其夺走。象征美国热情的可口可乐和“新一代选择”的百事可乐，几乎垄断了整个清凉饮料市场。在美国，每三瓶清凉饮料就有两瓶是可乐饮料。要想在其中博一席之地，势如火中取栗，而七喜却做到了。经过详细的市场调查，七喜（7-up）的策划者们采取了一个大胆的产品定位策略——“饮料有可乐与非可乐之分，七喜则属于非可乐类”。将自己与可乐类截然分开，避免同可口可乐与百事可乐两大劲敌的直接交锋，从而另辟蹊径，挺进市场。配合这一“非可乐”定位，公司制作了系列针对性极强的宣传广告。如一则广告，画面以黑色为底，突显出画面中心七喜汽水的晶莹透亮，广告语也写得十分精彩：“可乐、可乐、可乐，你总是喝它；现在你可以不喝它啦。”精彩的定位，精彩的广告，使七喜迅速爬升到“老三”的位置。定位的成功并无具体、统一的规律可循，其迷人之处正在于它的五光十色，形态万千。要深究其特性，只能以一句“出其不意”加以粗略概括。七喜汽水结合自身特质，在可口可乐、百事可乐商战正酣之际，巧妙地挤进饮料市场，大有“渔翁得利”之势。

4．系统形象广告定位

20 世纪 90 年代后，世界经济日益突破地区界限，发展成为全球性的世界性大经济。企业之间的竞争从局部的产品竞争、价格竞争、信息竞争、意识竞争等发展到企业的整体性（企业形象）竞争，原来的广告定位思想，进而发展为系统形象的广告定位。

这种广告定位思想，变革了产品形象和企业形象定位的局部性和主观性的特点，也改变了 20 世纪 70～80 年代广告定位的不统一性、零散性、随机性，更多地从完整性、本质性、优异性的角度明确广告定位。系统形象广告定位，最初产生于 20 世纪 50 年代中期的美国，发展于 60～70 年代，成熟于 80～90 年代。这种广告形态不但在欧美，而且在亚洲都产生了划时代的影响。当代世界上著名企业，其经营管理过程中都已经在系统形象广告领域做了大量的工作，促进了企业经济效益和社会效益的大幅度提高。

课堂思考

试着描述一则给你留下深刻印象的传统或网络广告，并简单分析其创意如何。

知识点 5.1.4　网络广告创意的方法

网络广告的创作从艺术上看与一般平面广告或者影视广告的规律基本一致，从传播的角度来看它与传统广告传播的规律仍然保持一致，只是网络广告的创作更加强调各种元素、各种方式的综合而已。具体的网络广告的创意方法有以下几种。

形象独特——网络广告所显示的内容非常容易被淹没，如果其视觉形象具有独特的气质与风格，让受众真正感知到这一点，那这个网络广告就比较容易打动目标受众。但一般而言，网络广告由于其文件和幅面大小的限制，其表现方式有很大的局限性，此时其元素、构图、色彩与观念的有机整合就显得越发重要。不过，许多古典大师的作品，即使在非常小的尺寸，运用非常少的元素、非常少的色彩，仍然可以使作品光彩照人。

情节生动——网络广告像影视广告一样可用情节来表现主题与理念。具体情节的网络广告，容易吸引受众的注意力和好奇心，获得认同感，达到更好的广告效果，只是这个情节必须合乎情理又出人预料、有趣生动。

氛围感人——在网络上，富有人情味、轻松幽默的广告更容易激发“冲浪者”点击的欲望。设计师通过色彩、文字、图像、构图等手段营造出一种氛围，使观看广告的人受到感染，正是这种氛围使人们愿意点击这个广告，从而接受了广告所推出的服务或产品。

事实有力——有时消费者感觉不到该产品会给他们带来什么好处，因此有必要在网络广告中强调商品某方面的功能。这种创意方法的核心就是用无可辩驳的事实述说这个商品的功能与优点，帮助消费者找出他们购买商品的动机。

文化品位——中国悠久的历史、丰厚璀璨的文化传统，塑造了中国人特有的价值观和审美情趣。将这些特点应用在网络广告中，能起到良好的传播效果。

利益诱人——在网络广告中告诉受众，点击这则广告可以获得除产品信息以外的其他好处，而不点击就会失去。因为网络广告需要受众付出时间和费用上的代价，所以要给受众一种付出就有收获的感觉。通常表现为“奖”“礼”或者“免费”等字样。利用利益效应，提高广告的机会价值是提高广告点击率行之有效的方法。

知识点 5.1.5　网络广告创意的技巧

与传统广告相比，网络广告的创意受到许多方面的影响，我们在进行网络广告创作时必须要讲究创意的技巧，以吸引更多的人来关注。网络广告是一种新型媒体，它既与传统媒体有共同的属性，也有与传统媒体不一样的新特征。这就要求网络广告，既要遵循传统媒体上操作的规律，又得适应新媒体特点的技巧。

1．图文并茂

在网络广告中，图像和文案是十分重要的表现手段，通过图像的视觉效果引导消费者，通过广告文案的内容吸引消费者，两者的有效结合就可以创作出令人难忘的优秀的广告作品。由于网络广告的篇幅一般都比较短，文案的作用就越发显现出来，通过字体、颜色、关键词和信息使网民更多、更快地浏览到和注意到网络广告的信息。

2．动静结合

网络广告与其他类型的广告的区别之一就是能动起来，利用动画动的效果，能较好地吸引网民的眼球。动的形式有飘、游动、弹出、悬挂、跟随等，网络广告的创意一般要强调动静结合，文字不动而景物动或文字动而景物不动，但实际创作中文字尽量不要动。

3．大小搭配

要合理搭配网络广告动文字和动景物比例，利用网络的超链接使第一层的广告可以小一些，下一层的广告大一些。因为在网站上，第一层的广告最贵，而后面就差远了。要使有限的资金能产生最大的效益。

知识点 5.1.6　网络广告创意的产生过程

随着网幅广告越来越不能满足需求，一种更能具吸引受众的交互方式：以文字、声音、图像、游戏等为元素，以鼠标、键盘等输入输出装置为交互操作体验的网络广告形式应运而生。网络互动广告的出现给网络广告的设计带来了新的发展空间，富有创意的广告，用户并不反感，而且可能会很喜欢。网络广告创意产生的步骤如下：

1. 准备期

根据网络广告定位来搜索相关资料并加以研究，根据经验，启发新的创意。这一阶段的核心是为广告创意收集、整理、分析信息、事实和材料。收集一般资料，用关高大师乔治。葛里宾的话说就是“广泛的分享人生”和“广泛的阅读”。说白了就是要做生活的有心人，随时注意观察生活、体验生活，并把观察的新信息、体验到的新感觉收集和记录下来，以备创意的厚积薄发之用。

2. 孵化期

把所搜索的资料全部都整理好，使意识自由发挥，并提炼出创意的焦点。毛泽东同志曾经用“观察、体验、研究、分析”八个字，概括了文学艺术家摄取和积累材料的创作准备过程。这一点们对于广告创意也同样适用。创意者要用自己“心智的触角到处加以触试”，从人性需求和产品特质的关联处去寻求创意。如果能在看似毫无关联的事实之间找到它们的相关性，并把它们进行新的组合，这样就能产生精彩的创意了。

3. 启示期

根据上一个步骤当中所产生的创意的焦点，结合所搜集到的相关资料，形成多种创意观念，并在这些创意观念的基础上，形成各种初步的创意方案。

4. 验证期

对各种初步的创意方案的有效性加以验证和讨论，从中选择出最好的方案作为最终的创意方案，并对最终的创意方案进行进一步的修正和改进。

5. 形成期

将最终的创意方案加以实施，并且在具体的过程当中，对最终的创意方案作进一步的修正和改造。

知识点 5.1.7　网络广告创意的思维方法

1. 水平思考法

水平思考法又叫侧向思考法，是英国心理学家戴勃诺（Edward Debono）提出的一种创造的方法。他认为我们平时的思维方式是偏重于已往的经验和模式，受到思维定势的影响，而跳不出老框框。所谓思维定势是人在思考时心理的一种准备状态，它影响解决问题时的倾向性。思维定势常会影响思维的变通性。例如问你这样一个问题：小李进房间后，没有开灯就找到了放在桌子上的黑手套。这是为什么？通常情况下，当听到“没有开灯”时就会有一种倾向认为这是在晚上发生的事，因为晚上和灯之间有一种符合常规的固定的联系。因而，在解决这个问题时，由于“没有开灯”暗示你进入一种习惯性的思维中，使你的思维方向往“在晚上如何照明找物”这一方面去思考。这种遵循已有的经验，按常规思考的方式，戴勃诺把它称为垂直式思考。而如果突破一贯的思考方向，不受定势的影响，不认为这事发生在晚上，问题就迎刃而解了。答案是白天进房间，当然不用开灯也十分容易找到东西。这种不受常规约束，摆脱旧经验、旧意识的思考方式被戴勃诺称为水平式思考。

显而易见，水平式思考法更能创造出新的观念，在用此种方法时要遵循的原则包括：一是摆脱旧意识与旧经验，破除思维定势，更好地体现发散思维的特点；二是找出占主导地位的关键点，例如前面的例子中，关键点是 “找手套”，而不是“如何照明”；三是全方位的思考，大胆革新，找出对问题的新见解；四是抓住头脑中的“一闪念”，深入把握新观点。水平思考法能够产生有创意的想法，因而是广告创意时常用的思维方法，然而水平式思考并不是排除垂直式思考，二者常常是互为补足，取长补短。

2. 逆向思考法

逆向思考法又称反向思考法，是一种向常规思路反向扩张构思的方法。实际上，这种思维方向应包括在水平式思考法之中。由于利用这种思路常常能较为直接地解决问题，且相对而言更易掌握，因而格外提出来。这种方法就像在中学学习数学时用的一种解题法——反证法。通常的解题法是从已知条件出发来思考如何解决问题，而反证法是从求解出发，反推找到与已知条件相符合的出路。

运用逆向思考时，需掌握两个要点。一是，这种反常思维的传达应恰当，语言要实在且幽默。如“杉杉西服，不要太潇洒”是一种恰到好处的反向思考的表达。二是，应用逆向思考是有条件限制的，不是所有的问题都能从反向得到求解的。因而，在创意中这种反向思考必须以消费者能认同为条件。例如，伦敦最大的书店布莱维尔要做一个在此书店购物舒适自由为主题的广告，想从反向去构思，但不知“服务不必过于周到”是否符合消费者的需要。调查发现，在一片服务至上的宣传中，消费者有这样的反应，有时想去商店看看，并不一定要买，由于服务员紧跟在身边，过于热情的介绍商品和服务，令人感到烦琐，或感到不买东西没有面子；再者会使人感到像被监视，有时不买东西就不去商店。商店当然希望顾客常来光临，虽然当时不买，但会成为潜在的顾客。这种调查的结果刚好与反向思考的结论相符合，因而布莱维尔书店在广告中大胆应用反向思考的构思，其内容为“当你光临布莱维尔书店的时候，没有一个人会问您要买什么。您可以信步所至，随便阅读，放心浏览。店员只在您需要的时候才为您效劳。您不招呼，他们决不打扰。无论您来买书或来浏览均欢迎。这就是布莱维尔书店一百多年来的传统。”这使得顾客感到亲切生动，符合心意。

3. 辐射构思法

一场广告运动通常包括一系列的广告，而一系列的广告又围绕着同一主题。辐射构思法往往就是以广告运动的主题为基点，任凭创作者的思维、想象驰骋。在产生若干有关创意之后，创作者再从中选择出一个适合广告主题、有创造性、有诉求力的创意。例如，为了突出医用胶的粘合功能，创作者可以尽自己所能，想出若干表现粘合功能的创意，如用现实的表现手法表现医用胶在医学临床上的运用，或用瓷器破碎重新粘合的借喻方法来表现其功效，还可以用权威医生的证言来传递医用胶的功能信息等等。有了这些点子后，创作者再根据本产品的特点、消费者的心理以及目前广告制作的条件要求等，确定一个合适的创意。不过，有时所确定的广告创意不一定很完善，必须加以适当的修改、发展，或综合其他创意的优点。

辐射构思法的优点是对思考过程的限制较少，有利于产生一些新奇、独特的创意。使用该方法进行广告创意时，要特别注意，不要轻易地否定自己所想到的点子，不管这点子是荒唐离奇，还是俗气可笑。而且当点子一旦在头脑闪现时，就要立即把它记录下来，以免发生遗忘。

项目任务 5.2　确定网络广告主题

任务情境

美特斯·邦威的网络广告

上海美特斯·邦威服饰股份有限公司诞生于 1995 年，主要研发、采购和营销自主创立的“美特斯·邦威”品牌休闲系列服饰。美特斯·邦威，这五个字凝聚了公司创始人周成建先生深切的民族情节和执着的服饰情缘。美：美丽，时尚；特：独特，个性；斯：在这里，专心、专注；邦：国邦、故邦；威：威风。美特斯·邦威，代表公司坚定不移的两个目标：为年轻消费者提供“个性时尚”的服饰产品和体验，进而把品牌打造成国际休闲服市场一个领导品牌，扬国邦之威、扬中华之威。

美特斯·邦威公司将品牌的目标受众定位在 18～25 岁活力和时尚的年轻消费者，公司塑造活力时尚、具有社会责任感的企业形象，倡导年轻活力和个性时尚的品牌形象，带给广大消费者富有活力、时尚和个性的休闲服饰。美特斯·邦威的品牌精髓为“不走寻常路!”

2009 年，美特斯·邦威参与了年度全球最热影片《变形金刚 2》的深度合作。除了在影片内容上进行植入外，美特斯·邦威在影片上映前后开展了与《变形金刚 2》影片相关的全面营销推广，强力结合变形金刚系列，推出“变型看我”的全新品牌理念，意在打造 2009 年夏天潮流时尚的最强音。与《变形金刚 2》的深入合作，使美特斯·邦威品牌快速成为营销界的热点话题。PPLive 准确把握这一热点，结合其目标受众的影视收视习惯，配合内容植入，锁定目标人群，在传播上真正做到表现专属。在为期 16 天的投放期中，PPLive 网络电视媒体平台为美特斯·邦威客户创造了超过 2500 万次的高清 TVC 及视频植入内容曝光。每天有超过 11 万人观看，对美特斯·邦威的产品产生兴趣，并点击查看详情，有效收视达 2.6%，远远高于业内 1.5%的平均水平。

持续的广告创新与完善的市场营销，积极有效的创新管理、以大规模分销和铺天盖地的广告来占领市场，然后再集中全力从你的竞争对手中抢夺市场份额。这是一个品牌生命力的“持续模式”。美特斯·邦威正是凭借这样的模式为其赢得了市场和消费者，但更重要的是它在变革中，逐渐掌握了广告沟通艺术，形成自己独特的广告思想和策略，那就是必须致力于沟通，而不是销售诉求。这一独特的策略和作法，鞭策着美特斯·邦威在市场发展中不断成功，迅速成长。

在实际市场运作中，美特斯·邦威更把营销开展到了网上网下，消费者只要购买美特斯邦威衣服，就可得到赠送的劲舞服装，然后美特斯·邦威给劲舞所属的游戏公司返利。这是一项双赢的合作，对双方都有很大的好处。在劲舞商城里添加一个美特斯·邦威专区，就可以让玩劲舞的玩家知道这一活动。

美特斯·邦威之所以一直以来“不走寻常路”，最大的因素是它将自身特有的魅力通过出色的广告诉求传达给消费者。这既规避了传统制造业的周期风险，又全力倾注于产品的研究、开发以及营销传播，提升了其核心竞争力。没鲜明的品牌语言，其竞争力也是苍白的。主题语是广告的眼睛，它的“带电量”决定消费者是否能把这商品研究下去的可能。因为，主题语包含的功效利益点及价值感决定了商品的被关注程度。

任务要求

1. 网络广告主题应符合哪些要求？
2. 该产品是如何设计主题的？

广告经营者进行广告创意的目的之一就是确定广告主题。网络广告主题就是网络广告的诉求点，即网络广告作品向目标市场受众传输的主题信息。广告主题是广告的中心思想，是广告作品的核心与灵魂。任何一项网络广告策划活动必须首先确定广告的诉求点，即确定向消费者“说什么”。否则受众就不明白网络广告所要表达的信息内容，就不会被广告所吸引，也就不能产生共鸣。

知识点 5.2.1　网络广告主题的基本要求

具体来讲，网络广告主题的基本要求包括以下几个方面。

1．鲜明、突出

网络广告主题必须观点明确、概念清晰、重点突出，使人一目了然，鲜明地表达销售的概念。为了使主题的表达能鲜明有力，首先必须使主题的表达单纯化。成功的主题应该是简单的，结构上不复杂，表达单一明确，不力图表达更多的销售概念，目标集中，重点突出，才能具备思想性与统一性。

隐晦和不明确的广告主题，概念模糊，繁杂松散，销售重点不明确，在信息传达中不仅不能鲜明有力地给人清晰的概念，反而会使消费者产生认识上的混乱，甚至产生误导。在激烈的商品市场里，鲜明有力的广告主题对消费者得有很好的心理冲击力，能够增强商品的竞争力。

2．新颖、独特

网络广告主题要有自己独特的新意，即广告传达的信息要有不同于一般的个性，要与同类产品的其他广告有不同销售重点的表达。只有在主题表达中强化信息的个性，才能突出广告的产品（服务）与众不同的特点，在市场竞争中让消费者发现自己、认识自己，给人留下深刻的印象。

主题的新颖性要求广告经营者对客观事物有独特的感受和发现，以新的视角发现问题和提出问题，给人以新颖别致、独创一格的心理感受。

要使网络广告主题具有新意，重点在于差别化策略的运用。要善于发现同类产品之间的差别，可以从产品的质地、制作工艺、效用、心理价值等方面进行挖掘，使广告主题具有个性化的色彩。

3．寓意深刻

网络广告主题对于客观事物的揭示，其重要的一点是思想深度。广告经营者必须具有敏锐的洞察力，能从平凡生活的细节中挖掘出让人激动不已的意蕴来，使之具有深邃的思想认识价值和生活哲理。网络广告策划中一个重要问题，也是一个不易解决的问题，就是对广告主题的确定。获得正确的广告主题关键在于策划者对广告目标市场和消费者需求的认识程度。

知识点 5.2.2　确定网络广告主题的范围

确定网络广告主题要从受众的心理需求出发，选定一则广告传输的信息内容，从而打动受众，诱使他们产生购买的欲望，实现增加产品销售、树立企业形象的目的。广告主题的范围主要有以下几种类型。

1．健康类

健康是消费者赖以生存发展的基本欲求，是为维持生命和发展生命所必需的外界条件的欲求。增强体质、身体健康、获得营养、防病治病等都可以选择健康作为广告主题的题材，如医药、卫生用品、营养食品、体育器械等商品都可以以此进行诉求。

2．食欲类

食欲是消费者最基本的需求之一，是消费者肌体生存的根本所在，它不仅解决消费者生理的需求，还满足消费者追求营养、讲究口味等心理方面的需求，是食品、饮料、饮食服务业常选用作为广告主题的题材，通过食品的美味芳香吸引消费者，刺激其食欲的需要，可以取得良好的促销效果。

3．安全类

保障自己的财产和生命不受威胁侵略和掠夺，是消费者基本需要的一个层次，是保证消费者正常工作、生活和社交活动的重要因素，是消费者十分关注和敏感的问题。某些广告，如交通工具、防盗设备、银行信托、卫生用品等方面的广告，可选择其作为广告主题的题材，诉求如能吻合消费者的关心点，就可以发挥良好的促销作用。

4．爱美类

消费者对某些产品的选择往往是以其欣赏价值为主要目的，注重产品本身的美感、对人体的美化作用以及对环境的美化功能，目的不仅在于产品的使用价值，而且还为了从中得到美的享受。随着社会生产的不断发展，物质和精神文明的不断提高，消费者对自身的美化和产品美感的渴求会越来越强烈。爱美常是化妆品、服装、饰品等广告主题的题材，突出美的风格与格调，渲染美给消费者带来心理上的满足，刺激消费者对美的事物的追求。

5．时尚类

在消费品市场上，尤其是在一些高文化附加值商品的消费市场上，购买潮流对消费者的心理有很大的冲击力，表现出一种以追求商品新颖为主要目的的需求，成为时髦流行的消费趋向，它刺激和诱发消费者产生一种同步的心理欲望，在购物时特别注意商品的款式和社会流行样式，而不太注意商品本身的实用价值和价格高低，追求变化，追逐潮流，表现出凭一时兴趣而产生的冲动性购买。时尚是化妆品、服装、摩托车等广告主题选择的表现题材，能创造非常成功的促销效果。

6．爱情类

爱情是消费者精神的一种最深沉的冲动，是男女之间产生的互相倾慕和交流之情。爱情是令人激动的回忆，是明快亲切的期待，爱情创造了美，使消费者的感受力敏感起来，使两性关系具有美感。

爱情是艺术家灵感的源泉，由于它非凡的魅力作用，扩大了多种艺术形式的优美与神奇。爱情是人类追求的一个目标，渗透了个人理想与情趣，可以说，爱情不仅是艺术的永恒主题，也是艺术的永恒题材。选用爱情题材来作为广告诉求，能产生亲切动人、感人心扉的心理号召力，能有效地表达主题。

7．荣誉类

消费者通过发挥自己的潜在能力和聪明才智，在事业上获得一定的成功，对社会有所贡献并期待能得到社会承认和社会的尊重，从而得到精神上的慰藉和满足。这种心理需要是在社会发展过程中逐渐形成的一种社会性的高级欲求，是一种文化的、道德和名誉上的精神需要。

一些消费者为了显示个人的成功或成就，而购买某种特殊产品，以产生一种建立荣誉的心理满足。广告如能针对这种欲求进行诱导性的诉求，就能很有效地唤起消费者的需求欲望。

8．母爱类

母爱是消费者情爱中最为诚挚的一种感情，也是消费者情爱中天性的自然流露，具有震撼人心、感人肺腑的力量，是人类存在以来一种古老的艺术表现题材。纯真高尚的母爱动人心弦，催人泪下，具有不可抗拒的心理感召力。这种出于天性的依恋之情，对人有很强的感染力，在广告中作为某些主题的题材，运用得好能产生很好的共鸣作用，儿童食品、玩具、衣物等均可选择母爱做题材。

9．地位类

消费者有一种显示自己地位和声望的欲望，这种心态在具有一定的社会地位、经济实力的人士中较为多见。他们往往产生一种“扬名”和“炫耀”的购买动机，购买商品特别注重商品本身的象征意义，以此显示自己超过其他人的社会地位和富裕生活，或表示自己卓越的生活能力，从中得到心理上的满足。消费者在购买时具有很强的感情因素，出发点为了领先、超过他人或赶上他人，以维持或提高自己的社会地位，获得一种自豪感、优越感。

10．社交类

作为“社会人”，消费者有希望得到社会团体重视与接纳，希望得到和给予别人友谊、关怀和爱护的要求，并期待交朋友，获得友情，进行感情交流，参加社会活动，使自己了解社会和别人，也使自己被社会和别人了解，从中得到精神上的满足。社会越发展，物质文明、精神文明越进步，消费者这种要求也会越强烈。食品、化妆品、服装、家电等常用社交作为广告题材，运用得好可产生良好的诱导说服效果。

11．快乐类

追求生活的欢快与乐趣是消费者重要的心理趋势，也是消费者的生活水平向高层次发展的必然需求。消费者在解决了生理上、生存上的基础需求后，必然转向精神上的追求与满足，以适当的刺激来调节生活节奏，使身心得到一定的放松与调整，让生活变得丰富多彩而又充满情趣。针对这种心理欲求，广告在旅游、轿车、摩托车等产品或服务上多选用快乐为题材进行创意表现，以期获得理想的促销效果。

12．效能类

效能是广告运用最广泛的题材，强调产品或服务与众不同的特殊功能，突出表达产品或服务能给消费者带来的某种利益和好处，满足消费者某个方面的要求，以此差别化的策略来建立产品或服务的定位，塑造独树一帜的产品或服务形象，激发消费者的购买需求。效能通常是化妆品、清洁用品、药品、家电产品等的广告题材。

13．方便类

在生活节奏很快的现代社会中，消费者都十分珍惜时间与体力。在购买产品时消费者都希望能获得方便快速的服务，购买方式明确简便，售货效率高，能在很短的时间内完成购物的全过程。同时还希望能提供产品携带方便、使用方便、维修方便等方便措施，以满足消费者购物后的不同需要。家用电器、轿车、摩托车等广告常选用方便作为表现的题材。

14．保证类

在市场营销中，企业为了在消费者中建立良好的信誉，使消费者对企业和产品产生良好的信任感，解除消费者在购物过程中的心理障碍，对广告的产品予以认可，需要在广告中针对消费者的心理特点，在某个方面做出具体许诺与保证，以增强产品在市场上的竞争力，刺激消费者购买广告宣传的产品，这样常常可以取得理想的促销效果。家用电器、建筑材料、精密仪器常选用保证为题材来表达广告主题。

15．经济类

消费者在购物活动中，产品的物美价廉常是其选择的重要标准，尤其在一些收入不高的消费者阶层中，产品的经济实惠更是首要考虑的因素。因此，在中、低档的产品上，突出价格上的优势，能很好地刺激一些消费者的购买欲望，产生良好的促销效果。日常用品、食品、常用电器等常选用经济为题材来表达广告主题。

课堂思考

请为某一产品确定网络广告的创意主题，比如计算机、手机、化妆品或其他感兴趣的产品或服务。

知识点 5.2.3　网络广告创作的基本原理

一般来说，企业希望通过广告来达成的目的包括树立企业与品牌形象、促进网下销售和促成网上交易，这就要求在创作网络广告时做到以下几点。

1．创意要巧

由于网络广告在同一时间水平展开的信息量较少，因此要求构思巧妙，能够激发浏览者在短时间内的想象力。一般情况下，消费者并不了解他们将要购买的商品的特性，其购买行为通常受到广告出现的频率（这决定了他们对广告的记忆程度）或是广告创意巧妙与否（这决定他们对广告的好恶）的影响。传统媒体广告，特别是电视广告，主要是做形象性宣传，消费者无法得到有关产品的性能、技术等详细指标，只有凭印象去购买商品。网络广告是一种互动的双向式广告，可以更多地采取平行、对话的方式与网民沟通，针对目标消费者的特点与需求，将产品的特点、性能、功能、规格、技术指标和价格，包括售后服务和质量承诺等内容显示在网页上，以便受众查询，帮助他们做出理性的选择。对那些技术性强的产品，还可以利用各种动画技术、虚拟技术在网页上动态地展示出来，提供产品的应用实例、技术指标等。只有创意巧妙，才能吸引受众点击，以达到网络广告的预期目标。

2．制作要精

由于网络带宽的限制，网络广告要特别注意突出主题、制作精美，力求做到生动、有趣。只有在制作时对画面、文案、交互效果以及时序等进行精细编排，才能够引起受众的注意，增加广告的诉求力，即广告内容传达于受众视觉的效力。

为此，要充分了解网络广告的各种特点，并在制作过程中善于利用。首先，打破单一视觉的局限，加入音乐或其他多媒体的应用特性，整体上追求韵律感与视听刺激的强度，这样就能使作品更生动活泼，更具吸引力，使受众对广告产品产生更浓厚的兴趣；其次，要善于利用网络所特有的超链接技术和交互效果，这可以使受众了解得更多，并得到其真实的反馈，促成购买行为的发生；再次，网络广告具有易修改、更换快速等特点，可以利用这一特点不断向受众提供各种不同风格的网络广告，以符合网络受众的求新求异、对新事物特别敏感的特性。还有，网络受众虽然在整体上具有共性，但仍然存在个性差异。要利用网络广告容易制作的优点，制作不同风格的网络广告，分别置于不同的页面，以满足不同层次及不同需求的目标消费者的需要。

制作时需要注意：首先，不要片面追求视觉冲击。动画是网络广告的一个优点，但随意运用动画并不一定能达到预定的广告效果。画面闪动过于强烈、过于频繁，只会让受众的眼睛难以忍受。其次，制作网络广告要符合我国的实际技术水平。目前我国互联网环境的整体水平与世界上互联网发达国家相比还存在很大的差距，一些在国外运用较普遍的网络广告制作方法，在中国目前的技术水平下可能不一定适用，因为它制作出来的广告不一定都适合在国内的网络环境下运行。另外，还应注意文件大小要适当，以避免广告的下载时间过长，受众可能会等不及。

知识点 5.2.4　网络广告设计的表现手法

广告是一种信息的传播活动，理想的情况是信息应该能得到受众的注意，引发其兴趣，提升其欲望和诱导其行动。当然，这是一个逐级实现的过程，极少信息能够把消费者从知晓一直带到购买阶段。为实现某一特定阶段目标，必须对信息进行有效设计，以选择恰当的表现形式。从这个意义而言，广告表现就是信息设计的过程，信息设计需要解决以下 4 个问题，即说什么（信息内容）、如何富有逻辑地说（信息结构）、形式上如何说（信息格式）和由谁来说（信息源）。

在决定广告表现时，认真考虑是借助逻辑力量说服还是诉诸情感打动消费者，这很重要。诉求点是指某商品或服务在广告中所强调的、企图劝服或打动广告对象的传达重点。诉求点不明确的广告，不是成功的广告。寻找或确定广告诉求点时，首先要解决两个问题：一是向谁诉求（诉求对象）；二是向诉求对象强调商品的什么特点。形式上如何说，我们称为“诉求”或“表现手法”，可分为两种：理性表现策略和情感表现策略。

1．理性表现策略

理性诉求是采用理性说服方法的广告形式，通过诉求消费者的理智来传达广告内容，从而达到促进销售的目的，也称说明性广告。这种网络广告说理性强，常常利用可靠的论证数据揭示商品的特点，以获得消费者理性的承认。它既能给消费者传授一定的商品知识，提高其判断商品的能力，又会激起消费者对产品的兴趣，从而提高广告活动的经济效益。通常的理性诉求广告有承诺广告、旁证广告、防伪广告、比较性广告等。

理性表现策略即通过表明该产品将产生所要求的功能利益来引起受众的兴趣，例如，说明一件产品的质量、价值、功能、附加服务等信息。理性表现策略是建立在消费者的理性购买动机基础上的。理性购买动机是人们对商品或广告的客观性认识的一种动机，不经过对商品或广告的反复研究、分析、比较的思维过程，人们不会轻率地对广告或商品做出结论，更不会引发购买行动。理性购买动机具有客观性、周密性和控制性的特点，因此，其购买行动比较重视商品的品质、效用，注意商品的经济、实用、方便和可靠性。所以，理性表现策略更注重证据、事实以及推理形式和论证方法。普遍认为工业购买者对理性表现策略的反应最为灵敏，他们具有产品专门知识，而且他们的选择要对别人负责。当消费者购买高价物品时，他们也收集信息并对可供选择的产品仔细比较，对质量、价格、性能的诉求会做出反应。

例如，联想电脑的一则 Banner 广告，如图 5-5 所示。

资料来源：网络广告创意全解析

图 5-5　联想电脑网络广告

联想电脑把新款电脑配置、外观都直接展示出来，让购买者直接了解到电脑配置，由于这则网络广告将 Intel 奔腾处理器展示出来，这应该是毋庸置疑的信服力。理性诉求广告主要作用于消费者的理智，晓之以理，以理服人。具体表现在这种广告总是向受众讲明产品、服务的特殊功效，以及可给消费者带来显著的利益。

网络具有海量信息的存储功能，但能与受众直接见面的信息极其有限。网络广告的显示空间也是有限的，一些门户网站和提供特殊服务的网络，是广告主争夺的空间。由于网络局限性和有效空间的局限性，在网络上盛行的广告形式是旗帜广告，就旗帜广告本身而言，是无法承载很多信息的，它要靠一点抢眼的诱惑在页面上的游动，甚至强行弹出等手段，引起网民的注意，进而产生点击行为。点击是网络发挥广告效果的关键动作，一旦这一动作发生，广告主只要花很少的钱，就可以提供企业本身和产品（服务）的百科全书式的信息，可以以文本方式为主的网络广告对产品的性能、用途、使用方法等进行详细描述，也可以通过三维动画和多媒体技术展示产品外形、结构以及使用方法等。这些都使得理性诉求的方式有了很大的用武之地。

比如汽车广告，它可以通过三维动画全方位展示汽车的外观、内部结构，可以将新旧款型进行对比，甚至可以向用户提供模拟驾驶，让消费者体验驾车的方便和舒适。企业可以通过超文本链接，把包括公司历史、销售业绩、产品说明、客户反馈等广告信息组织成一个多层面的递进结构，引导消费者层层阅读，而不同的消费者可以根据自己的需要在不同层面上获得相应信息。消费者可以不再凭自己印象和感觉做出消费决定，而是将自己的消费行为建立在理性的基础之上。

为了增加广告的吸引力和说服力，某些企业还可以邀请业界权威、社会名人或品牌代言人在线与网民进行交流和沟通，让权威人士介绍产品的性能优势或让名人谈谈他用该产品的感受，从而拉近了产品与目标受众之间的距离。不同于传统媒体简单的单向交流，运用网络技术有效地实现了“意见领袖”与目标受众间的互动交流，它取得的效果是传统媒体无法实现的。还有一些企业在网站上开辟专门的认证机构链接，以供受众进行查询，从而增加他们的认知度。

2．情感表现策略

“感人心者，莫先乎情”。在人的心理活动中，情绪、情感和认知因素一样，是影响人们对客观事物的态度和行为的心理基础之一，当这种情感因素占主导地位时，就会使人激动、振奋或反感、抵触。它对人的态度和行为产生迅速作用和强烈影响，这种煽情的价值是通过运用各种感性元素、光影、色彩、形状、音乐等组合得到实现的。心理学表明，陌生而新奇的东西所造成的心理刺激，大大强于那些司空见惯的事物。而成功的情感诉求广告正是借助于文学艺术手法，创造新颖奇特的形象，对消费者的心灵造成强烈的震撼，令其长久难忘，因而可以持久地发生促销作用。

情感诉求是采用感性说服方法的广告形式，又称感性诉求。它通过诉求消费者的感情或情绪来达到宣传商品和促进销售的目的，也可以叫作兴趣广告或诱导性广告。感性诉求的广告不做功能、价格等理性化指标的介绍，而是把商品的特点以及能给消费者提供的利益点用富有情感的语言、画面、音乐等手段表现出来。“威力洗衣机，献给母亲的爱”就属此类诉求方式。通常，感性诉求广告所介绍的产品或企业都是以感觉、知觉、表象等感性认识为基础，是消费者可以直接感知的或是经过长期的广告宣传，消费者已经熟知的。采用感性诉求最好的办法就是营造消费者使用该商品后的欢乐气氛，使消费者在感情获得满足的过程中接受广告信息，保持对该商品的好感，最终能够采取购买行为。

俗话说，“天老情难老”，情感是人类永远不老的话题，以情感为诉求重点来寻求广告创意是当今广告发展的重要趋势。因为在一个高度成熟的社会里，消费者的消费意识也日益成熟，他们追求的是一种与自己内心深处的情感和情绪相一致的“感情消费”，而不仅仅注重于广告商品的性能和特点。因此，如能在广告创意中注入浓浓的情感因素，便可以打动人、感动人，从而影响人，在他们强烈的感情共鸣中，宣传广告内容达到非同一般的广告效果，许多成功的广告创意，都是在消费者的情感方面大做文章，从而脱颖而出的。

经典演播

贝尔电话公司的情感诉求广告

美国贝尔电话公司的一则广告：

一天傍晚，一对老夫妇正在进餐。电话铃响，老妇去另一房间接电话。回来后，老先生问：“谁的电话？”老妇回答：“是女儿打来的。”又问：“有什么事？”回答：“没有。”老先生惊奇地问：“没事几千里打来电话？”老妇呜咽到：“她说她爱我们。”俩人顿时相对无言。旁白则是：“用电话传递你的爱吧”。

这则广告以最易引起人们共鸣的亲情入手，通过远在千里之外的女儿用电话向年迈的父母传达爱心而赋予电话以强烈的情感色彩，营造一种浓浓的亲情，最后水到渠成地推出要宣传的企业——贝尔电话公司。整个过程自然得体、情真意切，有很强的感染力。

情感诉求广告确有很强的促销功能和审美功能，但能充分发挥这种作用的只是那些优秀作品。而要创作出优秀的情感诉求广告是极不容易的。这就要求我们必须注意几点：首先，情感诉求所抒之情应该高尚，不能违背“善”的要求。情感诉求广告传播高尚的情感，在审美教育之中既实现了产品市场的扩大，又大有裨益于社会进步和文明发展。其次，情感诉求广告之“情”必须寓情于境，否则就会因流于抽象、空泛而导致失败。王夫之云：“情景名为二，而实不可离。神于诗者，妙合无垠。巧者则有情中景，景中情。”再次，情感诉求广告应当受到产品的一定限制。这就是说，有些产品如高科技产品、生产资料、生产工具等，一般不宜于运用情感诉求广告。因为消费者在购买这类产品时，理智的思考占了主导地位。他们主要考虑这些产品的性能、功效如何，价格是否合理等实际问题，而且购买它们也主要不是一种情感的满足，而是出于实际的迫切需要。因此，情感诉求广告由于不能解决上述问题而不能奏效，只有重在阐明产品性质、特征、功能等理性诉求广告才比较合适。与此相反的是，一般日常用品，如化妆品、食品、服装等，以及旅游、安全等方面的广告，则适于运用情感诉求，而不宜于做理性诉求。

网络广告的感性诉求主要依靠充满诱惑的文字、极富动感的画面、中奖送礼的承诺、优美动听的音乐等，激发消费者的某种情绪或联想，引起好奇和关注，从而产生进一步了解的欲望。对于网络广告来说，感性诉求的优点有以下几方面。

一是通用性。国家或地区之间的语言、风俗可以相异，不同民族的审美观、价值观可以不同，但情感是可以相通的。这一点非常适合网络广告国际性的特点。

二是互动性。正因为人类有着极为丰富的感情，并容易被激发，所以感性诉求广告具有很大的互动性，这正是情感诉求广告在网络上具有较高点击率的原因。

三是非商业性。对于具有鲜明意图的商业宣传，人们不免怀有防备之心。感性诉求广告可以紧紧把握人情味这个要素，在商业宣传中淡化其商业气息，使消费者自觉自愿地点击广告，进而接受所宣传的产品或提供的服务。

在很多情况下，理性诉求和感性诉求两种方式常常是结合使用的，既注意产品本身的利益，又通过人情味较浓的手法来表现，达到事半功倍的效果。值得注意的是产品或服务的特性、实际利益要与情感内容有合理的关联，不同的诉求手段也要与媒体的传播特性相适应。

课堂思考

小肥羊，1999 年 8 月诞生在草原鹿城——包头市，以小肥羊特色火锅连锁为主业。该企业于 2008 年 6 月 12 日在中国香港上市，是国内非港澳台首家在香港上市的品牌餐饮企业，被誉为中华火锅第一股。为扩大其与目标消费群的互动，建立品牌偏好，小肥羊精心策划了为世界杯“喝”彩的网络推广方案，如图 5-6 所示。

图 5-6 小肥羊广告截图

你觉得如何？

（以上未注出处资料均来自：http://www.iadchoice.com）

习题

一、单选题

1．广告创意贵在“新”体现，是广告创意的（　　）原则。

A．相关性　　B．原创性

C．震撼性　　D．简明性

2．每一则广告必须向消费者说一个主张，这是（　　）的思想。

A．品牌形象理论　　B．独特销售主张理论

C．定位论　　D．系统形象广告定位

3．“M&M 巧克力，只溶在口，不溶在手。” 这是（　　）的思想。

A．独特销售主张理论　　B．品牌形象理论

C．定位论　　D．系统形象广告定位

4．USP 理论是由（　　）提出的。

A．R・雷斯　　B．D・奥格威

C．A・里斯和 J・屈特　　D．大卫

5．广告就是要力图使品牌具有并且维持一个高知名度的品牌形象；任何一个广告都是对品牌的长程投资。以上是（　　）的思想。

A．独特销售主张理论　　B．品牌形象理论

C．定位论　　D．系统形象广告定位

6．广告的目标是使某一品牌、公司或产品在消费者心目中获得一个据点，一个认定的区域位置，或者占有一席之地；广告应将火力集中在一个狭窄的目标上，在消费者的心智上下功夫，是要创造出一个心理的位置；应该运用广告创造出独有的位置，特别是“第一说法、第一事件、第一位置”，这是（　　）思想。

A．独特销售主张理论　　B．定位论

C．品牌形象理论　　D．系统形象广告定位

7．广告创意必须与产品特点，企业形象和消费者需求相关联，是广告创意的（　　）原则。

A．相关性　　B．原创性　　C．震撼性　　D．简明性

8．广告创意的本质特征是（　　）。

A．创意的目的是创作出有效的广告，促成购买

B．广告创意是创造性的思维活动

C．创意必须以消费者心理为基础

D．广告是使顾客了解本产品的途径

9．广告创意能够深人到受众的心灵深处，对他们产生强烈的冲击，是广告创意的（　　）原则。

A．相关性　　B．原创性　　C．震撼性　　D．简明性

10．品牌形象理论的基本观点为（　　）。

A．每一则广告必须向消费者说一个主张

B．广告要力图使品牌具有并且维持一个高知名度的品牌形象

C．广告的目标是使某一品牌、公司或产品在消费者心目中获得一个据点

D．广告的目标是提高市场占有率

11．独特销售主张理论的基本观点为（　　）。

A．每一则广告必须向消费者说一个主张

B．广告要力图使品牌具有并且维持一个高知名度的品牌形象

C．广告的目标是使某一品牌、公司或产品在消费者心目中获得一个据点

D．广告的目标是提高市场占有率

12．定位理论的基本观点为（　　）。

A．每一则广告必须向消费者说一个主张

B．广告要力图使品牌具有并且维持一个高知名度的品牌形象

C．广告的目标是使某一品牌、公司或产品在消费者心目中获得一个据点

D．广告的目标是提高市场占有率

13．BI 理论是由（　　）提出的。

A．R·雷斯　　B．D·奥格威

C．A·里斯和 J·屈特　　D．大卫

14．定位理论是由（　　）提出的。

A．R·雷斯　　B．D·奥格威

C．A·里斯和 J·屈特　　D．大卫

15．“饮料有可乐与非可乐之分，七喜则属于非可乐类”，是（　　）的思想。

A．独特销售主张理论　　B．品牌形象理论

C．定位论　　D．系统形象广告定位

二、多选题

1．下面属于广告创意原则的有（　　）。

A．相关性　　B．原创性　　C．震撼性　　D．合规性

2．广告创意的原创性原则是指广告创意必须（　　）。

A．与产品特点相关联　　B．企业形象相关联

C．竞争对手相关联　　D．消费者需求相关联

3．定位理论是由（　　）提出的。

A．R·雷斯　　B．D·奥格威

C．A·里斯　　D．J·屈特

4．影响深远的广告创意理论主要有（　　）。

A．独特销售主张理论　　B．定位论

C．品牌形象理论　　D．系统形象广告定位

5．广告创意中的品牌形象策略主要有（　　）。

A．广告主形象策略　　B．专业模特形象策略

C．名人形象策略　　D．标识物形象策略

6．网络广告主题的基本要求包括（　　）。

A．鲜明突出　　B．新颖独特

C．寓意深刻　　D．对比鲜明

7．广告创意表现手法有（　　）。

A．理性表现策略　　B．情感表现策略

C．夸张表现策略　　D．对比表现策略

8．品牌形象理论的基本观点为（　　）。

A．为塑造品牌服务是广告最主要的目标

B．广告就是要力图使品牌具有并且维持一个高知名度的品牌形象

C．任何一个广告都是对品牌的长程投资

D．广告的目标是提高市场占有率

9．独特销售主张理论的基本观点为（　　）。

A．每一则广告必须向消费者说一个主张

B．所强调的主张必须有独特之处

C．所强调的主张必须能打动、感动和吸引消费者来购买相应的产品

D．广告的目标是提高市场占有率

10．定位理论的基本观点为（　　）。

A．广告的目标是使某一品牌、公司或产品在消费者心目中获得一个据点，一个认定的区域位置，或者占有一席之地

B．广告应将火力集中在一个狭窄的目标上，在消费者的心智上下功夫，是要创造出一个心理的位置

C．广告的目标是提高市场占有率

D．广告要力图使品牌具有并且维持一个高知名度的品牌形象

11．广告创意中的品牌形象策略主要有（　　）。

A．广告主形象策略　　B．专业模特形象策略

C．名人形象策略　　D．标识物形象策略

12．网络广告定位是（　　）。

A．网络广告宣传主题定位　　B．确定广告诉求的重点

C．确定商品的卖点　　D．企业的自我推销点

三、名词解释

广告创意、网络广告主题、情感表现策略

四、简答题

1．简述独特销售主题理论。

2．简述网络广告主题的范围。

五、案例题

图 5-7～图 5-12 是北京青年政治学院张雪珂等制作的地瓜坊网络广告截面图，结合地瓜坊网络广告策划书，分析地瓜坊网络广告创意。

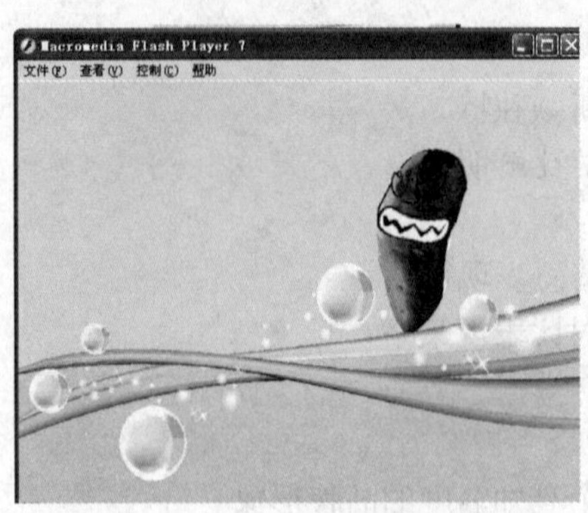

图 5-7　地瓜坊网络广告截图 1

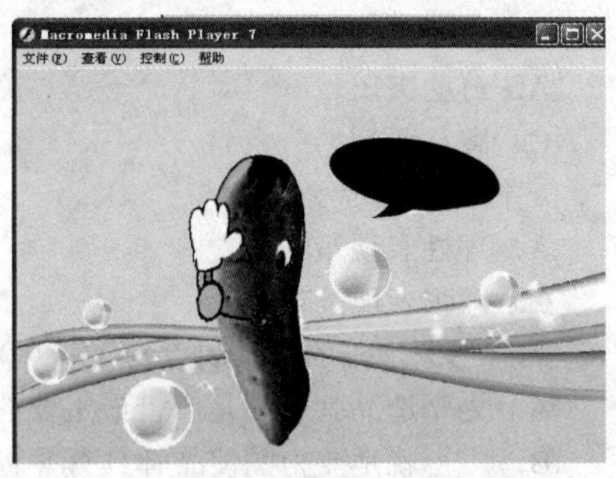

图 5-8　地瓜坊网络广告截图 2

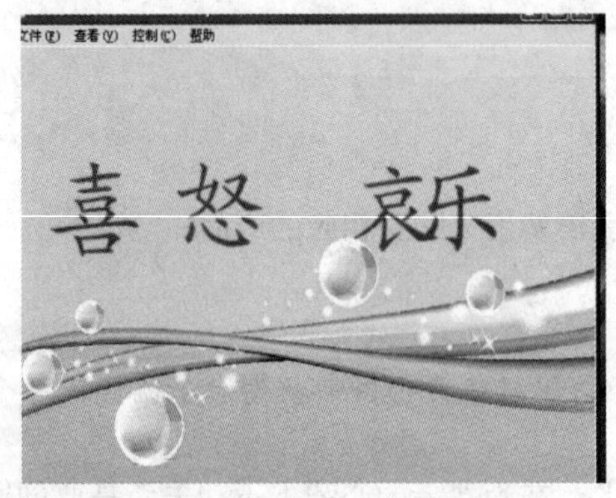

图 5-9　地瓜坊网络广告截图 3

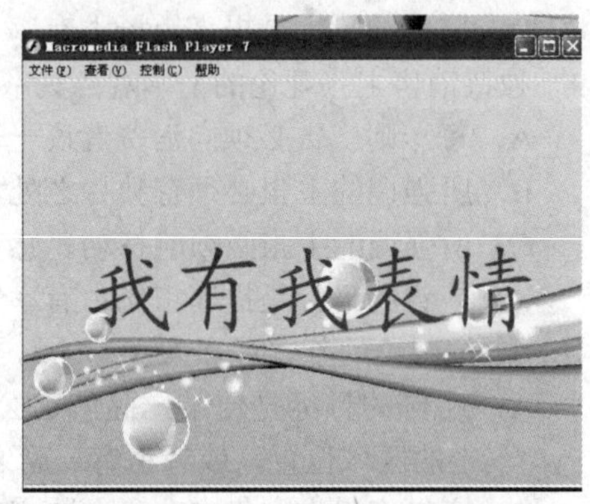

图 5-10　地瓜坊网络广告截图 4

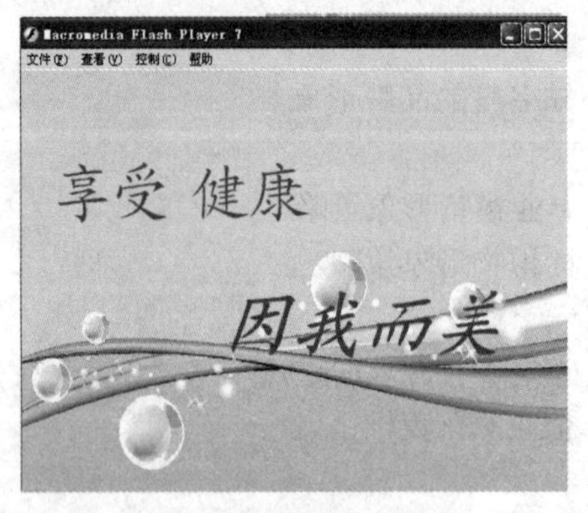

图 5-11　地瓜坊网络广告截图 5

图 5-12　地瓜坊网络广告截图 6

案例讨论

1．你认为该网络广告创意如何？

2．你认为如何进行该地瓜坊的网络广告设计？

六、操作题

请写出汽车广告创意的十个主题，并从中选出一个主题，阐述其广告的创意思想。

学习情境六　掌握网络广告设计原理

本部分通过网络广告设计中色彩学、美学、心理学原理和法律规范的介绍，使读者明确如何利用心理学、色彩学、美学和法律等知识做好网络广告的设计，为后面的学习打下基础。

项目任务 6.1　利用色彩学理论设计广告

任务情境

图 6-1 是一幅平面广告，广告词为：把这张图放在地板上，站在虚线框里，如果工作的压力把你逼到了这个地步，请考虑本诊疗所。

资料来源：http://photo.blog.sina.com.cn

图 6-1　诊所广告

任务要求

1. 此广告是如何利用色彩来表现空间感的？
2. 广告设计中如何合理使用色彩？

心理学研究表明，人的视觉器官在观察物体时，最初的几秒内色彩感觉占 80%，而形体感觉只占 20%；两分钟后色彩占 60%，形体占 40%；5 分钟后各占一半，这种状态将持续下去。可见，色彩的视觉效用是多么强烈而深刻，好的色彩的使用，可以增加广告的鲜明性，增加人们对广告的认知，也可以增加商品的真实性与美感，还可以激发人们的情感，接受广告宣传的内容。因此，根据色彩原理和公众的色彩心理来进行广告宣传作品的色彩组合和对比，就成为广告作品设计的关键。

知识点 6.1.1　色彩三要素与广告设计

色彩的三要素是明度、色相和纯度。广告中通过三要素的合理使用可以提高广告宣传的效果。

1．明度

明度是色彩的明暗程度。在无彩色中，明度最高的色为白色，明度最低的色为黑色，中间存在一个从亮到暗的灰色系列。在有彩色中，任何一种纯度色都有着自己的明度特征，黄色为明度最高的色，紫色是明度最低的色，具体如表 6-1 所示。通过色彩的明暗变化，我们可以在设计中创造出层次感、深度、对比及视觉焦点。

表 6-1　色相与明度

色　相	明 度 值	色　相	明 度 值
白	100	纯红	4.93
黄	78.91	青	4.93
橙	69.05	绀青	0.9
黄率	30.33	暗红	0.8
红橙	27.33	青紫	0.36
红	11	紫	0.13
青绿	11	黑	0.00

明度在三要素中具有较强的独立性，它可以不带任何色相的特征而通过黑白灰的关系单独呈现出来。色相与纯度则必须依赖一定的明暗才能显现，色彩一旦发生，明暗关系就会同时出现，明暗关系是色彩的骨骼，它是色彩结构的关键。

2．色相

色相是色彩的相貌，如果说明度是色彩隐秘的骨骼，色相就很像色彩外表的华美肌肤。色相体现着色彩外向的性格，是色彩的灵魂。在诸多的色相中，红、橙、黄、绿、青、蓝、紫是 7 个具有基本色感的色相。

补充材料

12 色相环由原色（primary hues）、二次色（secondary hues）和三次色（tertiary hues）组合而成。色相环中的三原色是红、黄、蓝色，彼此势均力敌，在环中形成一个等边三角形。二次色是橙、紫、绿色，处在三原色之间，形成另一个等边三角形。红橙、黄橙、黄绿、蓝绿、蓝紫和红紫六色为三次色，三次色是由原色和二次色混合而成。井然有序的色相环让使用的人能清楚地看出色彩平衡、调和后的结果。

3．纯度

纯度指的是色彩的鲜艳程度，它取决于颜色波长的单一程度。我们的视觉能辨认出的有色相感的色都具有一定程度的鲜艳度，比如绿色，当它混入白色时，虽然仍旧具有绿色相的特征，但它的鲜艳度降低了，明度提高了，成为淡绿色；当它混入黑色时，鲜艳度降低了，明度变暗了，成为暗绿色；当它混入与绿色明度相似的中性灰时，它的明度没有改变，纯度降低了，成为灰绿色。

纯度体现了色彩内在的品格。同一个色相，即使纯度发生了细微的变化，也会立即带来色彩性格的变化。

知识点 6.1.2　色彩感觉与广告设计

色彩的感觉是人们对色彩的共同认识，主要有色彩的冷暖感、轻重感、前后感、大小感、活泼与庄重感、华丽与质朴感、兴奋与沉静感和味觉感等。

1．色彩的冷暖感

色彩本身并无冷暖的温度差别，是视觉色彩引起人们对冷暖感觉的心理联想。人们见到红、红橙、橙、黄橙、红紫等色后，马上联想到太阳、火焰、热血等物像，产生温暖、热烈、危险等感觉，因此我们把它们称为暖色调；见到蓝、蓝紫、蓝绿等色后，则很容易联想到太空、冰雪、海洋等物像，产生寒冷、理智、平静等感觉，我们把它们称为冷色调；绿色和紫色是中性色。在广告设计中应根据主题来确定用色的冷暖，如冰箱广告的主色调多为蓝、绿等中、冷色调，图 6-2 就是典型的例子。

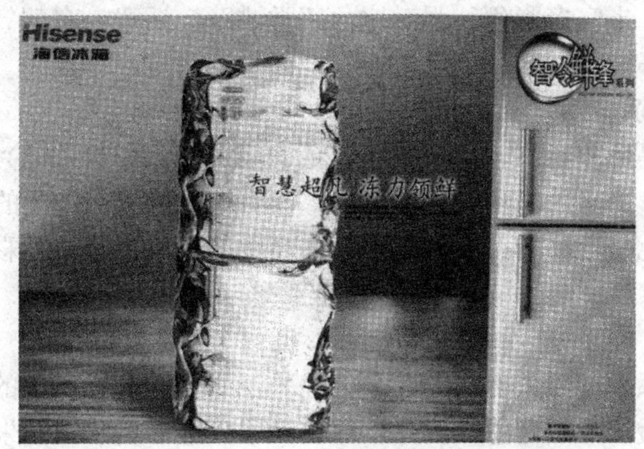

资料来源：蔡嘉清《广告学教程》

图 6-2　冷色调广告

2．色彩的轻重感

色彩的轻重感主要与色彩的明度有关。明度高的色彩使人联想到蓝天、白云、彩霞、花卉以及棉花、羊毛等，产生轻柔、飘浮、上升、敏捷、灵活等感觉。明度低的色彩易使人联想到钢铁、大理石等物品，产生沉重、稳定、降落等感觉。

3．色彩的软硬感

色彩的软硬感主要也来自色彩的明度，但与纯度也有一定的关系。明度越高感觉越软，明度越低则感觉越硬，但白色不同。明度高、纯度低的色彩有软感，中纯度的色彩也呈柔感，因为它们易使人联想起骆驼、狐狸、猫、狗等好多动物的皮毛，还有毛呢、绒织物等。高纯度和低纯度的色彩都呈硬感，若它们明度越低则硬感更明显。色相与色彩的软、硬感几乎无关。

4．色彩的前后感

由各种不同波长的色彩在人眼视网膜上的成像有前后，红、橙等光波长的色在后面成像，感觉比较迫近，蓝、紫等光波短的色则在外侧成像，在同样距离内感觉就比较后退。实际上这是视错觉的一种现象，一般暖色、纯色、高明度色、强烈对比色、大面积色、集中色等有前进感觉，相反，冷色、浊色、低明度色、弱对比色、小面积色、分散色等有后退感觉。图 6-3 所示为可口可乐广告，利用色彩的冷暖感突出了广告宣传的主题。

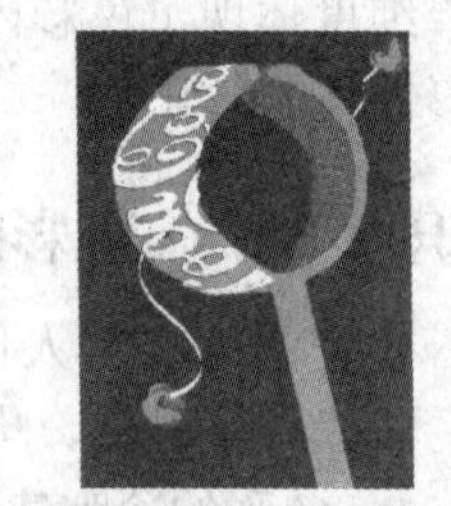

资料来源：蔡嘉清《广告学教程》

图 6-3 可口可乐广告

5. 色彩的大小感

由于色彩有前后的感觉，因而暖色、高明度色等有扩大、膨胀感，冷色、低明度色等有显小、收缩感。

6. 色彩的华丽与质朴感

色彩的三要素对华丽与质朴感都有影响，其中纯度关系最大。明度高、纯度高的色彩，丰富、强对比的色彩令人感觉华丽、辉煌；明度低、纯度低的色彩，单纯、弱对比的色彩令人感觉质朴、古雅。但无论何种色彩，如果带上光泽，都能获得华丽的效果。

7. 色彩的活泼与庄重感

暖色、高纯度色、丰富多彩色、强对比色感觉跳跃、活泼、有朝气，冷色、低纯度色、低明度色感觉庄重、严肃。

8. 色彩的兴奋与沉静感

其影响最明显的是色相，红、橙、黄等鲜艳而明亮的色彩给人以兴奋感，蓝、蓝绿、蓝紫等色使人感到沉着、平静。绿和紫为中性色，没有这种感觉。纯度的影响也很大，高纯度色呈兴奋感，低纯度色呈沉静感。最后是明度，高明度、高纯度的色彩呈兴奋感，低明度、低纯度的色彩呈沉静感。

9. 色彩的味觉感

色彩与味觉的关系，是以人类口腹之欲的经验法则作为理论基础的，绿色是果实未成熟的颜色，入口即产生酸涩难咽之感，因此，绿色系予人酸涩的感觉。朱红色是果实成熟的颜色，通常是黄橙、朱红、红色相间，予人甜蜜爽口之感。黑褐色是一种低彩度、低明度的颜色，无表情、灰浊、暗无生机，予人苦闷、苦涩、腐烂的感觉。红、绿色是呈现互补关系的原色，会予人鲜艳、割舌的辛辣之感。灰色及带浊色的灰绿、灰蓝、灰红、灰黄，是泥土的颜色，予人涩味之感。具体的色彩味觉感见表 6-2。

表 6-2 色彩的味觉

视觉色彩	味 觉	味觉联想
乳黄、黄、白、橙红、粉红	甜	奶油、甜点、冰激凌
浅红、闪光的黑色	甜	奶油、甜点、蛋糕
绿、黄绿、橙	酸	橙子、未成熟的橘子
红、蓝绿、褐	酸	橙子、未成熟的橘子
灰、黑、蓝紫、褐赭	苦	咖啡、茶叶、巧克力
红、暗黄	辣	辣椒、咖喱、芥末
茶褐	涩	柿子
白、蓝、青、浅灰	咸	盐
蓝、结晶感的白色	咸	盐

知识点 6.1.3　色彩性格与广告设计

各种色彩都有其独特的性格，简称色性，见表 6-3。它们与人类的色彩生理、心理体验相联系，从而使客观存在的色彩仿佛有了复杂的性格，在广告创作中，可以利用广告的不同象征意义，达到较好的广告效果。

表 6-3　色彩性格

色 相	积 极 意 义	消 极 意 义
红	温暖、兴奋、活泼、热情、积极、希望、忠诚、健康、充实、饱满、幸福	幼稚 、原始、暴力、危险、卑俗
橙	活泼、华丽、辉煌、跃动、炽热、温情、甜蜜、愉快、幸福	疑惑、嫉妒、伪诈
黄	轻快、光辉、透明、活泼、光明、辉煌、希望、功名、健康	轻薄、不稳定、变化无常、冷淡
绿	生命、青春、和平、安详、新鲜	
蓝	沉静、冷淡、理智、高深、透明、高科技	刻板、冷漠、悲哀、恐惧
紫	神秘、高贵、优美、庄重、奢华	孤寂、消极
黑	沉静、神秘、严肃、沉重、含蓄	悲哀、恐怖、不祥、沉默、消亡、罪恶
白	洁净、光明、纯真、清白、朴素、卫生、恬静	单调、空虚之感
灰	柔和、细致、平稳、朴素、大方	乏味、寂寞、忧郁、无激情、无兴趣
土褐	成熟、谦让、丰富、随和	

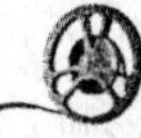

经典演播

索尼 BRAVIA 液晶电视采用了独特的亮艳色彩背光源技术，拓宽了色域的表现范围，使得色彩表现更加宽广、饱和、亮艳，尤其是对红色的表现更为真实、细腻，能够极大程度地提高色彩表现力，从而带来卓越的画质表现。2006 年“看张艾嘉的红，看 BRAVIA”的广告出台，片中人张艾嘉以一身红妆与一束红花相映成趣，如图 6-4 所示，为我们勾勒出一副蕴涵无限想象的红色视觉空间。通过红的火热、红的激情，索尼 BRAVIA 液晶电视再次以深邃的红打动了无数消费者。

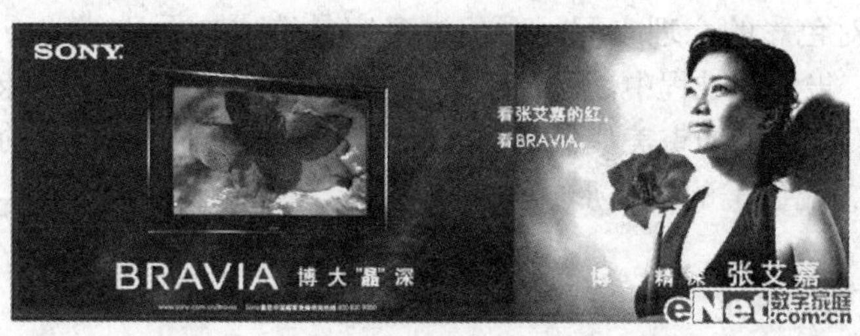

图 6-4 “看张艾嘉的红，看 BRAVIA”

知识点 6.1.4　网络广告色彩运用法则

1. 商品性

这是与一般绘画用色差异最大的一点。尽管各类商品具有一定的共同属性，但更需要展现的是各自的个性。对此，广告中的色彩运用要针对商品自身的特点，充分发挥色彩的形式要素（色相、明度、纯度）和色彩的感觉要素（物理、生理、心理）的象征作用，力求典型到位地传达产品的属性特征。

例如，在广告色彩中，常常运用暖色调来表现食品，而卫生用品、清洁用品、冷冻食品、空调、冰箱、冷饮、高科技产品等商品广告，通常对应蓝色和白色等较冷的色调；用鲜艳活泼的对比色表现儿童用品，用淡雅、柔和的色调表现女性用品和婴儿用品；高档的产品应用有气派的、华贵的色调，那些朴实大方的色调总是与实用品相联系；时装广告、化妆品广告常常用纯度、明度高以及对比强烈的色彩来表现，给人以华丽的感觉；机械、五金等采用低明度配色；男性用品广告纯度一般较低等。

2．广告性

色彩效果的晦涩和含蓄只有消极作用，在进行广告色彩设计时，必须注意大的色彩构成关系的鲜明度，使之具有强烈的视觉冲击力。如可口可乐饮料包装以鲜明的红、白两色构成明快的色彩对比，产生了强烈的广告效果，其广告作品中的基础色调也是以红白色为主，传达出来的是“生活充满激情”和“活力四射”的产品个性。

另外，在进行广告设计时，运用色调的明快活泼感产生优美愉悦的效果，使人心情愉快地接受广告信息。一般说来，暖色、纯色、明色以及对比度强的色彩，能够使人感到清爽、活泼、愉快。

3．时尚性

时尚性有两种含义：一种是指某种地方风尚习俗或一定时期内流行性审美因素的影响；另一种则与产品有关，不少产品有时效性或浓郁的地方特色，在设计时也要加以注意。

4．独特性

广告色彩形象的个性表现不仅是视觉形式的活力所在，也是加强识别性和记忆性的销售竞争所需。对于色彩个性的追求要力求从产品的某种品质个性出发，还要在同类产品的广告色彩形象设计中标新立异。

知识点 6.1.5　网络广告色彩搭配

广告中要注意对色彩的合理支配。颜色过多容易造成画面杂乱，还会增加广告制作成本。一般来说，在广告设计过程中，彩色胜于非彩色。但是广告如果一味地追求彩色的繁华渲染，势必导致人们视觉上的审美疲劳，这时彩色就会大大削弱其自身的传达效果，导致过犹不及的不良后果。配色美的构成形式主要有均衡、强调、节奏、主从、呼应、层次、点缀、衬托等。

1．广告中主色调的确定

平面广告中通常都不会只有一种颜色，这就需要根据广告主题、商品特色和视觉传达要求等在几种颜色中锁定一个主色调。这种颜色要处于整幅平面广告的支配地位，以此来形成一种整体色彩导向或趋势，恰如其分地起到烘托主题和表现主题、发挥颜色的情感联想和象征的作用，与此同时，其他的一种或几种配色要在和谐统一的基础上与主色调进行搭配协调。具体来说，如果我们用暖色系列作为我们的整体色调则会呈现出温暖的感觉，反之亦然。如果用暖色和纯度高的色作为整体色调，则给人以火热刺激的感觉；以冷色和纯度低的色为主色调，则让人感到清冷、平静的感觉；以明度高的色为主则亮丽，而且变得轻快；以明度低的色为主则显得比较庄重、肃穆。

通常情况下，食品类常用红、黄、橙等色调强调食品的美味与营养，用绿色强调蔬菜、水果的新鲜水灵等。保健、滋补类药品常用单一的暖色调，而大面积的黑色则一般用来表示毒药。交通旅游类的广告因要讲究愉快、舒适、安全和方便，所以通常选用中性系列色彩，如蓝色、绿色等。

以化妆品类广告举例而言，这类产品多讲求护肤美容，想给人以靓丽清新，安全可靠的感觉。

2．广告中辅助色的作用

主色是整幅广告中占据面积最大的颜色，可是通常情况下辅助色也是必不可少的构成因素。辅助色应与主色的明度、面积大小、饱和度相协调，以此达到最佳的视觉效果。辅助色在整体的画面中还能够平衡主色的冲击效果，减轻观看者的视觉疲劳，起到视觉分散的效果，从而使得平面广告取得更加和谐的效果。

3．广告色彩的注目性

从广告色彩的视觉效果规律来看，明色、纯色、暖色系统的颜色注目程度相对较高，对读者视觉冲击力强。同样，暗色、彩度低、冷色系统的颜色注目程度较低，对读者的视觉冲击力弱。

其次，广告的注目程度大小还与色彩搭配有很大的关系，换句话说就是广告背景与主体图形颜色的搭配关系。

下面分别提供注目程度高和注目程度低的两组配色。其中注目程度高的配色分别由 1～10 逐渐降低，注目程度低的配色分别由 1～10 逐渐提高。

● 注目程度高的配色

顺序：	1	2	3	4	5	6	7	8	9	10
底色：	黑	黄	黑	紫	紫	蓝	绿	白	黄	黄
图形色：	黄	黑	白	黄	白	白	白	黑	绿	蓝

● 注目程度较低的配色

顺序：	1	2	3	4	5	6	7	8	9	10
底色：	黄	白	红	红	黑	紫	灰	红	绿	黑
图形色：	白	黄	绿	蓝	紫	黑	绿	紫	红	蓝

知识点 6.1.6　计算机中的色彩使用

计算机是通过数字化方式定义颜色特性的，通过不同的色彩模式显示图像，比较常用的色彩模式有 RGB 模式、CMYK 模式、Lab 模式、Cray scale 灰度模式、Bitmap 模式。

1．RGB 模式

RGB 模式的配色原理是加色混合法，这里 R 代表红色，G 代表绿色、B 代表蓝色，3 种色彩叠加形成了其他的色彩。例如，当 R 取 255，G 和 B 都设为 0，图标显示为红色；当 G 取 255，R 和 B 都设为 0，图标显示为绿色。

因为 3 种颜色都有 256 个亮度水平级，所以 RGB 色彩模式可以合成高达 1.67 亿种颜色，通常称为真彩色。在进行屏幕图像编辑时，人们也常采用这种色彩模式，但是，它不适合打印。

2．CMYK 模式

CMYK 代表印刷上用的 4 种颜色，C 代表青色，M 代表洋红色，Y 代表黄色，K 代表黑色。因为在实际引用中，青色、洋红色和黄色很难叠加形成真正的黑色，最多不过是褐色而已，因此才引入了 K——黑色。黑色的作用是强化暗调，加深暗部色彩。

与 RGB 模式的不同，CMYK 模式是一种减色色彩模式。将 C、M、Y、K 值都设为 0，这样，没有颜色叠加，系统呈白色，图像点处在白色的位置；将 C 值设为 100，其他值设为 0，则系统叠加为靛青色；M 值设为 100，其他值设为 0，则系统叠加为品红色；将 Y 值设为 100，其他值设为 0，则系统叠加为黄色。由此可以看出，改动 CMYK 栏中的数据就可以得到相应的颜色。反之，从颜色板上选择了某种颜色，在 CMYK 栏中就可以看到与之相应的 CMYK 颜色值。

CMYK 模式是最佳的打印模式，RGB 模式尽管色彩多，但不能完全打印出来。因此在使用一些软件时，我们可以先用 RGB 模式进行编辑工作，再用 CMYK 模式进行打印，在打印前才进行转换，然后加入必要的色彩校正、锐化和修整。

3．Lab 模式

Lab 模式由 3 个通道组成，即：L——亮度；a——包括的颜色是从深绿色（低亮度值）到灰色（中亮度值）再到亮粉红色（高亮度值）；b——通道则是从亮蓝色（低亮度值）到灰色（中亮度值）再到黄色（高亮度值）。因此，这种色彩混合后将产生明亮的色彩。

Lab 模式所定义的色彩最多，且与光线及设备无关，并且处理速度与 RGB 模式同样快，比 CMYK 模式快很多。用户可以放心大胆地在图像编辑中使用 Lab 模式。而且，Lab 模式在转换成 CMYK 模式时色彩没有丢失或被替换。因此，避免色彩损失的最佳方法是：应用 Lab 模式编辑图像，再转换为 CMYK 模式打印输出。

在表达色彩范围上，处于第 1 位的是 Lab 模式，第 2 位的是 RGB 模式，第 3 位是 CMYK 模式。Lab 模式的特点是在使用不同的显示器或打印设备时，它所显示的颜色都是相同的。

4．Cray scale 灰度模式

Cray scale 灰度模式展示的是一种黑白色调的图像，利用它可以将黑白色调调配得非常完美。一幅灰度图像在转成 CMYK 模式后可以增加彩色，但是如果将 CMYK 模式的彩色图像转为灰度模式则颜色不能恢复。

在灰度文件中，图像的色彩饱和度为 0，亮度是唯一能够影响灰度图像的选项。亮度是光强的度量，0%代表黑色，100%代表白色。而在调色板中的 K 值是用于衡量黑色油墨用量的。

5．Bitmap 模式

Bitmap 模式又称位图模式。Bitmap 模式的像素只有黑或白，不能使用编辑工具，而且只有灰度模式才能转换成 Bitmap 模式。

项目任务 6.2　利用心理学原理设计广告

任务情境

图 6-5 是国外一家名为 Globus 超市的系列平面广告。它以黑白色为广告色调，以水果为广告的主体内容。

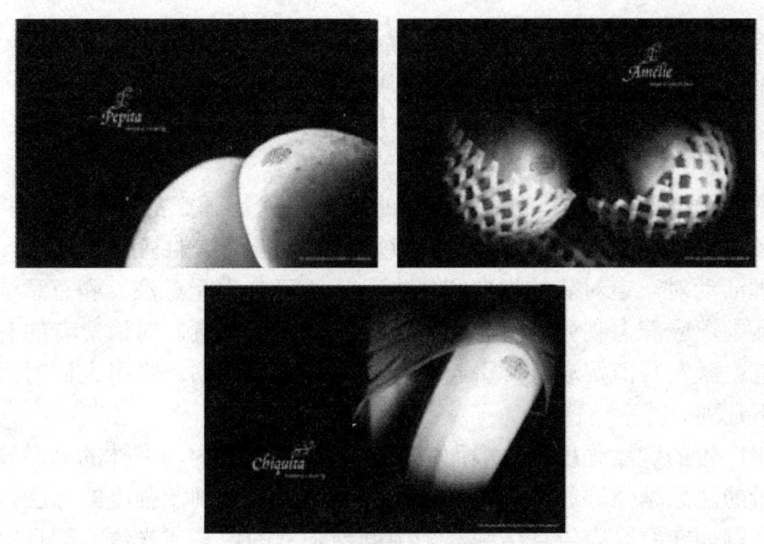

资料来源：http://www.meihua.info/knowledge/

图 6-5　Globus 超市广告

任务要求

1. 你认为广告效果如何？为什么？

2. 举例分析如何利用心理学原理提高广告的效果。

广告界有句名言："科学的广告术是必须依靠心理学原理的。"消费者是广告的受众，广告要想获得成功，必须符合消费者心理和行为特点，必须满足广告受众的心理要求。

宝洁公司在我国刚刚推出纸尿裤时，主要诉求点是"方便妈妈"，但是它也产生了一个负面影响，买纸尿裤的都是"懒惰的妈妈"，导致产品滞销。经过调查，他们将广告的诉求点改为"能更好地保护宝宝健康成长，同时方便妈妈"，从而满足了年轻母亲的心理，产品打开了销路。

知识点 6.2.1　网络广告的传播心理过程

网络广告对消费者产生的心理效果包括认知过程、情感过程、意志过程及交互过程 4 个部分。网络广告先作用于消费者的感觉器官，经过无意注意或有意注意被感知，进而进行辨别、理解，产生记忆，发生想象，进行思考评价。伴随着认知过程，消费者会对广告或宣传的商品产生各种情绪、情感体验，同时这种情绪、情感反过来又影响着消费者对广告的点击情况，从而对认知过程产生直接的影响。在认知过程中还受到消费者的需要、兴趣等个性心理特征的交互作用。在认知过程、情感过程、交互作用的基础上，消费者可以确立对广告及所宣传商品的态度，然后对是否购买广告产品做出决策，产生购买意图，最后点击鼠标，产生购买行动。

所以，网络广告要想取得较好的效果，首先是要能引起人们对网络广告的注意，使人们对网络广告发生兴趣；其次要激起点击广告的欲望，使受众能更加深入地了解广告，理解、接受广告宣传的内容；第三，网络广告设计时应注意留有一定空间，让网民利用想象的空间丰富网络广告的内容；第四，在内容的设计上，要利用各种方法，使人轻松记住网络广告所宣传的内容；第五，要利用各种方法，促使人们采取行动。

知识点 6.2.2 吸引人们对网络广告的注意

广告界流行着一句名言：让人注意到你的广告，就等于产品推销出一半。在广告宣传中，引起消费者注意并不是广告的目的，但却是达到广告促销的基础。

注意是心理活动对一定对象的指向和集中，注意可分为无意注意和有意注意两种形式。在网络广告设计中，应着力刺激消费者对网络广告的无意注意。对消费者的有意注意，则应针对其需要，着力激发其消费动机，引起兴趣，促成购买行动。吸引人们对网络广告注意的方法主要有以下几种。

第一，突出广告的刺激强度。一般而言，在一定的限度内，客体的刺激物的强度越大，人们对这种刺激的注意越强烈。所以我们可以利用突出广告刺激强度的方法，来增大人们对广告的注意度。例如在网络广告宣传中，采用鲜艳强烈的色彩或光线、醒目突出的字体或图案以及特殊的声响，都能引起消费者对它的注意。

第二，增大网络广告元素之间的对比度。人们的视觉感觉对同质的刺激并不容易兴奋，要想使广告被人注意，就必须加大广告元素间的差异度，在广告中形成较大的反差。因此，在网络广告中可以采用画面布局的动静对比与空白对比，图案大小对比与色调对比，色彩、光线的明暗对比与强弱对比，音响、音调的节奏对比和高低对比，文字、语句的长短对比与轻重对比等来增加网络广告对消费者的吸引力。

第三，利用变化。心理学研究表明：人的视觉对视野中的静态信号一般呈现出惰性反应，但对动态信号会连续追踪。刺激物变化包括突然变化与不断变化两种，这正是网络广告的优越之处。网络广告中可以利用各种软件制作动画广告。

第四，新异的刺激。求新求异是人类的本性。从感知的角度，消费者如果长期接受相似的刺激，对其差别的分辨能力将随之下降。但是，如果有新意，便会引起人们的注意。美国一家企业也是请人在大街上发放宣传单，但每位促销小姐都牵着一条非常可爱的狼狗，这种牵着狼狗发放宣传单的举措引起广大路人的注意，从而使发传单这种老掉牙的宣传方法再次成为受众的焦点，起到很好的宣传效果，这就是新异刺激的注意效果。所以，网络广告作为对消费者的刺激物，如果新鲜奇异，就会吸引消费者的无意注意。

第五，符合消费者的兴趣。消费者的注意常常具有选择功能，而这种选择是依据消费者的兴趣爱好而定的。兴趣对人的心理活动起着积极的影响，人们对广告内容发生兴趣，不仅能引起对广告的注意，而且能提高注意的持久性，主动收集商品信息，为购买做准备。所以网络广告宣传的内容如果和消费者的兴趣相符合，就能吸引消费者的注意。

第六，利用悬念。设计者可以使消费者对广告的被动状态转变为主动状态，吊起他们的胃口，让他们主动去注意悬念的结果。

在联想网络广告“向上篇”中，黑色的背景与白色的图案形成鲜明的对比，3 个连续的问号成为广告的悬念，使消费者怀着浓厚的兴致注意广告。

第七，利用事件和社会热点问题。事件和社会热点问题都是人们关注度极高，巧妙利用它们进行广告宣传可以起到好的广告功效。如 2014 年澳网女单决赛落幕，李娜以精彩的表现拿下了职业生涯也是亚洲第一个澳网冠军，于是一场“娜营销”掀起。赞助商耐克的“心敢比天高”发布微博，瞬间这就点燃了受众的情绪，不算耐克旗下其他的微博账号，仅仅这个微博账号的转发量就超过了 1 万次。

借势营销的难点在于：追热点容易，但和品牌以及产品发生“关联”却并不容易。成功的借势营销都是在“关联”上有独特的创意和表现，才能够在追逐热点的风潮中脱颖而出，让受众会心一笑，对品牌产生兴趣，并且可能参与或转发分享出去。

“借势”之外，还有“造势”。这对于企业和营销人有着更高的要求，用郭德纲相声里的话说，造势就是“平地抠饼，对面拿贼”，是属于高段位的游戏。

课堂思考

有人说：利用别人的一次失误不断炒作自己，听起来像“在伤口上撒盐”。但在互联网时代，这叫借势营销，是“在伤口上撒糖”。2014 年冬奥会五环变四环引起了一场营销热，万能的淘宝上已经挂出了“四环加一朵雪绒花”图案的 T 恤，有的店主叫它“冬奥会 T 恤”，有的叫它“奥运五环故障 T 恤”，还有的索性叫它“索契乌龙 T 恤”。北京万科的房产项目“西华府”，在微信广告页面打出“郑重声明：这不是奥迪干的！因为这世界上最有价值的四环已经不是奥迪，而是北京的四环”，“离不开的北京，舍不去的四环”；红牛饮料用 5 个饮料罐拼成五环图形，只有右上角一个没有打开，声称：“打开的是能量，未打开的是潜能”，如图 6-6 所示。

你如何看待？

资料来源：http://column.iresearch.cn

图 6-6　借势营销案例

知识点 6.2.3　激起受众对网络广告点击的兴趣

兴趣指的是认识探究某种事物的心理倾向。兴趣与感情有密切关系，人对某一事物产生好感，就有兴趣，反之则无兴趣。

网络广告创作中应通过巧妙的设计，激起人们深入研究网络广告的兴趣。如图 6-7 所示，用“点击参与”来吸引人们点击鼠标。

资料来源：www.sina.com

图 6-7　广告截图

知识点 6.2.4　提高网络广告记忆效果的方法

广告记忆是消费者思考问题，并做出购买决策必不可少的前提。一般说来，消费者接受了广告信息之后，即使对某种广告产品产生良好的印象，也并不立即购买，而是在对这种产品进行评估之后，才实施购买行动。如果广告的内容难以记忆，必然会降低广告效果。

一般而言，在网络广告中，设计者可以通过以下途径帮助人们记忆。

第一，将广告进行适当的重复。利用信息的适当重复与变化重复，加强巩固神经联系痕迹，是加深记忆的一个重要手段。所以在广告宣传中，有意识地采用重复的手段，加深消费者对有关信息的印象，延长信息储存时间，是惯用的心理策略。网络广告中的重复主要有：同一则广告中对广告的重要部分加以重复，使消费者能够掌握广告中的重要信息；同一则广告在不同的页面或不同的网站进行重复。但是重复必须适度和有所变化，否则容易使消费者大脑产生疲劳或心理上产生厌恶感。

第二，广告信息的数量必须恰当。心理学研究表明：学习的材料越多，遗忘的速度越快。所以，就内容而言，广告应做到简单易懂。具体而言，就是广告的标题或广告宣传的主句字数不要太多，应尽量少于 6 个字；广告的文案不要过多，信息点不要多于 7 个；广告的画面内容要单一。

第三，充分利用形象记忆。有人推测，在人的记忆中，语言信息量与形象信息量的比例是 1:1000。可见，形象记忆对于人而言十分重要。在网络广告宣传中应该充分利用直观、形象的信息传递，增强消费者对广告的记忆。比如，利用谐音、特殊的符号、语言的节奏、韵律等都可以增加记忆的效果。

第四，利用多种感觉器官同时参与记忆。心理学研究表明，视觉的识记效果为 70%，听觉的识记效果为 50%，视觉和听觉的识记效果为 86.4%。从这些数字可以得出，多种感官同时加以记忆，效果更佳。所以，在网络广告设计中应充分调动人们的感觉器官参与到记忆活动之中，游戏广告在这方面可以起到较好的效果。

第五，注意广告重点系列材料的位置。记忆与遗忘研究发现，记忆材料所处的系列位置直接影响到记忆的效果。所以，一则广告必须注意材料的系列位置。一般而言，中间位置的材料，由于受到前抑作用和后抑作用的影响，比较容易忘却，所以在内容的安排上，应把需要记住的重点内容，放在广告的两端。

知识点 6.2.5　刺激联想的方法

一个成功的网络广告，总是经过细致的素材加工和形象的塑造，利用事物之间的内在联系，用明晰巧妙的象征、比拟手法，激发有益的联想，丰富广告的内容，加强刺激的深度和广度。在网络广告中刺激消费者联想的方法主要有以下几种。

第一，采用消费者熟知且欢迎的形象来比喻商品的特点。例如，“铁达时”手表聘请周润发来拍它的电视广告“怀旧篇”，广告描述20世纪30年代一对青年男女分离的情景，由于周润发的知名度高并且深受人们的喜爱，因此这一广告使人们很容易将他这个人物与广告中的人物联系在一起，体现了“铁达时”手表“不在乎天长地久，只在乎曾经拥有”这一意境。

第二，用耐人寻味的相关语言暗示商品的功能。在商品广告中或者直接在商标上用一些耐人寻味的双关语，或者是富于哲理的语言来暗示商品的功能，或者暗示商品将给消费者带来好运，这是生产和销售部门常用的方法。例如，在春节前夕我国市场上出售的许多年货都有这种特点。像年画“连年有鱼”，就是象征和祝福消费者生活水平提高，连年有余款，连年有积蓄；食品年糕之所以家家户户都要买，大人小孩都要吃，因为它不仅象征着“天增岁月人增寿”，而且暗示着消费者生活水平年年在提高。

第三，通过使用前后的对比画面诱发消费者的购买欲望。在许多情况下，商品的性质、功能和效用一时是不容易用语言说清的。这种现象在食品、药物、化妆品以及某些特殊的服务商品上表现得尤其明显。因此，为了激发消费者的积极联想，就必须用案例，即使用前后的情况对比来说明问题，争取市场。例如，许多化妆品的电视广告就是这样设计制作的。像北京著名的“奥琪”抗皱美容霜、“奥琪”增白粉蜜的销售广告，广东“田七”人参洗发精的广告，北京“101 毛发再生精”的广告等，都是采用消费者使用前后面容和头发的变化来说明问题的。

知识点 6.2.6　促使人们采取行动的方法

广告的直接目的就是促使人们对所宣传的产品采取一定的商业行为，如产生兑换奖券的兴趣、光顾商店等。一般可以采用如下措施：鼓励亲身体验，试用试尝；宣布特价时限和供应量；提供带有虚线的优惠券和免费的赠品；用大字体或鲜亮的色彩突出企业的电话号码；提供一种较好的选择等。

项目任务 6.3　利用形式美法则设计广告

任务情境

九华痔疮栓——屁股笑了广告（见图 6-8），创作者用产品和受众潜在的关联性，用毛笔勾勒了一道弯弯的弧线，将屁股（药品的治疗部位）和微笑嘴形（疗后的肯定）同构在一起，通过超现实的重新组合，以反空间、反结构的异常面貌出现，在视觉上有强烈的吸引力，同时也使受众从心理、物理、生理等角度引起新的联想和撞击。

通过简约的图形创意基本上解决了与受众的沟通，外加上一行送药促销的文案以及广告下方与其呼应的同产品影视广告镜头符号，表达了代理公司力图将其平面和影视的传播力整合，叠加在一起产生更强的市场渗透力。

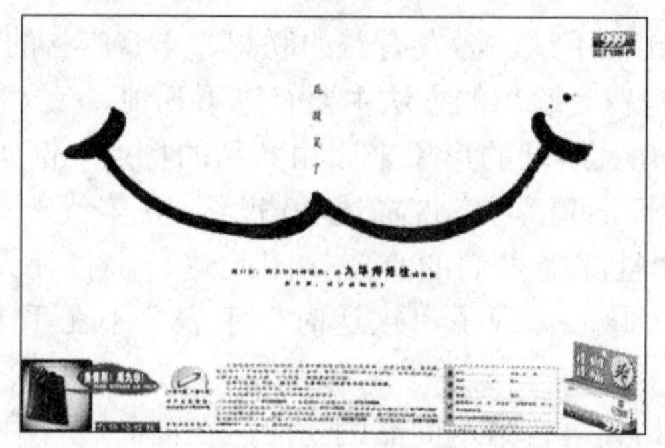

资料来源：http://www.chinaadren.com

图 6-8　屁股笑了

任务要求

1. 利用形式美法则分析此广告。
2. 举例分析网络广告设计中如何利用形式美法则。

知识点 6.3.1　网络广告的形式美

形式美是指生活、自然、艺术中各种因素（色彩、形体、声音）及其规律的组合所具有的美。探讨形式美是所有设计学科共有的课题，网络广告设计也不例外。

和所有的艺术作品一样，网络广告的形式同样是为网络广告内容服务的，在网络广告中形式美起着反映、表现网络广告主题和增强作品美感的作用。

形式美的构成因素一般划分为两大部分：一部分是构成形式美的感性质料，一部分是构成形式美的感性质料之间的组合规律，或称构成规律、形式美法则。

知识点 6.3.2　网络广告的形式美法则

形式美法则是形式构成和结合的特点和规律，是美在设计中的表现形态。在网络广告中应遵循以下的形式美法则。

1. 多样统一

多样统一是形式美的总法则，其他形式美的法则都是在这个总法则的下面，它是形式美的高级形式。

所谓多样是指各个组成部分在形式上的区别性和差异性。事物的多样性，是整体中所包含的各个部分的形式上的区别性和差异性。事物的统一，是指各个组成部分在形式上的某些共同特征以及它们之间的某种关联、呼应、衬托的关系。多样统一是指形式组合多个要素之间有一个共同的结构形式和节奏，使人感到整个网络广告既有变化又有差异，同时又是一个统一的形象，也就是统一中求变化，变化中求统一。

2. 节奏与韵律

节奏是借用音乐的术语，指图案构成的诸因素有秩序有条理地反复出现时，人们的视线随之在时间上所作的有秩序的运动。韵律是借用诗词的术语，指图案构成的诸因素的条理与反复所产生的节奏中，表现的像诗歌一样抑扬顿挫的优美情调和趋势。韵律产生于按一定规律而变化的节奏之中，也是自然界处处可见的现象。节奏是韵律的条件，韵律是节奏的深化。体现节奏和韵律的广告设计具有积极的生气，含有魅力的律动能量，如图 6-9 所示。

3．对称和均衡

对称是指一条中轴线两侧的形象相同或相近的形式，是艺术造型和图案设计求得重心稳定的一种结构形式。均衡是指在特定空间范围内，形式诸要素保持视觉上力的平衡关系。均衡是有变化的对称，如图 6-10 所示。

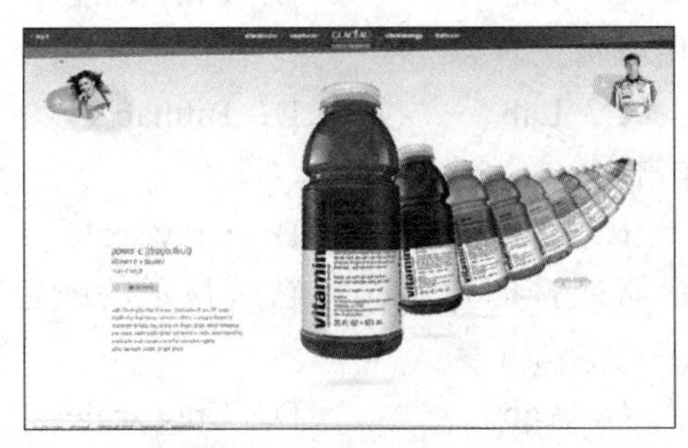

图 6-9　节奏与韵律

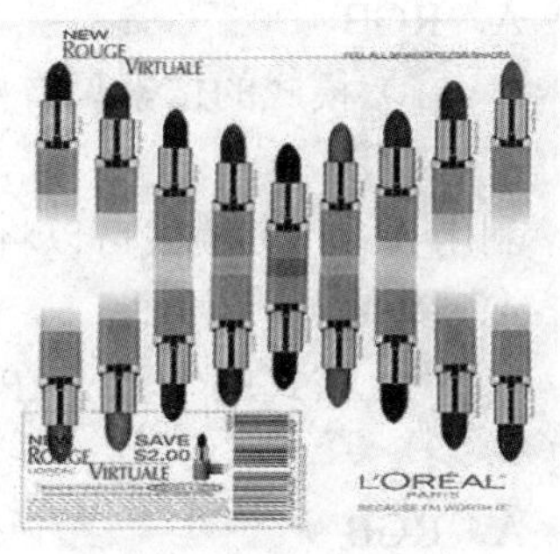

图 6-10　对称与均衡

4．对比与和谐

对比是由对立的两者或两者以上互不相同的复数要素结合而成，也就是说，对比是差异性强调，是利用多种因素的互比互衬来达到量感、虚实感和方向感的表现力。和谐是近似性强调，是两种以上的要素相互具有的共性，形成事物的统一感觉。

对比是把两个极不相同的东西并列，使人感到鲜明、醒目、振奋、活跃；和谐是把两个相似的东西并列，使人感到融合、协调，在变化中求统一。

5．比例与尺度

比例是部分与部分或部分与全体之间的数量关系，是构成各要素之间的匀称性。被人们公认最美的比例就是“黄金比。”

黄金比，即大小（长宽）的比例等于大小两者之和与大者之间的比例，实际上大约为 5:4，现代一般书籍、杂志、报纸大约采用了这种比例。

除了黄金比之外，人们常用的比例还有 1:2、2:4、4:4、5:9 等，作为形式美的表现，这些比数具有很好的表现力和明确的性格特征。

6．空白与虚实

空白与虚实的有机运用，在设计画面的构成中有着不可忽视的重要作用，是进行艺术表现的重要手段，它能缓和画面的紧张及复杂性，有利于组织严密和突出主题。

虚实作为一种表现形式，也是为深化主题服务的。网络广告的构成画面必须有虚有实、虚实呼应。网络广告画面的主题形象必须实，陪体和背景要虚，虚是为了突出实。

习题

一、单选题

1.（　　）是色彩的骨骼。

A．明暗关系　　B．色相　　C．纯度　　D．对比关系

2.（　　）是色彩的相貌。

A．明暗关系　　B．色相　　C．纯度　　D．对比关系

3.（　　）指的是色彩的鲜艳程度，它取决于一处颜色的波长单一程度。

A．明暗关系　　B．色相　　C．纯度　　D．对比关系

4.（　　）模式是最佳的打印模式。

A．RGB　　B．CMYK　　C．Lab　　D．Cray scale

5.（　　）模式的像素只有黑或白，不能使用编辑工具。

A．RGB　　B．CMYK　　C．Lab　　D．Bitmap

6．利用（　　）模式可以将黑白色调调配非常完美。

A．RGB　　B．CMYK　　C．Lab　　D．Cray scale

7.（　　）模式的特点是在使用不同的显示器或打印设备时，它所显示的颜色都是相同的。

A．RGB　　B．CMYK　　C．Lab　　D．Cray scale

8.（　　）模式通常称为真彩色。

A．RGB　　B．CMYK　　C．Lab　　D．Cray scale

9．网络广告要想取得成功首先必须（　　）。

A．吸引人们对网络广告的注意

B．激起受众对网络广告点击的兴趣

C．提高网络广告记忆效果的方法

D．增进受众对广告的理解

10．黄金比，即大小（长宽）的比例等于大小两者之和与大者之间的比例，实际上大约为（　　）。

A．5:4　　B．3:2　　C．1:2　　D．1:3

11．机械、五金等采用（　　）配色。

A．低明度　　B．高明度　　C．低纯度　　D．高纯度

12.（　　）是形式美的总法则。

A．多样统一　　B．节奏与韵律　　C．对称和均衡　　D．对比和谐

13.（　　）色为明度最高的色，处于光谱的中心位置。

A．黄　　B．红　　C．紫　　D．青

14．时装广告、化妆品广告常常用（　　）的色彩来表现，给人以华丽感。

A．纯度高、明度高、对比强烈　　B．纯度高、明度低、没有对比

C．纯度低、明度高、对比强烈　　D．纯度高、明度低、对比强烈

二、多选题

1．网络广告色彩运用时必须应用（　　）的原则。

A．商品性　　B．广告性　　C．时尚性　　D．独特性

2．明度低的色彩（　　）。

A．产生轻柔、飘浮、上升、敏捷、灵活等感觉

B．感觉软

C．产生沉重、稳定、降落等感觉

D．感觉硬

3．（　　）色呈兴奋感。

A．高明度　　　B．高纯度　　　C．高纯度　　　D．红、橙、黄等色彩

三、简答题

1．简述广告设计中的AIDA。

2．简述网络广告的形式美法则。

四、案例题

图 6-11～图 6-13 是一个网站的广告截图。广告的一开始，银灰色的背景下，大小不同、明暗不同的问号，似瓢泼大雨般倾盆而下，一个身着黑色西服、手提公文包的人在奋力奔走。第一幅截图，背景依然没有改变，但在背景上出现了黄色的大小不同的："为什么我工作比别人辛苦" 11 个醒目的大字，旁边仍是那个男子在低着头拼命奔走。接下来的画面其他都没有变，只是字换成了"赚的钱却比别人少？"。没有更多的文字图案，但广告中利用了文字、问号的大小变化。比如，文案中"为什么""辛苦""少""？"较其余字大一倍。广告中也利用了色彩的明暗变化，截图的背景是上暗下亮，第二幅字比第一幅亮。后面的截图在近乎白色的背景上出现了 18 个大小相同的浅灰色问号，问号的上面利用渐变的图案做了一个互动性的按钮，按钮上是白色的字体"我要改变!"。当你怀着好奇，把鼠标移上按钮时，按钮变成了橘黄色，字变成了金黄色。

图 6-11　广告截图 1

图 6-12　广告截图 2

图 6-13　广告截图 3

1．请你继续设计此幅广告后面的内容。

2．利用本章所学的基本原理，分析广告的设计思路。

五、操作题

以红色为主色调，通过明度、纯度的对比或调和，做一个店庆（厂庆）广告。

学习情境七　设计网络广告组成要素

网络广告的组成要素是指构成一个完整的网络广告所具备的因素，一般而言，一个完整、全面的网络广告，大多由文字、图形图像、声音等几部分组成。本部分主要是通过网络广告文案的撰写、文字的设计、网络广告的图形图像设计以及声音的使用等 4 个方面，分析网络广告各组成部分的设计、使用，为成功制作网络广告作品提供服务。

项目任务 7.1　创作网络广告文案

任务情境

2014 年 1 月 25 日晚 6 时 19 分许，2014 年澳网女单决赛落幕，李娜以精彩的表现拿下了职业生涯也是亚洲第一个澳网冠军。赞助商昆仑山矿泉水在一个多小时后发布了广告，风格和赛前“带两个冠军回家”风格一样。“冠军有两个，不放弃是最动人的一个”“冠军有两个，微笑是最迷人的一个”“冠军有两个，我爱你是最珍贵的一个”，涵盖了李娜意外摔倒、赛后坦然面对失利以及赛场背后与姜山的爱情 3 个层面。而最后一条“我爱你是最珍贵的一个”也成为这组“来年再战”为主题文案中最动人的一条。

昆仑山矿泉水还在微博里这样写道“爱大满贯，更爱永向巅峰的精神！这也许是有史以来戏剧性最多的有一场大满贯决赛。然而无论是次盘的蹩脚，还是决胜盘意外摔倒磕碰到头，李娜都能淡定自如地应对，虽然憾失冠军，但她用灿烂的微笑征服世界，诠释正能量不放弃梦想。”

任务要求

1. 你认为广告文案如何？
2. 如何撰写广告文案？

网络广告文案又称为网络广告文，是指网络广告中用以表达广告主题和创意的语言文字。网络广告的语言文字几乎是所有网络广告的灵魂和主体，是网络广告制作的蓝图，同网络广告的成功与否有重大关系。

从网络广告设计的角度看，首先要根据网络广告的创意来撰写网络广告的文稿，然后根据文稿的内容，设计网络广告的图形和声音，所以网络广告文案是其他部分的说明书，其他部分是文案的具体化和形象化。

一般而言，网络广告文案由标题、标语和广告正文、随文等要素组成。

知识点 7.1.1　创作网络广告标题

标题是广告的题目，是表现主题的短句，是广告内容的高度概括与浓缩，是网络广告文案中的一部分，其功能是表达网络广告的主题，以吸引消费者的注意。一则网络广告中，标题的好坏对网络广告的效果具有直接的影响。标题不妥或吸引力不够，很容易造成广告费的流失和浪费。

1．标题的类型

网络广告标题的创作形式多种多样，如同作诗，同样的景物，在不同的诗人口中，就会有不同的诗句佳作。就其创作形式而言，可归纳为如下几种。

第一，陈述式。陈述式也称为新闻式标题，这种标题开门见山，将产品的主要情况、产品所能提供的收益等直接告诉消费者。这种标题最大的特点是简明，在采用这种标题时，可以采用有效的表现方式，如大号字或黑体字等。采用新闻式标题的先决条件是广告信息的本身必须具有新闻价值，必须是真实的、新的事物和事件的产生和发现。常用词汇有新、最新、发现、推出、首次、目前、现在、消息、即将等。如“央视网络电视注册有奖活动即将开奖！”是中央网络电视在北京宽带网（www.bbn.com.cn）上广告的标题，它以醒目的字体展现在网页上，如图 7-1 所示。

资料来源：www.sina.com

图 7-1　陈述式标题

第二，问答式，这种类型使用最广泛。它是一种通过提问和回答的方式来吸引受众的注意力的表现形式。它的常用词汇和句式：难道……？它是……？谁不愿？谁能？怎么样？为什么？怎能？等。具体表现有两类，设问式和反问式。设问式一般又呈现两种情形，或在标题中设问，在正文中回答；或在标题中自问自答。

第三，承诺式，也称为许诺式、利益式。其主要特点是在标题中就向受众承诺某种利益和好处。常用词汇有：免费、定能、优惠、美丽、气派、方便、减价、附赠等。但承诺的表现也并不是只用常用词汇来进行，除了直接承诺外，还有间接的或暗示性的承诺方式。如图 7-2 所示，向人们承诺通过玩网上拼图游戏可以得幸运大奖。

第四，悬念式，即在标题中设立一个悬念，迎合受众追根究底的心理特征，以吸引受众特别注意的广告标题。它经常和问答式标题配合运用，用问题的提出来制造悬念。当然，悬念和设问有所不同。设问的结果一般是受众可以预料的，而悬念一般是受众不能预料的，甚至是完全与受众的认知倾向和心理期待相反的事实。

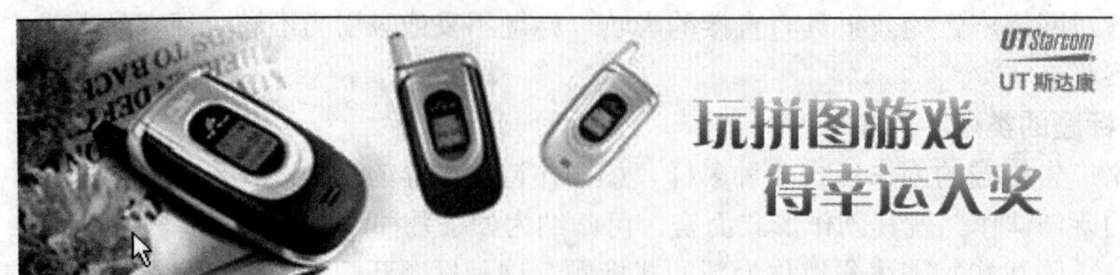

资料来源：www.sina.com

图 7-2　承诺式标题

第五，故事式，也叫叙事式或情节式。它类似于一则故事的题目，在标题中提示或暗示故事的发生和情节的展开。其主要特点是能吸引受众阅读正文。

第六，对话式。采用对话的形式来表现网络广告信息，其最大特点是具有场景感、现实感和生活感。看似是人们在毫不经意地谈天说地、相互寒暄，但事实上却传达了广告信息。

第七，假设式。在广告标题中提出某种假设，同时据此提出某种结果。其主要特点是为了运用假设引起受众的注意，并督促他们产生相关的思考和行为。

第八，解题式。围绕企业或商品的品牌名称或产品名称而形成的标题形式，有 3 种表现：把企业或商品的品牌名称拆开来进行解释；将商品的品牌名称在上下句子中反复出现，使品牌名因位置的变化而产生新的含义和新的内容；用注解的方式来表现广告主题。

解题式标题可以将品牌名称用解题方式进行形象化，加深受众对品牌的记忆，但在运用时要注意不能牵强附会。

第九，祈使式，也叫进言式或建议式，就是用建议或劝导的语言和口吻，向受众提出某种消费建议。其主要特点是可以运用情感因素，使广告和消费者之间的距离缩短，又因为告知了原因和理由，使得标题很有说服力和吸引力。常用词汇如请、千万不要、让、应该、无论如何、来吧、试一试等。“使用倩碧亮泽系列打击黑斑”向广告受众发出了使用倩碧亮泽系列的邀请，如图 7-3 所示。

资料来源：www.sina.com

图 7-3　祈使式标题

第十，赞美式，也叫炫耀式、夸耀式，就是在标题中直接赞美、夸耀甚至炫耀网络广告中企业、商品、服务的特征、功能、有效性。写作特点是能在直接的赞美中让受众直接明白广告中信息的优胜之处。这种标题对分寸的掌握要求相对较高，如果出现自我陶醉、自我炫耀、夸耀无度而不真实的情况，会造成受众的逆反心理。

第十一，口号式。用简洁而富于号召力的口号形成的广告标题，如“居住改变生活”（见图 7-4）。因为经常用格言形式来表现，也叫格言式广告标题。它大多能同口号式广告互相转换。其内容一般都有企业和品牌名称介入其中，在表现企业或商品的品牌特性等的基础上，能比一般的广告标题起到更好的传诵作用。

资料来源：www.sina.com

图 7-4　口号式标题

运用言简意赅、易记易读的格言形式时，格言所具有的令人咀嚼的含义使其产品具有特殊意味。

2．广告标题创作的原则

第一，注重受众利益，适时传达承诺。目标对象总是接受那些与自身利益相关的网络广告信息，因此，网络广告标题一般不要在利益上含糊其辞，而应尽可能地明确承诺。

第二，长度适中。一般而言，短标题容易记忆，产生印象，权威认可的是 6～12 个字的标题的广告效果最佳。

第三，避免使用笼统或概括性很强的词语。网络广告标题力求生动、具体、形象、阐述直观。泛泛的词语不会使受众产生兴趣，且容易产生误解，严重影响广告效果。因此，对此类词语应避免使用。

第四，免用否定词。广告标题应尽量不使用否定词。因为受众往往喜欢从正面接受广告信息，若在广告标题中使用否定词就容易造成负面影响。广告标题中最好说明事物是什么，而非不是什么。

知识点 7.1.2　创作网络广告正文

网络广告正文（body copy）是网络广告文案的中心内容，是对网络广告标题的解释以及对网络广告产品的介绍。网络广告主题也是用网络广告正文来充分表现的，网络广告正文的好坏关系到网络广告创意思想的表现。它与标题的关系：标题在于吸引，正文在于说服；标题提出问题，正文回答问题。

1．网络广告正文的类型

网络广告正文因体裁、风格、手法等不同，可分为若干类型，如直诉式、叙述式或描述式等。但具体到网络广告正文创作，不应选定某一种类型进行，而应该根据具体情况以将正文写得生动有趣为依据。因而，网络广告正文很有可能将几种类型混合为一体。我们进行网络广告正文的分类仅是从理论上进行分析，理清思路，便于网络广告文案创作。

第一，直述式。直述式正文是直接阐述广告产品功能特性，客观表述介绍产品，没有过多的修辞与描绘。

第二，叙述式。叙述式正文是用故事形式写成的网络广告文案，它往往能将枯燥无味的网络广告信息变得饶有趣味。这类正文要使内容像小说故事情节那样，有矛盾冲突的出现和最后的解决，读来引人入胜，颇有微型小说的味道。此类正文写作往往是以某人遇到困难或麻烦而感到苦恼开始，以找到解决办法而圆满结束。目的是告诉受众在遇到同样的困难时，采用同样的办法。

第三，证言式。证言式网络广告正文是按证明书形式写成的，它需要提供“权威人士”或“著名人士”对网络广告商品的鉴定、赞扬、使用和见证等。这里的“权威人士”可以使用其真实姓名，也可以不反映出来，但无论如何，他们都必须有资格为其所宣传的产品作出证言。

第四，描述式。描述式网络广告正文是以极其生动细腻的描绘刻画达到激发人们基本情感和欲望的一种网络广告文体，读来恰似一篇散文。如果描绘真切感人，会给受众一个鲜明形象和深刻印象。否则，就会让人觉得言之无物，枯燥乏味。

2．创作广告网络正文的原则

第一，紧扣主题，围绕标题。正文是标题的解释，同时增加了标题的信息量。正文应围绕标题展开阐述，可举事例来论证标题，当然，正文更是对主题的文字表述，以主题为核心概念展开，否则，网络广告正文就失去了重心。即使正文很华丽，很吸引人，但言之无物或受众不知道广告想说明什么，就会使正文失去作用，反而影响到广告标题的效果。

第二，正面陈述，言简意赅。正文应尽量陈述网络广告产品的事实，用艺术化的语言表述产品特性，以传达最为直观的信息。切记不要闪烁其词，绕大圈子，不知所云。正文的长短篇幅并无界定，一般以短文为宜。但对于特殊商品如汽车，长文案反而效果显著。

第三，特性突出，具体生动。正文应突出网络广告商品的特性，抓住受众最为关心的利益点进行阐述，注意避免“使用说明”式的陈述，读来枯燥乏味且毫无活力，而应增加艺术表现成分，使其生动有趣。

第四，语言热情，朴实真诚。在正文中应注意流露出对网络广告商品的信心和喜爱，这样才能传递此种感受。网络广告正文创作的艺术性并非要求文字的华丽，而要强调朴实和真诚。在此基础上渲染气氛，增强诱惑。

第五，提出忠告，表明承诺。网络广告正文的结尾若对目标受众提出有益的忠告或表明与目标受众利益相关的承诺，则比整篇网络广告正文只有广告产品多吸引 75%的受众，且此忠告或承诺可与网络广告标题遥相呼应，强化网络广告主题，加深网络广告信息的印象，能很好地体现网络广告效果。

知识点 7.1.3　创作网络广告附文

附文是负载附加信息的，是文案中表示广告主名称、企业名称、购买地址、联系方式以及购买方法的文字，它是广告文案中一个不可缺少的组成部分，在网络广告中附文具有附加性和敦促性等基本特征。

附文的具体表现内容大致分以下几个部分：①品牌名称；②企业名称；③企业标志或品牌标志；④企业地址、电话、邮编、联系人；⑤购买商品或获得服务的途径和方式；⑥权威机构证明标志；⑦特殊信息，如奖励的品种、数量，赠送的品种、数量和方法等。如需要反馈，还可运用表格的形式。

图 7-5 是“央视网络电视注册有奖活动即将开始”的正文和附文的全部内容：

北京地区日点击率过百万，注册用户超过3万，央视网络电视在大家的支持和鼓励中快速成长。

还记得我们的网站上”一'注'赢千金，礼至'万人迷'”的有奖注册活动吗？现在是幸运用户拿奖的时候了。

9月10日，一个欢快的日子，160名幸运的注册用户将诞生。

奖什么？再提醒大家一次：

一等奖 10名，获奖者将得到高端“小灵通”手机1部；
二等奖 50名，获奖者将免费收看“央视网络电视”1年，价值360元；
三等奖100名，获奖者将免费收看“央视网络电视”半年，价值180元。

中奖结果我们将在 v.cctv.com | www.bbn.com.cn | www.cctv.com 网站及相关媒体上发布公告，敬请留意。

资料来源：www.sina.com

图 7-5　正文和附文

知识点 7.1.4　创作网络广告标语

广告标语（slogan），又叫广告口号，是最常使用的广告语言。广告标语是对广告商品信息精炼的概括或对广告主企业理念简洁的诠释，或两者兼顾。广告标语便于传播和记忆，是广告主企业进行宣传的重要内容，甚至与企业品牌一同构成企业宝贵的无形资产。

在撰写广告标语时应注意：

第一，简洁明了。广告标语力求简洁，言简意赅。女性用品的广告不好做，主要是很难把握女人的心态，三源美乳霜的“做女人挺好”，则创意巧妙，不仅功能诉求到位，而且广告语简洁准确，含而不露，尤其对女人的触动是非常明显的。

第二，朗朗上口。广告标语应易读，易记，文字流畅，如“农夫山泉有点甜！”（农夫山泉矿泉水广告语）、“晶晶亮，透心凉”（雪碧饮料广告语）、“头屑去无踪，秀发更出众”（飘柔洗发水广告语）。

第三，阐明利益。广告标语要对受众表明其关心的利益点，如“步步高 VCD，一年包换！”“卓然出众，彰显尊荣”（大众桑塔纳 2000 广告语）、“户外色彩，亮丽写真”（柯达胶卷广告语）。

第四，经久耐用。广告标语要考虑其时效性，最好能与品牌永久相伴，如“可口可乐，挡不住的感觉！”。

经典演播

“味道好极了！”“感受优雅的欧洲风味”这两个口号都是雀巢咖啡打出的。前一则在中国大陆使用，后一则在中国台湾地区使用，都一举取得成功。因为中国大陆的传统习惯是品茶，即使是都市人，也有大多还不知道即冲即饮的雀巢咖啡竟有如此好味道，雀巢公司特以此为依据写出“味道好极了”的广告口号；而中国台湾地区接触了解欧洲文化较深，对咖啡文化的接受能力也必然大于中国大陆，故而在广告口号上表现“欧洲风味”的创意。其成功之处在于广告人了解消费者的文化习俗、心理变移，使广告口号产生接近性和亲和力。

"卓然出众，彰显尊荣"（上海桑塔纳 2000 广告语）这则广告语言对称、音韵和谐、用词儒雅，也体现了桑塔纳轿车的品位和蕴涵的生活理念，但"彰显尊荣"这个词较为生僻，很多人不知道它是什么意思，甚至有些人听到"彰显"的读音还不知道是哪两个字，这就造成不必要的理解困难，从而影响广告的传播效果。

课堂思考

1995 年最引人注目的就是王姬为孔府家酒拍的广告，孔府家酒巧妙地把《北京人在纽约》的火爆嫁接到自己的广告中来，而一炮成名的王姬和"千万次的问"成为最大的记忆点，不过人们也记住了"孔府家酒，叫人想家"。这是为什么？

项目任务 7.2　网络广告文字的设计

任务情境

字体是设计中表达情感的要素，"摩托罗拉——京城攻略"网络广告，采用"gui 街"一词，含蓄地将拼音输入法表现出来，激发人们的想象。

任务要求

广告中如何进行字体的设计？

中国的广告文字起源比较早，距今已有三千多年的历史，最早出现在夏、商、周时代的训诫文告上。这些广义上的广告是现代广告的雏形。现存世界公认的最古老的文字广告距今五千年，是一个埃及奴隶主悬赏寻找一个逃奴的传单广告，文字是手抄的。

知识点 7.2.1　网页中字体的设计

1．字体

文字是网络广告的主要构成要素，几乎所有的网络广告都含有文字。一般来说，一个完整的广告文字由标题、副标题、正文、口号、广告主的名称、通信地址等组成。这些广告的内容，不一定同时出现在广告画面里，设计者可以根据广告的创意或广告法规来确定广告文字的使用。

根据设计要求选择字体的种类、大小、繁简等。选择字体时，应着眼于富有表现力的字体。而要突出插图的广告设计，文字处于从属、补充地位，起衬托插图、加强对比的作用，就最好选择比较朴实或中性的字体，一般情况下，一幅广告中的字体不宜太多，且应注意字体的和谐。

常用的字体包括宋体、黑体、楷体、仿宋体，还有行书、隶书、魏碑等。艺术字体的种类也很多，已经做成供计算机选择安装的汉字字体就有上百种之多，但是这决不意味着我们可以随心所欲地选择字体，而是要看计算机能否显示。建议网页设计师在选用网站的文字字体时不要太随意，应该以宋体为主，个别地方使用黑体和隶书。

另外，网络广告还可以根据需要选择字体的粗细和变化。例如：粗体字强壮有力，有男性特点，适合机械、建筑业等内容；细体字高雅细致，有女性特点，更适合服装、化妆品、食品等行业的内容。在同一页面中，字体种类少，版面雅致，有稳定感；字体种类多，则版面活跃，丰富多彩。

不同字体会给读者带来不同的感情色彩，了解不同字体所带来的感情特性，对表现网页内容、点缀网页设计无疑是十分必要的。一般网页文字字体是稳定的，阅读要求识别轻松，浓淡适宜；而标题部分则相当于广告性用字，如化妆品广告用字，它注重花哨、时尚风范来渲染女性色彩。无论如何，网页字体必须积极参与信息的传达和内容表现，一旦影响了阅读流畅性就是错误的，因为它超越了网页的基本原则，妨碍了信息的传达。

2．行距

行距的变化也会对文本的可读性产生很大影响。一般情况下，接近字体尺寸的行距设置比较适合正文。行距的常规比例为 10:12，即用字 10 点，则行距 12 点。这主要是出于以下考虑：适当的行距会形成一条明显的水平空白带，以引导浏览者的目光，而行距过宽会使一行文字失去较好的延续性。

除了对于可读性的影响，行距本身也是具有很强表现力的设计语言，为了加强版式的装饰效果，可以有意识地加宽或缩窄行距，体现独特的审美意趣。例如，加宽行距可以体现轻松、舒展的情绪，应用于娱乐性、抒情性的内容恰如其分。另外，通过精心安排，使宽、窄行距并存，可增强版面的空间层次与弹性，表现出独到的匠心。

3．字号

一般印刷品的字号是指字体物理尺寸的大小，计算机的字号指的是字体在显示器上的显示尺寸大小。网页字号大小直接关系到阅读效果和页面容量。在 Word 里，字号从初号、1 号～8 号共有 16 种，同时字号还有一种以磅（pt）为单位的，从 5～72 pt 共 21 种。网页文字的字号变化宜少不宜多，一般常用 9 pt 或 11 pt（相当于 Word 的 5 号字）的宋体字作文本字体，9 pt 以下的字不易辨认，12 pt 以上则太大，浪费网页空间。

标题字字号大小建立在整体版面设计基础上，版面设计从文稿内容出发，排出传达意图的强弱层次，从传达信号秩序上区分出突出与克制、醒目与隐晦。在同一页面中，大字号突出醒目，黑白对比鲜明，分量重，这样的处理一般用于标题和重点部分，同时一篇文稿文字可形成一块灰色，色调连贯性好，适宜长期阅读，可以看成是网页色彩搭配的一部分。

4．用作图形图像的字体

由于一般计算机用户字库的字体太少，网页设计师想用字体在传达信息的同时又起到装饰作用，不得不使用其他的艺术字体，但必须将字体做成图形图像格式，尤其是用软件制作的金属字、立体字等，这种字体主要用于网站名、广告、菜单、链接以及重要的文章标题。

知识点 7.2.2　网页中文字编排的设计

1．文字编排方式

因为人的视线是由大向小流动，先看大字，再看小字。所以，需要突出的文字内容适宜设计得大一些，要和普通文字形成对比，第一时间抓住人的视觉。

网络广告文字在编排时有两种方式：横排和竖排。为了信息传达的准确、快速，横排文字视线由左到右移动，最好使用扁字；竖排文字视线由上向下移动，最好使用长字。

（1）文字置于广告画面的最顶部

文字放置于广告画面的最顶部，会产生上升、轻快的视觉效果，同时也具有愉悦、适宜的象征意义。因此，有关表现快乐、高兴、舒适的广告内容，文字最好排列在该位置。

（2）文字放置在画面的正中心位置

文字放置在画面的正中心位置，具有极端安定、平稳、视觉强烈的表现效果。

（3）文字放置在画面的最下端

文字放置在画面的最下端，具有下降、不稳定与沉重的视觉效果，有时也有哀伤、消沉的象征意义，比较适合具有相同意义的文字排列。

（4）文字放置在画面的最左端或右端

文字放置在画面的最左端或右端具有极不平衡的感觉，但这种不平衡对于文字的突出极其有效。

2．文字的强调

第一，行首的强调。将正文的第一个字或字母放大并做装饰性处理，嵌入段落的开头，这在传统媒体版式设计中称之为“下坠式”。此技巧的发明源于欧洲中世纪的文稿抄写员。由于它有吸引视线、装饰和活跃版面的作用，所以被应用于网页的文字编排中。其下坠幅度应跨越一个完整字行的上下幅度，至于放大多少，则依据所处网页环境而定。

第二，引文的强调。在进行网页文字编排时，常常会碰到提纲挈领性的文字，即引文。引文概括一个段落、一个章节或全文大意，因此在编排上应给予特殊的页面位置和空间来强调。引文的编排方式多种多样，如将引文嵌入正文的左右侧、上方、下方或中心位置等，并且可以在字体或字号上与正文相区别而产生变化。

第三，个别文字的强调。如果将个别文字作为页面的诉求重点，则可以通过加粗、加框、加下画线、加指示性符号、倾斜字体等手段有意识地强化文字的视觉效果，使其在页面整体中显得出众而夺目。另外，改变某些文字的颜色，也可以使这部分文字得到强调。这些方法实际上都是运用了对比的法则。

知识点 7.2.3　广告中的文字设计

在广告中文字设计应该遵循文字的可读性，文字的位置应符合整体性要求，在视觉上应给人以美感，在设计上要富于创造性，综合应用和更复杂的应用等原则。

1．字体的选择

在广告中字体的选择应注意：

第一，注目性。广告字体应能引起读者的注意。

第二，根据设计要求选择字体。选择字体时，不能仅仅为突出字体而选择字体。字体的种类、大小、轻重、繁简等要服从整个广告设计的需要。选择字体时，应着眼于那些富有表现力的字体。而突出插图的广告设计，文字处于从属、补充地位，起着衬托插图、加强对比的作用，所以最好选择比较朴实或中性的字体。

第三，从主题内容出发选择字体。字体能使人产生联想，因此，在选择应用时要注意内容与字体在造型上包含或象征的意义相吻合。宣传现代产品不要选择古老烦琐的字体。因为在广告图形中往往有两种或两种以上的字体同时存在，因此在选择字体时应注意不同字体之间的和谐。一般情况下，一幅广告中的字体不易太多，以免造成纷乱的感觉。

第四，广告用字需规范。文字是传达广告内容的重要手段。若用字缺乏规范，就可能使人错误地理解广告内容或者根本看不懂。

2．字体的运用

第一，印刷字体的运用。所有广告文字要素（标题、广告语、正文）都适合于用印刷字体来完成。在这 3 个要素中，正文必须采用印刷体，标题也以印刷体为主，而广告语在一些特定情况下，为适应内容的需要，可适当考虑印刷体以外的其他字体。

如果从印刷体的各类字体本身的特点来看，宋体具有传统的特点，适合表现传统的内容；黑体是最大众化的字体，可表现任何广告内容；而综艺体和圆黑体具有极强的现代感，适合表现现代的广告内容。综艺体由于笔画比较粗，一般只适合标题等较大文字，而不适合于广告正文等较小文字。

第二，装饰文字的运用。装饰文字是在印刷字体标准、规范的基础上，加上适当的艺术化处理，使文字的字体显得更艺术、美观和生动，同时在装饰变化的过程中，可以使文字的造型与广告的内容更加吻合。但由于装饰字体在装饰变化的过程中有可能使字体的可读性降低，所以装饰字体多用于广告标题、广告语的文字使用，而很难用于正文。值得注意的是，装饰字体的变化必须在印刷体的基础上，与广告内容紧密结合。

第三，书法字体的运用。书法字体比装饰字体更具有艺术性和生动性。不同民族的书写习惯、书写方式以及书写工具的不同，从书法字体中所体现的民族性是十分明显的。因此，对于一些有特别意义和特殊风格的广告内容，书法字体也是很适用的。如宣传民族文化、地方土特产品，具有民族特色和传统优势的产品，以及文化、艺术、书画展览的广告，利用书法体来表现就极为恰当。

书法字体作为广告文字的运用，其最大的不足之处就在于可读性上的缺陷。克服的方法是，可以选用一些可读性强的书法字体或与印刷体有效结合。

第四，字、图的组合运用。以图形为主的广告，字体在视觉效果上应服从于图形，处于从属地位。字、图要互相穿插重叠，有机地结合成一个整体，从而加强广告图形统一的视觉效果；如果以字体为主的广告，字体处于主导地位，人物或商品形象处于从属地位时，就应该注意字体的排列以及图形位置的安排。

第五，字体对比组合的运用。字体的对比组合更能产生强烈的广告效果，更能引人注目。字体的对比主要包括：风格各异的字体对比、大小不同的字体对比、笔画粗细字体的对比等。

广告设计为追求图形字体的对比效果，有时采用风格各异的字体，如粗壮的黑体与秀丽的宋体结合，或龙飞凤舞的草书同规范整齐的印刷字体结合，同时出现在一幅广告图形内。这种情况下，一定要把握住两种字体之间的对比程度和主次关系，切不可两种不同风格的字平分秋色。

另外，广告构成因素中也存在文字的明亮对比。文字的明度对比，一方面可利用文字的明度差来实现，但必须配合字体的风格对比和大小对比；另一方面，文字的明度对比还可以通过文字排列的疏密来实现。

第六，字体和谐组合的运用。虽然对比的字体在广告文字设计中占有重要的地位，但和谐的字体组合，也能够产生愉悦的感觉，同样是广告文字设计必须考虑的。它一方面可以是对比组合的辅助手段，同时也是控制图形整体效果不可缺少的，对于一些特殊的广告也可以作为单独的手段来运用。

广告中和谐的字体组合主要包括相似风格的字体组合、相同大小的字体组合和相同明度的字体组合。

广告图形设计中，为追求整体感，通常采用同一风格的字体组合，而加强文字大小和明度的对比变化，使其在整体和谐中层次清楚，主次突出。字体大小和明度的和谐则主要针对一些具体要素的处理，如在同一个标题、同一个广告语和同一段正文，就必须从字体的大小和明度上接近和谐，以达到同一内容在视觉传达上的整体感。

第七，字体排列组合的运用。中国绘画构图讲究的是“密不透风，疏可跑马”。也就是说，该疏的疏、该密的密，使图形构成要素产生一种强烈的疏密对比，这条规律在广告的字体排列中同样适用。具体来讲，在各类广告文字之间应形成“集团”式的分组排列方式，标题、广告语和正文之间不要连在一起，应保持一定的距离和空间，形成一定的疏密变化，观看时主次分明，条理清楚。一般的情况是标题和广告语应疏，而正文的排列应密。进一步来说，在一个“集团”内的文字排列，也同样应具有疏密的变化。比如在正文的排列上，行距和文字的疏密安排，段与段之间的间隔等也极其重要，以便阅读方便，段落分明。为了使广告图形生动活泼，常将广告文字（特别是标题文字）排列成各种形状，如弧形、斜线、竖排等形式。

无论是字体的选择，还是字体的运用，都必须遵循“功能第一，形式第二”的原则。不能只顾盲目追求华美的表现形式，而减弱以至丧失文字传达信息的功能。

第八，动态文字和特效文字的使用。动态文字和特效文字的使用能够使网络广告更有生命力，Dreamweaver、COOL 3D 等软件都能制作出一些动态文字和特效文字。

3．广告中文字的设计原则

（1）标题

标题是表达广告主题的文字内容，应具有吸引力，能引起读者注意，引导读者阅读广告正文，观看广告插图。标题是画龙点睛之笔，因此要用较大号字体，要安排在广告画面最醒目的位置，应注意配合插图造型的要求。

（2）正文

广告正文是说明广告内容的文本，基本上是标题的发挥。广告正文具体地叙述所宣传的商品，使读者更明确商品的价值。广告正文文字集中，一般都安排在插图的左右或上下方。

（3）广告语

广告语是配合广告标题、正文，加强商品形象的短语。广告语应顺口易记，要反复使用，使其成为“文章标志”“言语标志”，在设计时可以将其放置在版面的任何位置。

（4）标志

标志是广告对象借以识别商品或企业的主要符号，分商品标志和企业形象标志两类。在广告设计中，标志造型最简单、最简洁，其视觉效果最强烈，在一瞬间就能识别，并能给消费者留下深刻的印象。

（5）公司名称

公司或企业名称一般放置在广告版面下方次要的位置，也可以和商标配置在一起。

4．文字的设计风格

根据文字字体的特性和使用类型，文字的设计风格大致可以分为下列几种。

第一，秀丽柔美。字体优美清新，线条流畅，给人以秀丽柔美之感。此种类型的字体适用于女用化妆品、饰品、日常生活用品、服务业等主题，如图 7-6 所示。

（图片来源：http://blog.sina.com.cn）

图 7-6　秀丽柔美的文字风格

第二，稳重挺拔。字体造型规整，富于力度，给人以简洁爽朗的现代感，有较强的视觉冲击力。这种个性的字体适合于机械、科技等主题，如图 7-7 所示。

（图片来源：http://blog.sina.com.cn）

图 7-7　稳重挺拔的文字风格

第三，活泼有趣。字体造型生动活泼，有鲜明的节奏韵律感，色彩丰富明快，给人以生机盎然的感受，如图 7-8 所示。这种个性的字体适用于儿童用品、运动休闲、时尚产品等主题。

（图片来源：http://blog.sina.com.cn）

图 7-8　活泼有趣的文字风格

第四，苍劲古朴。字体朴素无华，饱含古时之风韵，能带给人们一种怀旧感觉。这种个性的字体适用于传统产品、民间艺术品等主题，如图 7-9 所示。

（图片来源：http://blog.sina.com.cn）

图 7-9　苍劲古朴的文字风格

项目任务 7.3　网络广告图形的设计

任务情境

一直以来，快消品都是电视媒体的主要金主之一。70 后、80 后的成长伴随着一些广告语，如烙印一般深藏脑海："晶晶亮透心凉，雪碧已经上市！""飘柔的秘密，一传十，十传百，成为众所周知的秘密"。然而近几年电视媒体日渐衰落，开机率急剧下降，80 后、90 后几乎已经逐步摒弃以电视台为信息源的电视媒体而转向互联网与移动互联网。

2012 年 4 月，Facebook 斥资 10 亿美元收购了社交化图片工具 Instagram。Instagram 是一款最初运行在 iOS 平台上的移动应用，以一种快速、美妙和有趣的方式将用户随时抓拍下的图片彼此分享。在 Instagram 里，付费的品牌图片账号与一般账号并无区别，拍照、使用滤镜、添加照片说明、张贴分享，如此往复。玄机出现在图片社交平台会根据大数据分析对合作品牌账号的图片进行定向投递——影响活跃的意见领袖，影响精准的消费群体。迄今为止，包括阿迪达斯、Burberry、Levis、雷克萨斯等早已是 Instagram 的忠实用户。Facebook 收购 Instagram 的秘密：将图片工具与社交化媒体打通，图片是入口，社交化媒体是传播渠道。

资料来源：http://a.iresearch.cn/new

任务要求

1. 图片在广告中的作用如何？
2. 广告中如何使用图片？

网络广告图形由多种形式构成，可以是静态图形、图像，也可以是动画。图形是网络广告设计最重要的要素，能起到吸引眼球的作用，对于加速网络广告的信息传播起着非常重要的作用。网络广告图形不能单纯注重图形的艺术美，更重要的是要树立商品形象，传达商品信息，讲究广告效应，促进商品销售。另外也应该看到，在网络上，图片、动画的使用往往会增大文件，影响其下载速度，因此合理使用和设计图片、动画就显得十分重要。

知识点 7.3.1　网络广告图形的作用

1．传达广告的主题

广告通过图形表现商品的特征，向读者展示广告所传达的重点，传达广告的主题思想。广告主题是抽象的概念，要使读者容易理解和接受，必须通过插图将抽象的概念形象化、具体化。一幅汽车广告，其主题是平稳而舒适。怎样把这个抽象的主题传达给读者呢？广告设计者根据这一主题进行构思，用写实的手法表现一支香烟燃烧后留下很长的烟灰而不下掉的形象，寓意着汽车的平稳舒适，说明汽车的质量和性能。这幅插图比较成功地通过鲜明、具体的形象，把广告主题传达给读者，在消费者中建立起特殊的形象，吸引人们在众多牌子的汽车中选择该产品。

2．吸引读者的注意力

广告图形是广告的“吸引力发生器”，在引人注目、美化版面方面起着不可替代的作用。有调查数据显示，图形对视觉的刺激作用远远高于文字，人们对图形和文字的注意度分别为 78%和 22%。

3．展现生动具体的产品形象

与语言文字要素相比，广告图形能直接具体展现产品和企业的视觉形象，而视觉形象是树立企业和品牌知名度的重要手段。

知识点 7.3.2　网络广告图形设计的基本要求

插图可以说是一幅广告中最引人入胜的部分，是吸引视觉注意的重要因素之一。它可以简洁明确地传达设计思路，有良好的看读效果，能使读者一目了然。

第一，广告插图应具备简洁单纯的视觉效果，也就是说插图的构成要单纯集中，对准诉求目标。这样才能使广告受众在阅读插图时，一眼抓住广告的重点，理解广告表达的主题。

第二，广告插图要勇于创新、生动有趣。独特、生动的图形是吸引受众注意、诱发顾客兴趣的关键所在，设计者必须创造出独特鲜明的图形，才能吸引读者的注意。

宠物是人们所喜爱的，将各种计算机硬件拼成形态可掬猫——调制解调器，你永远不会想到吧，如图 7-10 所示。

资料来源：www.sohu.com

图 7-10　调制解调器广告

第三，广告插图必须有针对性。广告插图的宣传对象是不同的消费者，若想使每个人都接受你的广告，那是徒劳的。只有根据商品内容来选择广告对象，针对广告对象的需要，设计具有针对性的插图，才有成功的可能性。

第四，广告插图必须符合广告主题。中国移动通信“绿色环保总动员，回收手机旧电池”广告，电池从天而降，而当你用手推车“收”到一块电池时，草地上就长出一棵大树。广告通过车、电池、绿树、草地等插图，表现了主题思想，如图 7-11 所示。

（资料来源：www.sina.com）

图 7-11　回收电池广告

知识点 7.3.3　图像格式

印刷品上的图像不存在格式问题，但在计算机的数字图形图像的储存、交换技术上，图形图像的格式就显得十分重要了，没有统一的格式，图形图像就不能方便地在其他计算机上显示。网络上的图形图像更是受到网络传输速度的限制。理论上，网上传输的数据大约 5 KB/s，如果一个网页按 50 KB 计算，大约需要 10 s 的时间，按照目前我国的网络信道带宽条件，如果赶上高峰，网页下载会更慢，一二分钟的等候是常见的。有一些网站的首页就是一张大图片，的确够漂亮，可是对方接收下来需要几分钟的时间，通常浏览者不等图片显示出来就会进入下页或离开。在许多站点上图像信息大大超过文字信息，其图像信息占总量的 85%。如何使有限的带宽得到合理的利用，节省浏览者的等候时间，压缩图像文件是十分必要的。用数据压缩工具优化图像文件，不但可以节省有限的信道带宽，加快网上访问速度；同时，还可以节省可观的上网费用（无论是服务器端还是客户端），当然同样可以节省磁盘空间。

各种文件格式通常是为特定的应用程序创建的，不同的文件格式可以用不同扩展名来区分，如 PSD、BMP、TIF、JPG、CDR、EPS 等，这些扩展名表示相应的存储格式并加到文件名后。常用图像格式主要有以下几种。

1．GIF 格式

GIF（Graphics Interchange Format）表示图像交换格式，它是一种 256 色的图像格式，最初开发并用于 CompuServe 信息网络。该格式的开发目的是向 CompuServe 的订阅者提供一种通用图形格式，这样就可以不必考虑用户使用的平台是 Macintosh、PC 还是 Amigo，自由地交换图像。GIF 很快就成为 Web 上广泛使用的图形格式，许多具备图形功能的浏览器都支持这一格式。

GIF 具有许多的优点：第一，支持 256 色以内的图像，因此很容易在所有的 Web 页面上显示，而不必考虑浏览器的色彩功能；第二，可用许多具有同样大小的图像文件组成动画；第三，交错关联的文件在下载过程中即可呈现图像内容；第四，由于使用颜色少、高效率的压缩，GIF 图像比 TIFF 小；第五，无损压缩保持了原始图像的清晰度；第六，可以制作出背景透明的图像效果。

它的缺点：第一，某些 GIF 调色板的显示效果可能不好，即使在 256 色显示器下也是如此；第二，GIF 仅支持 256 种或更少的颜色，因此图像感官较差。

2．JPEG 格式

JPEG 格式是按联合照片专家组（Joint Photo Graphic Experts Group）制定的压缩标准产生的压缩格式，可以用不同的压缩比例对这种文件进行压缩，其压缩技术十分先进，对图像质量影响不大，因此可以用最少的磁盘空间得到较好的图像质量。由于它优异的性能，所以应用非常广泛，而在因特网上，它更是主流图形格式。

JPEG 格式是在目前因特网中最受欢迎的图像格式，JPEG 可支持多达 16 MB 颜色，因此它非常适用于摄影图像以及在 24 位颜色显示模式下工作的浏览器。JPEG 还具有调节图像质量的模式，允许用户选择高质量、几乎无损的压缩（文件尺寸相应较大）或低质量、丢失图像信息的有损压缩（但是图像文件规模小得多）。例如，利用 JPEG 最高的压缩比可以把 10 MB 的 TIFF 图像压缩至 200 KB。

然而，目前并非所有的浏览器都支持将各种 JPEG 图像插入网页，因此新的 Progressive JPEG（渐变 JPEG）格式——用于提供类似 GIF 的交错关联图像和更新的 Transparent JPEG（透明 JPEG）格式应当慎重选用。

JPEG 的优点：第一，它支持极高的压缩率，因此 JPEG 图像的下载速度大大加快；第二，它能够轻松地处理 16.8 MB 颜色，可以很好地再现全彩色的图像；第三，在对图像的压缩处理过程中，该图像格式允许用户自由地在最小文件尺寸（最低图像质量）和最大文件尺寸（最高图像质量）之间选择。

JPEG 的缺点：第一，目前并非所有的浏览器都支持将各种 JPEG 图像插入网页；第二，压缩时可能使图像的质量受到损失，因此不适宜用该格式来显示高清晰度的图像。

3．BMP 格式

BMP 格式在 Windows 环境下使用最为广泛，而且使用时最不容易出问题。最典型的应用 BMP 格式的程序就是 Windows 的画笔。文件几乎不压缩，占用磁盘空间较大，它的颜色存储格式有 1 位、4 位、8 位及 24 位，该格式是当今应用比较广泛的一种格式。但由于该格式文件尺寸相对来说比较大，所以只能应用在单机上，而在因特网上考虑到速度方面的因素，一般不使用该格式的图像。

4．PCX 格式

PCX 格式是 ZSOFT 公司在开发图像处理软件 Paintbrush 时开发的一种格式，存储格式从 1 位到 24 位，它是经过压缩的格式，占用磁盘空间较少。由于该格式出现的时间较长，并且具有压缩及全彩色的能力，所以 PCX 格式现在仍十分流行。

5．PSD 格式

PSD 格式是 Photoshop 软件存储的默认格式，支持 Photoshop 处理的任何内容（如图层、通道、色彩信息、文字等），支持无损压缩。所以，在编辑图像的过程中，通常将文件保存为 PSD 格式，以便于重新读取需要的信息。

6．TIFF 格式

TIFF 格式是由 Aldus 公司开发，具有跨平台的兼容性，在排版上得到广泛的应用，且是图像处理程序中所支持的最通用的文件格式。它具有保存剪贴路径、图层、Alpha 和专色通道、注释及其他一些选项。它最大的优点是图像不受操作平台的限制，主要是为了便于应用软件之间进行图像数据交换。大多数扫描仪都输出 TIFF 格式的图像文件。

7．PNG 格式

PNG（Portable Network Graphics）格式是专门为 Web 创造的，将 GIF 和 JPEG 最好的特性结合起来的格式。和 GIF 格式不同的是，PNG 格式并不限于 256 色，可支持 24 位图像，通过保存一个 Alpha 通道来定义透明区域，产生没有锯齿边缘的透明区域。PNG 格式支持灰度、索引颜色和 RGB 模式。

8．SVG 格式

SVG 是 Scalable Vector Graphics 的首字母缩写，其含义是可缩放的矢量图形。它是一种开放标准的矢量图形语言，可设计出高分辨率的 Web 图形页面。该软件提供了制作复杂元素的工具，如渐变、嵌入字体、透明效果、动画和滤镜等效果，并且可使用平常的字体命令插入到 HTML 编码中。开发 SVG 的目的是为 Web 提供非栅格的图像标准。

9．EPS 格式

EPS 格式是一种通用的行业标准格式，应用于绘图、排版和印刷，最大优点是可以在软件中以低分辨率预览，将插入的文件进行编辑排版，而在打印或出胶片时则以高分辨率输出，做到工作效率与图像输出质量两不误。

知识点 7.3.4　图形的分类

图形分位图图像和矢量图形两种类型。

位图图像：由像素组成的图像，每个像素都被分配一个特定位置和颜色值。在处理位图图像时，编辑的是像素而不是对象或形状，即编辑的是每一个点。位图图像的特点是颜色细腻，主要用于保存各种相片图像。但是，位图的缺点是文件占用的磁盘空间大并且与分辨率有关，将图像放大到一定程度后，图像将变得模糊。

矢量图形：由矢量定义的直线和曲线组成，图像保存时存储它的形状和填充特性，因此，它占用的磁盘空间小并且不会失真（即与分辨率无关），可以将它缩放到任意大小和以任意分辨率在输出设备上打印出来，都不会影响清晰度，因此，矢量图是创建编辑文字（尤其是小字）和线条图形（比如徽标）的最佳选择。

知识点 7.3.5　图形的色彩模式

RGB 色彩模式：RGB 分别代表 3 种颜色，R 代表红色，G 代表绿色，B 代表蓝色。这 3 种基本色按照不同的比例混合，可以得到大部分肉眼能见到的颜色。通常用于屏幕显示的图像都使用这种色彩模式进行编辑。

CMYK 色彩模式：一种用于印刷的模式。图像中每个像素都是由青色（C）、洋红（M）、黄色（Y）和黑色（K）按照不同的比例合成。每个像素的每种印刷油墨会被分配一个百分比值，最亮（高光）的颜色分配较低的印刷油墨颜色百分值，较暗（暗调）的颜色分配较高的百分值。

在 Photoshop 中，CMYK 色彩模式的图像中包含 4 个对应的通道。在制作用于印刷色打印的图像时要使用 CMYK 色彩模式，一般相片处理则使用 RGB 模式。这是因为 CMYK 模式的文件占用的磁盘空间大，并且很多滤镜不能使用。

LAB 色彩模式：LAB 模式的原型是由 CIE 协会制定的一个衡量颜色的标准，它是一个理论上包括了人眼可以看见的所有色彩的模式。LAB 色彩模式与设备无关，不管使用什么设备（如显示器、打印机或扫描仪）创建或输出图像，这种色彩模式产生的颜色都保持一致。

索引色彩模式：网上和动画中常用的图像模式，包含近 256 种颜色。索引颜色图像包含有一个颜色表，如果原图像中颜色不能用 256 色表现，则 Photoshop 会从颜色表中可使用的颜色中选出最相近的颜色来模拟这些颜色，这样可以减小图像文件尺寸。颜色表用来存放图像中的颜色，并为这些颜色建立颜色索引。

位图色彩模式：位图模式的图像只有黑色与白色两种像素组成，每一个像素用“位”来表示。“位”只有两种状态：“0”表示点，“1”表示无点。位图模式主要用于早期不能识别颜色和灰度的设备。如果需要表示灰度，则需要通过点的抖动来模拟。

灰度色彩模式：最多使用 256 级灰度来表现图像，图像中的每个像素有一个 0（黑色）～255（白色）的亮度值。灰度值也可以用油墨覆盖的百分比来表示（0%表示白色，100%表示黑色）。

在将彩色图像转灰度模式的图像时，Photoshop 会扔掉原图像中所有的色彩信息。与位图模式相比，灰度模式能够更好地表现高品质的图像效果。

知识点 7.3.6　动画

今天，网络图形已不再局限于平面和静止，动态和交互性使图形获得崭新的生命。动画的出现使网页、网站、网络广告更加吸引人。动画实际上是把几幅静止的图连续循环地播放。

动画也可以由不变的对象和变化的对象两部分组成。通常不变的对象是指背景之类，而变化的对象是通过变化而形成的对象。

网络广告中动画形式有 GIF 动画和 FLASH 动画，AVI 动画由于文件过于庞大，在网络广告中一般不使用。

1．动画文件格式

常用的动画文件格式有 GIF 格式、LIC（FLI / FLC）格式、SWF 格式。

GIF 格式：该格式在前面图像格式中已经介绍，它的特点是压缩比高，使其能在网络上大行其道。GIF 图像格式还增加了渐显方式，用户可以先看到图像的大致轮廓，然后随着传输过程的继续而逐步看清图像中的细节部分，从而适应了用户的“从朦胧到清楚”的观赏心理。目前因特网上大量采用的彩色动画文件多为这种格式的文件，也称为 GIF89a 格式文件。很多图像浏览器如 ACDSee 等，都可以直接观看该类动画文件。

LIC（FLI / FLC）格式：但凡玩过三维动画的人应该都熟悉这种格式。FLIC 文件格式由大名鼎鼎的 Autodesk 公司研制而成，在 Autodesk 公司出品的 Autodesk Animator、AnimatorPro 和 3D Studio 等动画制作软件中均采用了这种彩色动画文件格式。FLIC 是 FLC 和 FLI 的统称，FLI 是最初的基于 320×200 像素分辨率的动画文件格式，而 FLC 进一步扩展，它采用了更高效的数据压缩技术，所以具有比 FLI 更高的压缩比，其分辨率也有了不少提高。

SWF 格式（Flash 动画）：Flash 是一种动画（电影）编辑软件，实际上它是制作出的一种后缀名为.swf 的动画，这种格式的动画能用比较小的体积来表现丰富的多媒体形式，并且还可以与 HTML 文件达到一种“水乳交融”的境界。Flash 动画其实是一种“准”流（Stream）形式的文件，也就是说，在观看的时候，可以不必等到动画文件全部下载到本地再观看，而是随时可以观看，哪怕后面的内容还没有完全下载到硬盘，也可以欣赏动画。而且 Flash 动画是利用矢量技术制作的，不管用户将画面放大多少倍，画面仍然清晰流畅，质量一点也不会因此而降低。

2．动画文件的压缩

一个动画文件的制作与储存是相当耗费存储空间的，例如 1 分钟的 FLI 动画，若以 15 帧/s 来播放，就要占 57.6 MB 的存储空间。这就需要通过文件压缩来减少文件的存储空间，以下说明 FLI 和 FLC 格式所使用的压缩方法。

（1）行列间的信号压缩

因为动画的画面比较简单，常会有些同色的区域，因此可利用 Run-Length（简称 RL）压缩法，将一组重复色彩的像素点用两个数值表示，一个代表该组像素点的色彩值，另一个为该色彩值的出现次数。用 RL 的压缩方法，在单纯的背景下可得到 1 bit/p（每像素点只使用一个二进制位表示）的压缩效果。

（2）画面间的信号压缩

当画面与画面间的差异不是很大时，如果只记录画面间的差异信号，可省下不少的存储空间。对于同一背景的动画而言，这种方法可产生相当高的压缩比。

项目任务 7.4　网络广告声音和影像的使用

任务情境

2007 年，某机构为中华英才网量身定做的“找工作的超人撞墙篇”，这个广告频生异议。有人认为这个“超人撞墙篇”颇为集中地反映了国内机构策划的一种惯性思路：用巨大力度的声音与有视觉冲击力的画面，使广告直抵客户需求，并通过超长时间滚动重复播放以加深观众的印象。

任务要求

广告中如何使用声音？

知识点 7.4.1　网络广告的声音

声音是信息传播的一种基本形式，它利用人们的听觉器官来接收。

限于目前的带宽，声音在网络广告中的应用并不很普遍。声音的编码方式很多，主要有以下几种。

1．WAN

WAN 格式又称为波形（WAVE）声音文件，是 Microsoft 公司发展的格式。WAN 格式直接保存了对声音波形的采样数据，数据不经过压缩，所以其音质最好，但体积最大。而其他经过压缩的声音文件，都要在 WAN 基础上重新编码。WAN 格式支持 MSADPCM、

CCITT A Law、CCITT μLaw 和其他压缩算法，支持多种音频位数、采样频率和声道，是 PC 上最为流行的声音文件格式之一。

2．MOD

MOD 格式文件的扩展名为 MOD、ST3、XT、S3M、FAR、669 等。该格式的文件里存放乐谱和乐曲使用的各种音色样本，具有回放效果明确、音色种类无限等优点。但它也有一些致命弱点，以至于现在已经逐渐淘汰，目前只有 MOD 迷及一些游戏程序中尚在使用。

3．MP3

MP3 的全称是 MPEG Audio Layer-3，扩展名为 MP3，是现在最流行的声音文件格式之一，因其压缩率大，在网络可视电话通信方面应用广泛，但和 CD 唱片相比，音质并不令人满意。在网上有很多可以下载 MP3 的站点，还可以通过一些交换软件，如 Napster，进行音乐交换。不过由于音乐工业的强烈抵制（版权问题），这些服务都面临着关闭或改为收费服务的压力。播放 MP3 最出名的软件是 WinAMP。

4．RA

RA（Real Audio）是由 Real Networks 公司开发的，主要适用于网络上实时数字音频流技术的文件格式。由于它的面向目标是实时的网上传播，所以在高保真方面远远不如 MP3，但在只需要低保真的网络传播方面却无人能及。要播放 RA 需要使用 RealPlayer。和 MP3 相同，它也是为了解决网络传输带宽资源而设计的，因此主要目标是压缩比和容错性，其次才是音质。

5．CMF

CMF（Creative Musical Format）是 Creative 公司的专用音乐格式，和 MIDI 差不多，只是音色、效果上有些特色，专用于 FM 声卡，但其兼容性很差。

6．MID

MID 的文件名是 MIDI 文件，是目前最成熟的音乐格式之一，它实际上已经成为一种产业标准，其科学性、兼容性、复杂程度等各方面远远超过前面介绍的所有标准（除交响乐 CD、Unplug CD 外，其他 CD 往往都是利用 MIDI 制作出来的），它的 General MIDI 就是最常见的通行标准。MIDI 文件的优点是短小，一个 6 分多钟、有 16 个乐器的文件也只有 80KB 左右；缺点是播放效果因软、硬件而异。使用媒体播放机可以播放，但如果想有比较好的播放效果，计算机必须支持波表功能。目前大多数用户都使用软件波表，最出名的就是日本 YAMAHA 公司出品的 YAMAHA SXG。使用这一软波表进行播放，可以达到与真实乐器几乎一样的效果。

7．XM、S3M、STM、MOD、MTM 等

这些文件格式其实各不相同，但又都属于一个大类——Module（模块），简称 MOD。这种音乐格式曾经在网上风行一时，直至 MP3 的兴起才有所减退，但也还有一定的影响力。这种格式的特点是由类似于 MIDI 文件的乐谱、控制信息和具体的乐器音效数据组合而成的，因此体积适中，5 分钟的音乐在 300 KB～1 MB。最重要的一点是播放 MOD 文件只需要有 80386 处理器的计算机就可以，所以在当时的机器条件下是最流行的。编排良好的 MOD 文件播放效果一点也不比 MP3 差。WinAMP 支持上述格式的播放。

8．ASF、ASX、WMA、WAX 等

ASF 和 WMA 都是 Microsoft 公司针对 Real Networks 公司开发的新一代网上流式数字音

频压缩技术。这种压缩技术的特点是同时兼顾了保真度和网络传输需求，所以具有一定的先进性。也是由于微软的影响力，这种音频格式现在正获得越来越多的支持，可以使用 WinAMP 播放，另外也可以使用 Windows 的媒体播放机。

知识点 7.4.2　影像文件

如果网络广告能够充分利用影像，那么它与传统广告的差距则大大缩小。常用的影像文件格式有以下几种。

1．AVI

AVI 是音频视频交错（Audio Video Interleaved）的英文缩写，它是 Microsoft 公司开发的一种符合 RIFF 文件规范的数字音频与视频文件格式。AVI 格式允许视频和音频交错在一起同步播放，支持 256 色和 RLE 压缩，但 AVI 文件并未限定压缩标准，因此，AVI 文件格式只是作为控制界面上的标准，不具有兼容性。用不同压缩算法生成的 AVI 文件，必须使用相应的解压缩算法才能播放出来。

2．QuickTime 文件

QuickTime 是 Apple 计算机公司开发的一种音频、视频文件格式，用于保存音频和视频信息，具有先进的视频和音频功能。QuickTime 文件格式支持 25 位彩色，支持 RLE、JPEG 等领先的集成压缩技术，提供 150 多种视频效果，并配有提供了 200 多种 MIDI 兼容音响和设备的声音装置。新版的 QuickTime 进一步扩展了原有功能，包含了基于因特网应用的关键特性，能够通过因特网提供实时的数字化信息流、工作流与文件回放功能。此外，QuickTime 还采用了一种称为 QuickTime VR（QTVR）技术的虚拟现实（Virtual Reality，VR）技术，用户通过鼠标或键盘的交互式控制，可以观察某一地点周围 360° 的景象，或者从空间任何角度观察某一物体。QuickTime 以其领先的多媒体技术和跨平台特性、较小的存储空间要求、技术细节的独立性以及系统的高度开放性，得到业界的广泛认可，目前已成为数字媒体软件技术领域事实上的工业标准。国际标准化组织（ISO）就选择 QuickTime 文件格式作为开发 MPEG4 规范的统一数字媒体存储格式。

3．MPEG

MPEG 文件格式是运动图像压缩算法的国际标准，它采用有损压缩方法减少运动图像中的冗余信息，同时保证 30 帧/s 的图像动态刷新率，已被几乎所有的计算机平台共同支持。MPEG 标准包括 MPEG 视频、MPEG 音频和 MPEG 系统（视频、音频同步）3 个部分，MP3 音频文件就是 MPEG 音频的一个典型应用，而 Video CD（VCD）、Super VCD（SVCD）、DVD（Digital Versatile Disk）则是全面采用 MPEG 技术所产生出来的新型消费类电子产品。MPEG 压缩标准是针对运动图像而设计的，其基本方法：在单位时间内采集并保存第一帧信息，然后只存储其余帧相对第一帧发生变化的部分，从而达到压缩的目的。它主要采用两个基本压缩技术：运动补偿技术（预测编码和插补码）实现时间上的压缩；变换域（离散余弦变换 DCT）压缩技术实现空间上的压缩。MPEG 的平均压缩比为 50∶1，最高可达 200∶1，压缩效率非常高，同时图像和音响的质量也非常好，并且在计算机上有统一的标准格式，兼容性相当好。

4．RealVideo

RealVideo 文件是 RealNetworks 公司开发的一种新型流式视频文件格式，主要用来在低速率的广域网上实时传输活动视频影像，可以根据网络数据传输速率的不同而采用不同的压缩比率，从而实现影像数据的实时传送和实时播放。RealVideo 除了可以以普通的视频文件形式播放之外，还可以与 RealServer 服务器相配合，在数据传输过程中边下载边播放视频影像，而不必像大多数视频文件那样，必须先下载然后才能播放。目前，因特网上已有不少网站利用 RealVideo 技术进行重大事件的实况转播。

补充材料

中西文化差异在广告中的体现

中国文化以儒家文化为核心，西方文化则以基督教文化为主流。中西文化差异主要表现为：西方文化以个人为本位，中国文化以群体为本位。在广告中具体表现为以下几个方面：

1）价值取向不同。中国文化是典型的以群体主义为重心的价值取向的文化，因此中国的广告大多都强调整体，突出家庭和亲情。比如“孔府家酒”广告，“孔府家酒，让人想家”的诉求深深打动中国人传统的“思家和叶落归根”的乡愁情绪，从而大获成功。而西方广告体现的是典型的以个人为重心的价值取向，表现在广告中就是突出以自我为中心的文化，重视个性的张扬和表现，如耐克广告，“Just do it”（想做就做）、“I can”（我能）。耐克广告之所以能够获得如此大的成功，是因为它标榜个人奋斗、实现自我的品牌精神实际上是和西方人骨子里的个人主义价值观暗自契合的，所以很容易引起共鸣。

2）思维方式存在差异。中国文化习惯于含蓄而委婉的表达方式，善于营造写意氛围。表现在广告中是先做好渲染铺垫，逐步引向主题，最后在高潮中含蓄地升华出中心。雕牌洗衣粉广告通过描绘母亲下岗后四处找工作渲染出一种生活艰辛的场景，母亲回家看到孩子的字条“妈妈，我能帮您干活了”感动得流下了眼泪，直到此时才打出产品的名称“雕牌洗衣粉”。广告中把感情因素注入到产品中，让人们记住了充满人情味的“雕牌”。西方人的思维方式是直线式的，他们表达感情的方式通常也是非常直率的，如美国贝尔电话公司的广告。一天晚上，一对老夫妇正在用餐，电话铃响，老妇人去另一个房间接电话。回来后，老先生问：“谁的电话?”老妇人回答：“女儿打来的，说她爱我们。”两人顿时相对无言，激动不已。这时出现旁白：“用电话传递你的爱吧!”西方人这种直接表达感情的方式与中国人含蓄间接的文化特质有着明显不同。

（资料来源：http://www.docin.com）

课堂思考

如果你问我，这世界上最重要的一部车是什么，那绝不是你在街上所能看得到的。30 年前，我 5 岁。那一年，我发高烧，村里没有医院，爸爸背着我走过山，越过水，从村里到医院，爸爸的汗水湿遍了整个肩膀。我觉得这世界上最重要的一部车是爸爸的肩膀。今天，我买了一部车，我第一个想做的是：“爸爸，我载你去看看”。“中华汽车，永远向爸爸的肩膀看齐。”——中国台湾中华汽车广告词。

一日千里，合和二升、三羊开泰、四季发财、五福同享、六六大顺、七夕相会、八仙过海、天长地久、十全十美——齐民思酒广告词。

你觉得上面两个广告词如何？

习题

一、单选题

1．网络广告（　　）是指网络广告中用以表达广告主题和创意的语言文字。

A．文案　B．图形图像　C．声音　D．标题

2．（　　）是所有网络广告的灵魂和主体，是网络广告制作的蓝图。

A．文案　B．图形图像　C．声音　D．标题

3．（　　）是广告的题目，是表现主题的短句。

A．文案　B．图形图像　C．声音　D．标题

4．网络广告（　　）必须能够抓住商品的目标对象，特别引起他们的注意。

A．标题　B．标语　C．正文　D．随文

5．权威认可的是（　　）字的标题的广告效果最佳。

A．6～12　B．15～20　C．6　D．14～24

6．网络广告（　　）是网络广告文案的中心内容。

A．标题　B．标语　C．正文　D．随文

7．一般而言，适用于女用化妆品、饰品、日常生活用品、服务业等主题，广告文字设计风格为（　　）。

A．秀丽柔美　B．稳重挺拔

C．活泼有趣　D．苍劲古朴

8．（　　）格式图像仅支持256种或更少的颜色，感官较差。

A．GIF　B．JPEG　C．BMP　D．PSD

9．行距的常规比例为（　　）。

A．10:12　B．10:14　C．6:3　D．10:16

10．从字体排列方式看，（　　）可以使字群形成方方正正的面，显得端正、严谨、美观。

A．两端均齐　B．居中排列

C．左对齐或右对齐　D．绕图排列

二、多选题

1．一般而言，网络广告文案由（　　）等组成。

A．标题　B．标语　C．正文　D．随文

2．广告标语创作的原则是（　　）。

A．简洁明了　B．朗朗上口　C．阐明利益　D．经久耐用

3．根据文字字体的特性和使用类型，文字的设计风格大约可以分为（　　）几种。

A．秀丽柔美　B．稳重挺拔　C．活泼有趣　D．苍劲古朴

4．常用的动画文件格式有（　　）。

A．GIF格式　B．LIC（FLI / FLC）格式

C．SWF格式　D．JPEG格式

5．一般而言，一个完整、全面的网络广告大多由（　　）等几部分组成。

A．文字　　B．图形图像　　C．声音　　D．标题

三、名词解释

广告语　广告标题

四、简述题

如何进行网络广告文案的撰写？

五、案例题

2004 年上半年，在全球范围内，大众汽车集团的销量同比增长 1.7%，由上年的 247.3 万辆增至今年的 251.6 万辆。营业额同比提高 7.3%，达到 459.4 亿欧元。与全球的较好形势相比，大众在中国的业绩却并不乐观。50%、40%、30.8%，德国大众品牌在中国轿车市场的占有率在逐年下降。2004 年上半年，大众在中国的两个合作伙伴上海大众和一汽大众的市场表现都难以令人满意，上海大众上半年共销售 17.9 万辆，一汽大众的销量近 13 万辆，南北大众的总销量为 30.9 万辆，与 2003 年销量近 70 万辆的一半 35 万辆相比，还有一定距离。如果仅从竞争者增多的角度考虑倒也正常，但新增消费群的严重流失却让德国大众夜不能寐。

如何摆脱大众在中国的困境呢？举措之一就是全面收权。

大众集团认为，中国业务之所以表现不佳，南北两个大众在资源和市场运作上缺乏统一性是主要原因。尽管双方不能在机构上进行整合，但在实质业务方面，凡是德方有决策权的经营工作今后都应该整合起来。比如，广告和公关要统一，然后是开发、采购和营销要尽可能放到一起，价格也要统一起来。

大众（中国）投资有限公司正式更名为大众（中国）之后，大众在华最高负责人雷斯能对记者说过这样一番话："原来一汽大众和上海大众两个厂各自进行采购，今后这一业务将由大众（中国）副总裁柯鲁迪负责，他有权决定大众在中国采购什么样的部件。技术开发工作由副总裁施乐德负责，销售由韩尼克副总裁决定。所有大众在中国的决定都由北京方面最终做出。"

北京车展之后，大众携两个合作伙伴推出了"携手奥运"计划，对旗下的 8 大品牌 40 多款车型进行大幅降价，随后大众汽车的销量有了大幅增长，7 月份上海大众的销量跃升至 2.7 万辆，一汽大众的销量也增至 2.2 万辆，重新夺回销售排行榜冠亚军的宝座。

来到中国市场已有 20 年的大众汽车又发动了一场大规模的市场促销攻势，一个投资近 2000 万元的大众汽车品牌形象广告片"中国路大众心"已在中央电视台开播，同时同样的广告也登录中国各大网站，这是德国大众、一汽大众和上海大众三家联手推出的大众汽车品牌形象广告。大众欲以这种豪华的方式来诠释它的中国情结。

在网络广告中，大众同样延续了电视片的核心思想和表现手法。广告一开始，白色的背景上出现了明暗不同、大小不同的中国书法字"忠诚，心为本"如图 7-12 所示。接着小字渐渐隐去，图形上只留下一个"忠"字，然后"立志，先立心"出现在"忠"的上方，如图 7-13 所示。同样是"志"字保留，其他字消失，接着在"智慧，心境界；悠由，心自在；感，由心生；恣情心奔放"等不同语句中留下了"慧、悠、感、恣"等字，如图 7-14 所示。接着在它们的周围依次出现了 29 个带有"心"的字，如图 7-15 所示。然后在它的中心"爱"的地方出现一个"心"字，其他字消失，如图 7-16 所示。随后，"有多少心""用多少

心”相继出现，最后“中国路，大众心”出现，如图 7-17 所示。

图 7-12　一汽大众的广告截图 1

图 7-13　一汽大众的广告截图 2

图 7-14　一汽大众的广告截图 3

图 7-15　一汽大众的广告截图 4

惹想意志忍思聰
恩忠恳思悠德愿
愛意感愛念慧惹
聰恩悉恣忍想態
惠德念惠志恳悉

图 7-16　一汽大众的广告截图 5

中国路　大众心

图 7-17　一汽大众的广告截图 6

到此，我们可以发现，在广告图形中不时出现用书法形式写就的汉字，而这些汉字都有一个共同的特点，那就是“心”字底。为什么一个汽车品牌广告中会出现那么多带“心”字底的汉字呢？这些汉字与大众汽车全新的品牌主张“中国路 大众心”又有什么内在关联呢？大众汽车集团（中国）销售市场执行副总裁韩尼克先生说，在中国文化中，这些带“心”字底的汉字，都可以用来表现那些非常美好的品质和精神，这就是“大众心”的体现。“大众心”不仅是大众汽车追求完美、不断创新和持之以恒的造车之心，更是大众汽车对广大中国用户的赤诚之心。“有多少心，用多少心”，不仅是大众的承诺，更传达了大众汽车始终与中国消费者心心相印，正全心倾注于为中国消费者制造更多的好车，提供更多的优质服务。

广告中出现的每一个汉字都以书法的形式来表现，不仅仅是出于对创意的追求。事实上，广告在更深层面上是为了表达大众汽车在与中国共同发展的 20 年中，已经融入中国人生活的方方面面，与中国文化水乳交融。

和电视广告一样，歌曲同样采用了全球炙手可热的演唱组合 HANSON 的《I will come to you》，歌词为：

I will come to you
When you have no light to guide you
And no one to walk to walk beside you
I will come to you
Oh I will come to you

When the night is dark and stormy
You won't have to reach out for me
I will come to you
Oh I will come to you
Sometimes when all your dreams may have seen better days
And you don't know how or why，but you've lost your way
Have no fear when your tears are fallin'
I will hear your spirit callin'
And I swear I'll be there come what may
Cause even if we can't be together
We'll be friends now and forever
And I swear that I'll be there come what may
When the night is dark and stormy
You won't have to reach out for me
I will come to you
Oh I will come to you
We all need somebody we can turn to
Someone who'll always understand
So if you feel that your soul is dyin'
And you need the strength to keep tryin'
I'll reach out and take your hand

案例讨论

1. 你认为广告整个设计如何？
2. 你认为大众品牌整合将会出现什么效果？

六、操作题

为某一产品撰写广告文案。

学习情境八　制作网络广告作品

网络广告设计制作是一件综合性较强的工作，它需要美术设计和 Web 技术方面的知识。从具体制作的角度上来看，往往也需要多种软件的综合应用。无论是网页设计制作或者是网页中广告的制作，通常都是利用一些应用工具软件来完成的。在制作过程中，要用到图形图像处理方面的工具软件、网页动画的设计生成软件、网页制作软件等各式各样的工具软件。

本部分主要从软件用途、性能和特点，操作主界面以及比较的角度介绍一些有代表性的、主流的工具软件，以便使读者在进行网络广告设计制作时，对各种工具软件能方便准确地进行选用。

项目任务 8.1　图像处理软件的使用

任务情境

某牛奶公司为促进销售，决定以活力为主题进行广告宣传，具体创意如图 8-1 所示。

图 8-1　牛奶广告

任务要求

如何利用 Photoshop 制作此广告？

知识点 8.1.1　Photoshop

1．软件介绍

Photoshop 是 Adobe 公司开发的位图处理软件，它的应用十分广泛，不论是 3D 动画、平面设计、数码艺术、网页制作、矢量绘图、多媒体制作还是桌面排版，Photoshop 在每一个领域都发挥着不可替代的重要作用，它具有完整全面的图像处理功能，利用它可以设计一个全新的图像世界。

Photoshop 还具有较强的图层控制功能，利用图层管理功能可以将图层组织成一个图层集，以便管理上百个图层中的元素。用户可以同时在一个高效对话框中指定多种图层设定，包括图层效果、混合模式、透明和其他设定来创作优秀的合成效果，这些效果在商业广告、电影海报、宣传册上都能得到充分的体现。该软件界面如图 8-2 所示。

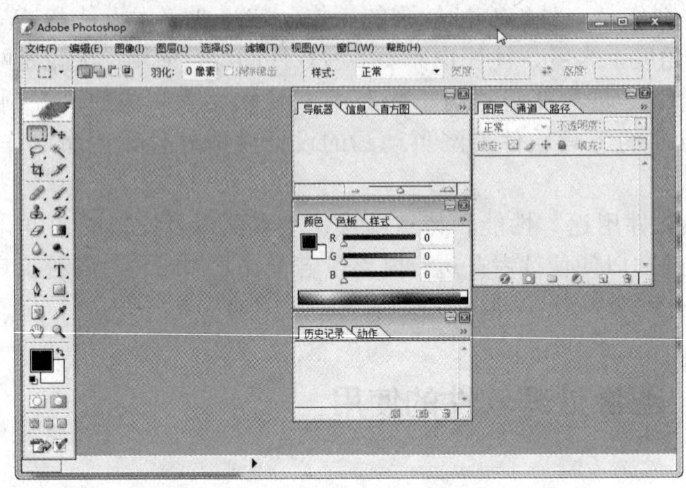

图 8-2　Photoshop 软件界面

2．制作实例——制作海报广告

步骤如下：

1）选择【文件】→【打开】命令，打开任意一张素材，如图 8-3 所示。

图 8-3　打开素材文件

2）选择矩形选区工具选取一个矩形选区，如图 8-4 所示。按〈Ctrl+J〉组合键复制背景图层，得图层 1。

图 8-4　选取矩形选区

3）对图层 1 选择【图像】→【调整】→【色彩平衡】命令（快捷键为〈Ctrl+B〉），数值为“色阶：100，-100，-100”，其他参数为默认，如图 8-5 所示。

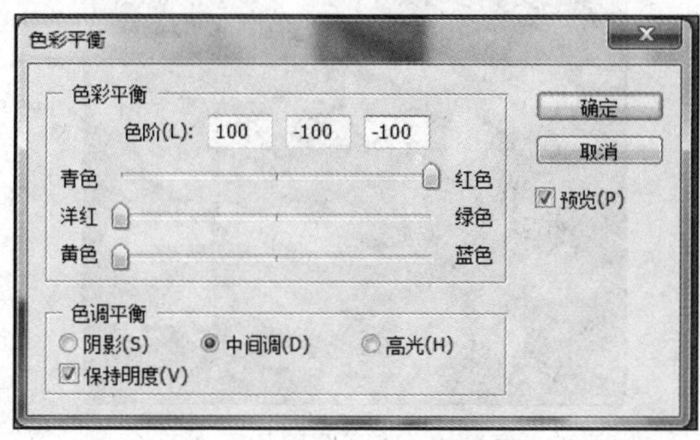

图 8-5　图层调色

4）在【图层面板】不透明度位置处不透明度: 100%调整新图层的不透明度为 30%，得到效果如图 8-6 所示。

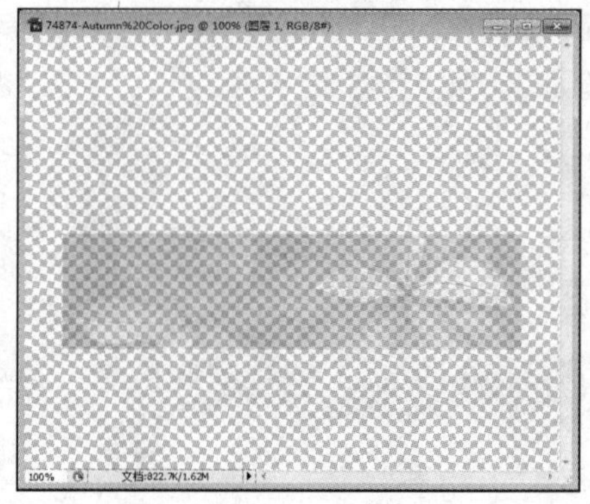

图 8-6　设置图层不透明度

5）分别制作另外 3 个图案。选中背景图层，再重复执行第 2 步，选区的图层位置 1 如图 8-7 所示，选区的图层位置 2 如图 8-8 所示，选区的图层位置 3 如图 8-9 所示，分别复制出图层 2、图层 3 和图层 4。重复第 3 步，色彩平衡参数值分别设置为“图层 2 色阶：-100，100，100”“图层 3 色阶：-100，100，-100”“图层 4 色阶：-100，-100，100”，3 个图层的不透明度都改为 30%。

图 8-7　选区图层位置 1

图 8-8　选区图层位置 2

图 8-9　选区图层位置 3

6）制作白色底层。选中背景图层，单击“创建新图层”按钮，在背景图层上方新建“图层 5”，按〈D〉键，将前景色和背景色复位。按〈Ctrl+Delete〉组合键填充白色，制作效果如图 8-10 所示。

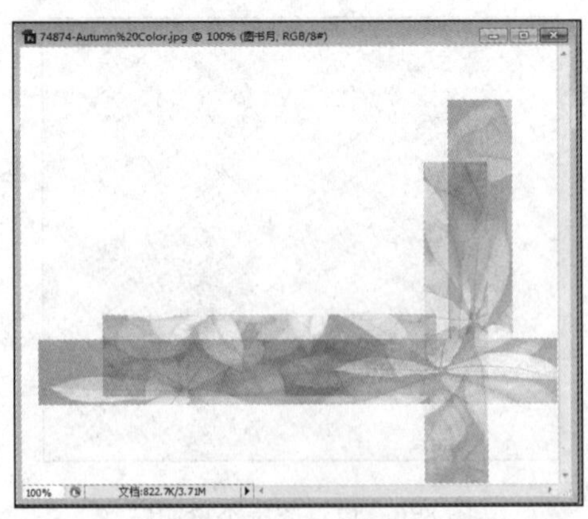

图 8-10　添加白色底层

7）使用文字工具输入文字。大字字号为172点，小字字号为60点，最终效果如图8-11所示。

图8-11　最终效果图

知识点 8.1.2　CorelDRAW

1．软件介绍

CorelDRAW是Corel公司推出的一款非常优秀的矢量图形设计软件。它以编辑方式简便实用、所支持的素材格式广泛等优势，受到众多图形绘制人员、平面设计人员和爱好者的青睐，曾经多次被用户评选为桌面排版之王。CorelDRAW 同时也是一个功能齐全、效果卓越的图形图像处理软件包，它的特长是制作LOGO、卡通画及图文排版等工作。

与矢量图处理软件CorelDRAW相比，Photoshop软件针对像素进行操作，在光影、材质等方面有着非凡表现，但却受分辨率的限制，并且在对轮廓的制作和编辑等方面不如矢量软件方便；矢量软件的优势在于操作控制简便、灵活、快捷，并且制作效果几乎可以与位图处理软件媲美。CorelDRAW软件界面如图8-12所示。

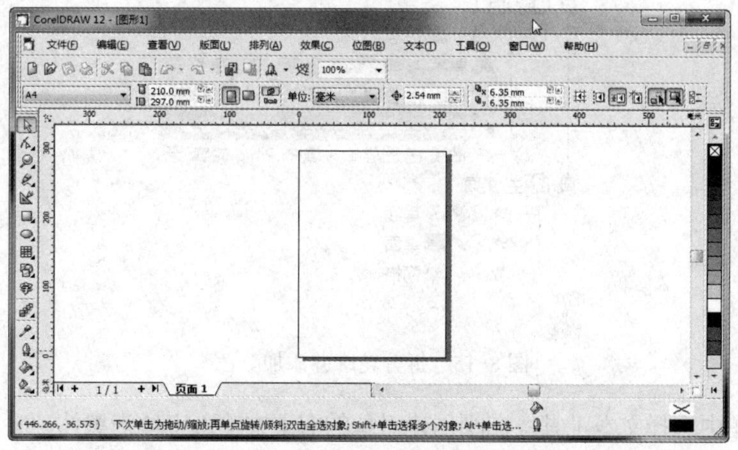

图8-12　CorelDRAW软件界面

2．应用实例——LOGO 设计

1）新建一个横向画面，选择工具箱中的文本工具，在属性栏中将【字体类型】设置为华文新魏，将【字体大小】设置为 100 pt，在画面中输入文本，将其填充为“天蓝色”，并取消轮廓线的填充，如图 8-13 所示。

2）执行菜单栏中的【效果】→【轮廓图】命令，打开轮廓图泊坞窗，选择【向外】添加轮廓的方式，然后设置“偏移”为 3.6 mm，“步长”为 3，如图 8-14 所示，单击【应用】按钮。

图 8-13　添加文字效果

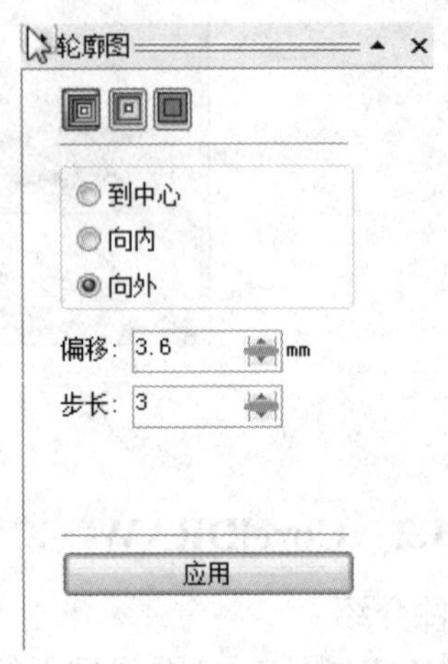

图 8-14　添加轮廓

3）按〈Ctrl+K〉组合键拆分添加轮廓特效后的文本对象，再按〈Ctrl+U〉组合键取消对象群组，打开对象管理器泊坞窗，此时可以看到原来的对象被分解为 4 个轮廓对象，从上到下将曲线添加“黄色”“绿色”“粉色”，如图 8-15 所示。

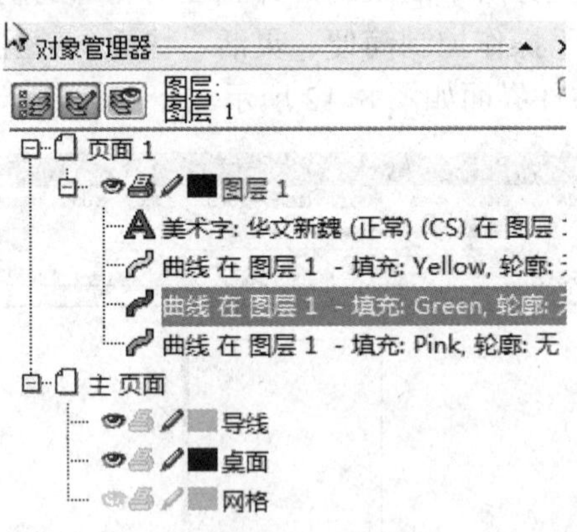

图 8-15　拆分轮廓并添加颜色

4）在工具箱中选择文本工具，在刚创建对象的右下方输入字体为黑体、大小为 24 pt 的文本，内容为“乒羽用品专卖店”，将其填充为“黑色”，并取消其轮廓线的填充。按〈Ctrl+A〉组合键选中画面中所有对象，按〈Ctrl+G〉组合键将选择的对象群组，如图 8-16 所示。

图 8-16　输入文本并群组

知识点 8.1.3　Fireworks

1．软件特点

Fireworks 是专门针对 Web 图像设计而开发的软件工具，既可以编辑 Web 图像，又可以编辑 Web 动画，同时还可以将位图处理与矢量处理合二为一。

Fireworks 同 Adobe 公司的其他产品高度集成，能够自由地导入各种图像和文本文件，比如它可以和 Dreamweaver 进行完美的结合。Fireworks 能够自动切图、生成鼠标动态感应的 JavaScript 等功能。该软件界面如图 8-17 所示。

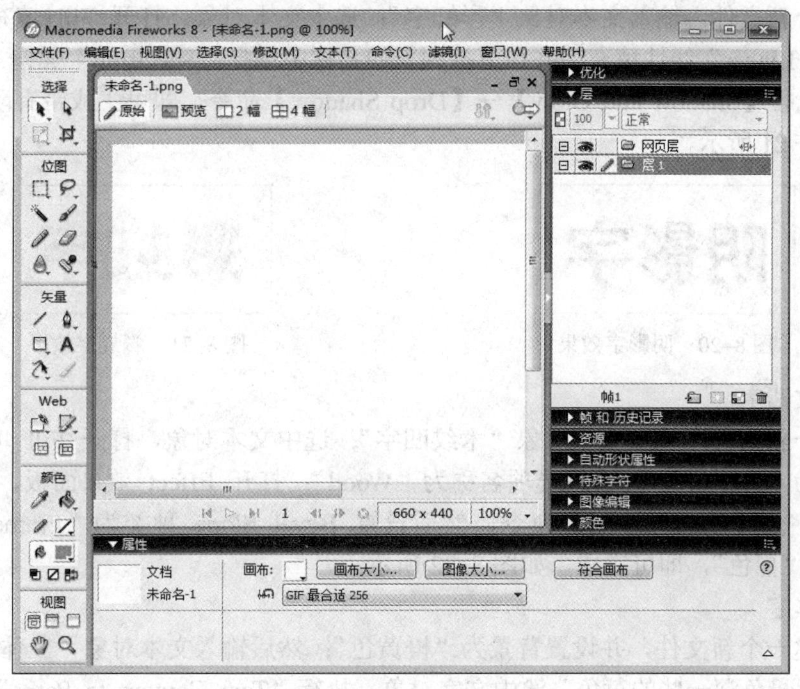

图 8-17　Fireworks 软件界面

2．制作实例——8 种特效字

（1）光晕字

创建一个新文件，单击工具栏的文本工具“A”，在文本输入工具框中输入白色文字

“光晕字特效”，然后设置字体、字号以及字的颜色后，单击“OK”按钮；选中文本对象，在 Stroke 控制面板上选择“Air Brush”工具，设置笔尖值为 10；然后在 Fill 面板上将填充效果设置为“None”，即可生成光晕字效果，如图 8-18 所示。

（2）渐变字

创建一个新文件，输入文本对象“渐变字”。打开 Stroke 面板，设置笔画为“None”；打开 Fill 面板，设置填充类别为“Linear”线性填充效果，并在填充名称下拉列表中选择“Black，White”，即可生成渐变字效果，如图 8-19 所示。

图 8-18　光晕字效果

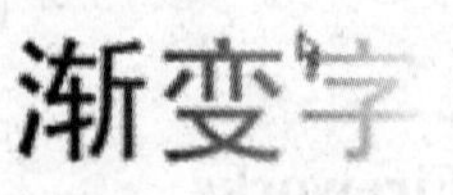

图 8-19　渐变字效果

（3）阴影字

创建新文件，输入文本对象“阴影字”；然后选中文本对象，执行【Window】→【Effect】命令打开 Effect 效果面板，选择默认特效效果“Use Defaults”选项面板上的“Inner Bevel”和“Drop Shadow”选项，即可生成阴影字效果，如图 8-20 所示。

（4）彩虹字

创建一个新文件，输入文本对象“彩虹字”；选中文本对象，打开 Fill 填充面板，设置填充效果为“Linear”线性填充，并在下拉列表的名称中选择“Spectrum”光谱；打开 Effect 效果面板，执行【Shadow and Glow】→【Drop Shadow】命令，即可生成带有阴影效果的彩虹字，如图 8-21 所示。

图 8-20　阴影字效果

图 8-21　彩虹字效果

（5）木纹凹字

创建一个新文件，输入文本对象“木纹凹字”；选中文本对象，打开 Fill 填充面板，设置填充种类为“Pattern”，并设置选项名称为“Wood”；打开 Effect 效果面板，执行【Bevel and Emboss】→【Outer Bevel】命令，然后设置 Bevel Slope 种类为“Frame2”，大小为“5”，颜色为“黑色”，即可完成，如图 8-22 所示。

（6）立体字

首先创建一个新文件，并设置背景为“橙黄色”；然后输入文本对象“立体字”，设置字体颜色为比背景色深一些的黄色；选中文字对象，执行“Text Convert to Paths”命令将文字转换成路径；执行【Modify】→【Ungroup】命令打散后，然后再执行【Modify】→【Join】命令合并路径；打开 Fill 填充面板，选择填充方式为“Rectangle”，将文字填充为渐变色；最后切换到 Effect 效果面板，选择执行【Adjust Color】→【Brightness】→【Contrast】命令，对文字的渐变色亮度设置为 25，对比度的值设置为 40；然后选择执行【Bevel and

Emboss】→【Outer Bevel】命令，给文字加上三维效果，设置颜色为黑色，厚度为 5，对比度为 100%，光照角度为 135。完成后执行【Shadow and Glow】→【Drop Shadow】命令，为文字增加阴影效果后，即可完成设计，如图 8-23 所示。

图 8-22 木纹凹字效果

图 8-23 立体字效果

（7）弧形字

首先创建一个新文件，然后输入文本对象“弧形文字效果”；然后用直线工具在画面上画一条直线；选择钢笔工具（Pen Tool）并移动光标到直线上，当光标下方带有一个小加号的时候，按住鼠标左键并拖动，使直线成为一条弧形形状的线条；同时选中直线和文字，执行【Text】→【Attach to Path】命令，此时就可以将文字附到弧形路径上，从而实现弧形文字效果，如图 8-24 所示。

（8）冰雪字

执行菜单【File】→【New】命令新建一个文件，设置背景色为浅灰色；然后选择工具栏中的文字工具，输入文字“冰雪字效果”，设置字体为黑体、字号为 50，字色为黑色；选择文字对象，打开 Stroke 面板，选择边线类型为“Basic”，名称为“Soft Rounded”，笔触大小为 2，并设置描边颜色为白色；打开 Fill 填充面板，设置填充类型为“Linear”线性填充，然后单击“Edit”按钮编辑渐变颜色，调整颜色渐变方向；打开 Effect 效果面板，选择执行【Shadow and Glow】→【Inner Glow】命令，设置内发光的颜色为天蓝色；选择执行【Adjust Color】→【Brightness】→【Contrast】命令，在打开的对话框中，设置“Brightness”值为 1，“Contrast”值为 30；然后再执行【Shadow and Glow】→【Drop Shadow】命令增加阴影效果，并在“Drop Shadow”参数设置对话框中，设置阴影大小为 6，透明度为 65%，柔化度为 4，角度为 315，阴影颜色值为浅蓝色，即得到冰雪字效果，如图 8-25 所示。

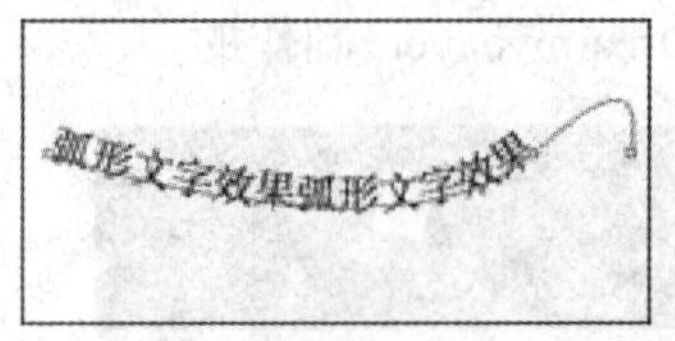

图 8-24 弧形文字效果

图 8-25 冰雪字效果

项目任务 8.2 网页设计软件的使用

任务情境

插页广告是随着网页打开而出现的广告，它较好地利用人们打开网站的空暇时间，但使用不当容易引起人们的反感。

任务要求

1. 如何减少人们对插页广告的抵触情绪？
2. 制作一个插页广告。

知识点 8.2.1 Dreamweaver

Dreamweaver 软件提供了网站设计、开发以及维护的整套专业标准解决方案，为网络开发人员、网站建设者以及网络设计人员提供了完善的、易于扩展的内容编辑平台。个人及团队在进行网页静、动态内容编辑，以及设计数据库驱动的网页时将可以大大提高工作效率。可视化的设计使网页设计变得十分直观，并可实现动态网页和 CSS 样式、HTML 样式设计功能，其所现即得和方便的浮动面板设计使它更胜于其他软件。该软件界面如图 8-26 所示。

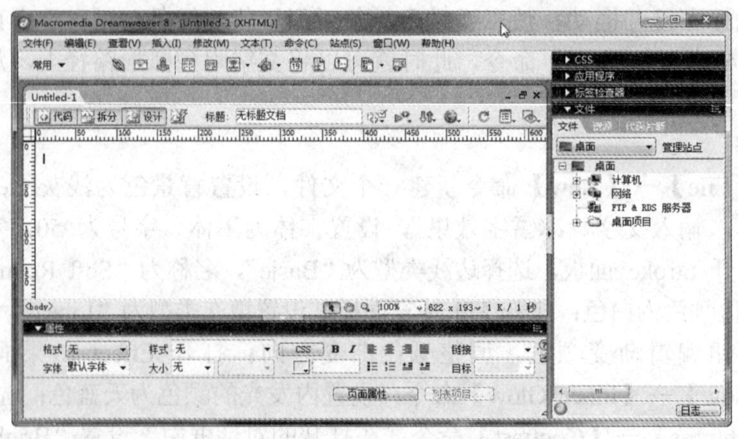

图 8-26 Dreamweaver 软件界面

知识点 8.2.2 制作实例——“慕衣阁”网店页面

如图 8-27 所示，“慕衣阁”网店页面是使用 Dreamweaver 制作的。

图 8-27 “慕衣阁”网店页面

项目任务 8.3　动画广告的制作

任务情境

动画广告是网络广告中经常使用的一种广告类型，“慕衣阁”（北京青年政治学院学生制作）网店，主要经营服装。

任务要求

根据经营特点，制作一副广告。

知识点 8.3.1　Flash

Flash 是美国 Macromedia 公司所设计的一种二维动画软件。它是基于矢量图像的动画编辑软件，将音乐、动画声效交互式地融合在一起，它采用流式播放技术使动画可以边播放边下载，从而缓解了网页浏览者焦急等待的情绪。另外它通过使用关键帧和图符使得所生成的动画文件非常小，用在网页设计上不仅可以使网页更加生动，而且小巧玲珑、下载迅速，使得动画可以在打开网页很短的时间里就得以播放。

因此，Flash 技术至今已成为网络多媒体的既定标准，在互联网中得到了广泛的应用，如随处可见的网站进入片头动画、网站广告、Banner 广告条、MTV 动漫以及 Flash 游戏等。越来越多的人已经把 Flash 作为网页动画设计的首选工具，该软件界面如图 8-28 所示。

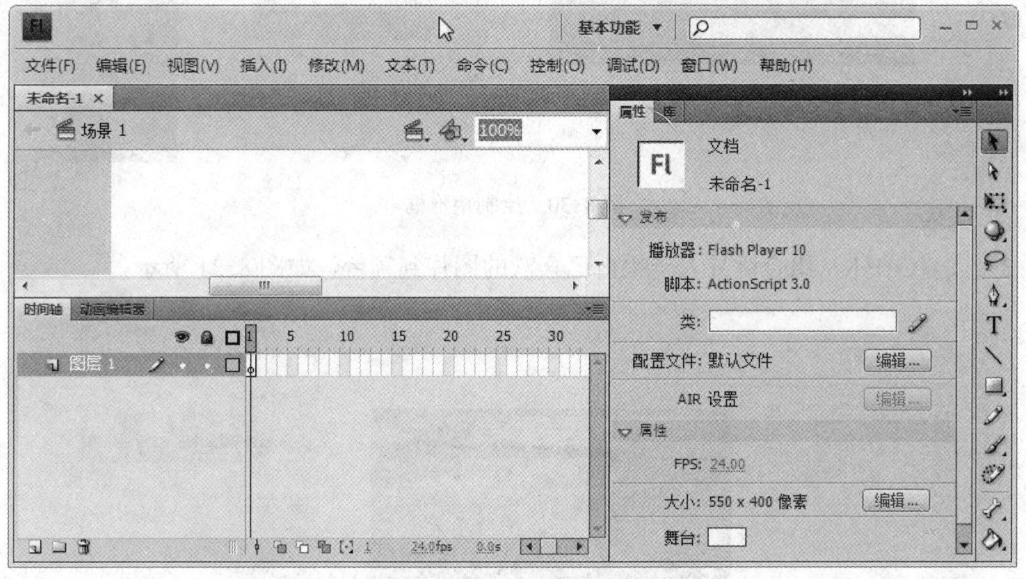

图 8-28　Flash 软件界面

知识点 8.3.2　制作实例——卷轴动画

1）打开 Flash 软件，新建一个文件，如图 8-29 所示。

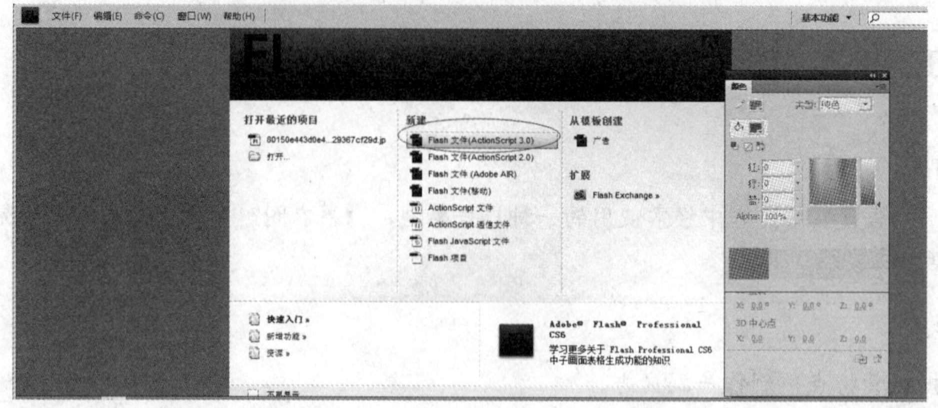

图 8-29　新建文件

2）新建一个默认大小的 Flash 文档，用矩形工具画一个矩形，轮廓宽度为 400，高度 200，填充色为#666666，如图 8-30 所示。

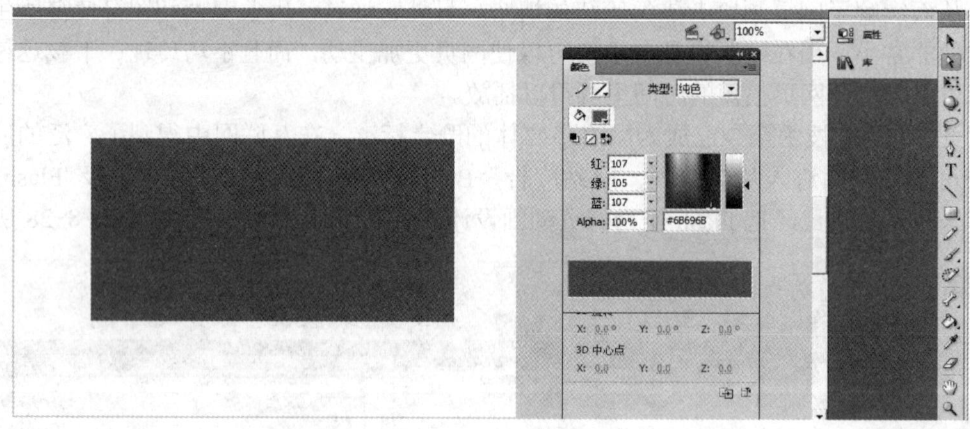

图 8-30　绘制矩形框

3）按〈Ctrl+R〉组合键导入一幅自己喜欢的图片到舞台，如图 8-31 所示。

图 8-31　导入图片

4）画卷轴。用矩形工具画一个细长的矩形，在颜色面板中将填充设为如下线性渐变，两端色块为#98B498，中间为白色，如图 8-32 所示。再用矩形工具画一个黑色的细长矩形，将两个矩形放在一起并居中对齐，如图 8-33 所示。然后将卷轴创建为元件，命名为卷轴，如图 8-34 所示。

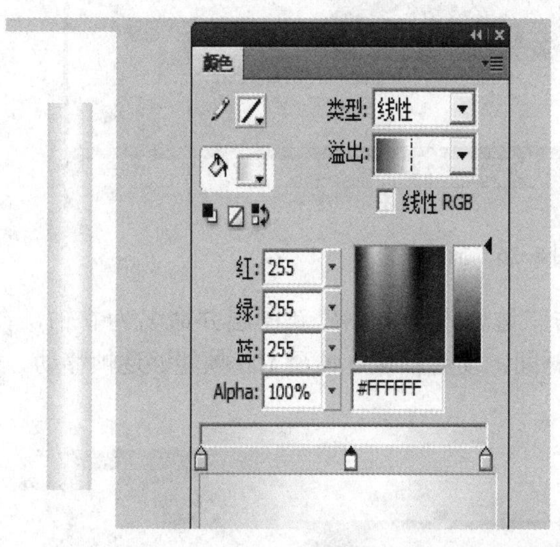

图 8-32　绘制轴杆

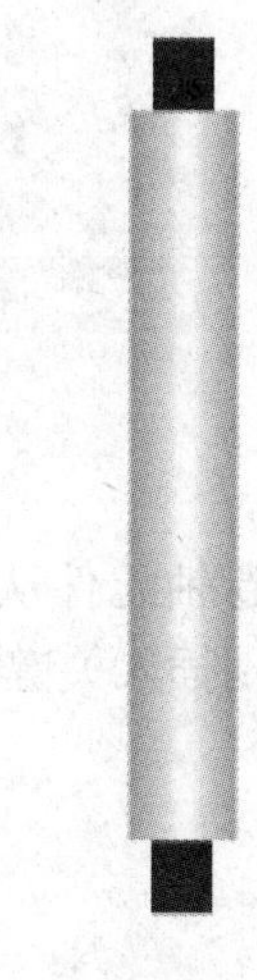

图 8-33　绘制卷轴

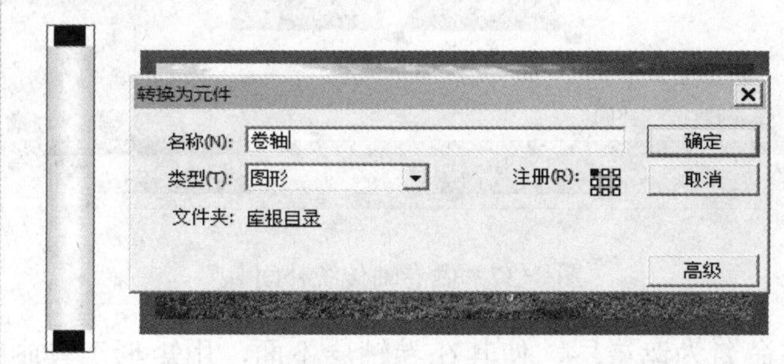

图 8-34　将卷轴转换为元件

5）选中画好的卷轴，按住〈Alt〉键水平拖动就能复制出另外一根，将它们并排放在图画的一端，如图 8-35 所示。

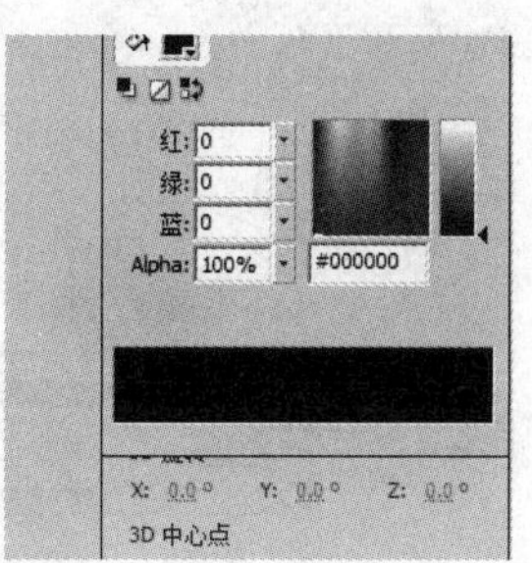

图 8-35　复制卷轴

6）将背景图片和单一卷轴合并，并在100帧处插入关键帧，如图8-36所示。

图8-36 插入关键帧

7）将卷轴元件从库中调取使其与左边轴重合，创建新图层并命名为卷轴，在0帧和100帧上分别插入关键帧，并创建传统补间，使卷轴从0帧至100帧能够逐帧移动。如图8-37所示。

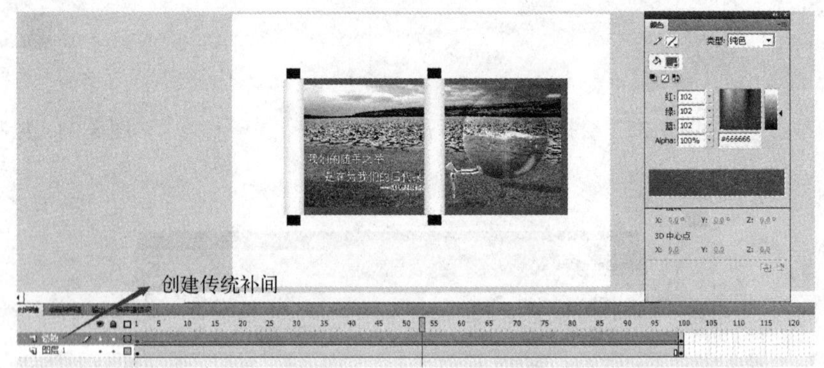

图8-37 做卷轴传统补间

8）创建新图层并命名为遮罩层，使其在卷轴层下面，用矩形工具画一个白色的大矩形放在这根卷轴的下面，矩形要大到盖住下面的图画。如图8-38所示。

图8-38 创建遮罩层

9）在 0 帧将遮罩层拉至右卷轴的最左端，如图 8-39 所示。在 100 帧处插入关键帧，将矩形放至如图 8-39 所示，并创建传统补间。

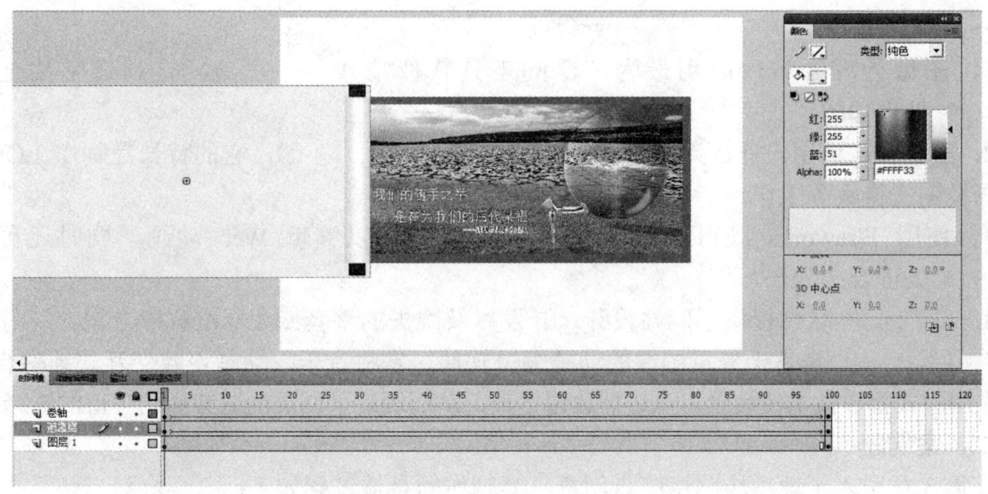

图 8-39 创建遮罩层补间动画

10）在遮罩层单击鼠标右键将遮罩层勾选，使其显示如图 8-40 所示。

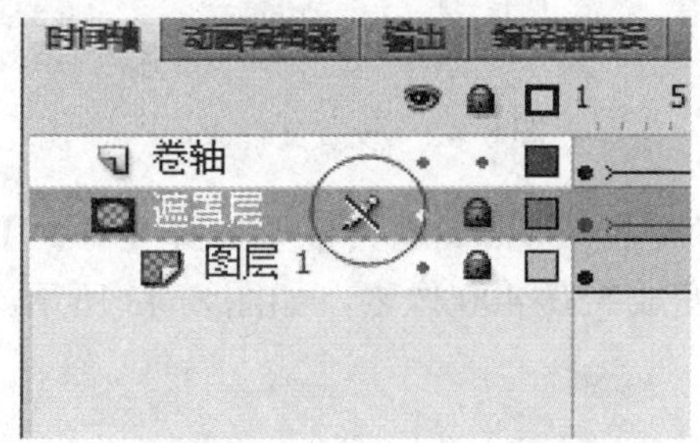

图 8-40 右键勾选遮罩层

11）然后按〈Ctrl+Enter〉组合键测试影片，完成效果如图 8-41 所示。

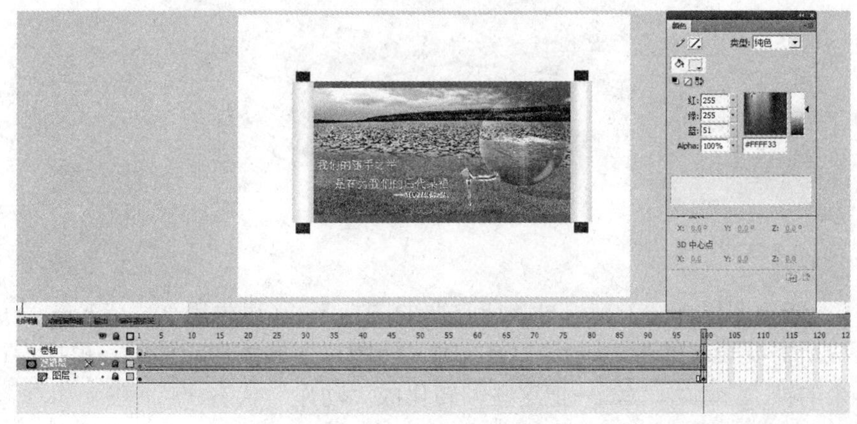

图 8-41 最终效果图

习题

一、填空题

1．图像处理领域内应用最为广泛的工具软件是（　　　　），它具有完整全面的（　　　）处理功能。

2．曾经多次被用户评选为桌面排版之王的软件是（　　　　），它的特长是制作 LOGO、卡通画及图文排版等工作。

3．使用 Fireworks 既可以编辑 Web 图像，又可以编辑 Web 动画，同时还可以将（　　　）处理合二为一。

4．（　　　）软件提供了网站设计、开发以及维护的整套专业标准解决方案。

5．（　　　）是基于矢量图像的动画编辑软件，它将音乐、动画声效交互式地融合在一起，采用流式播放技术使动画可以边播放边下载，从而缓解了网页浏览者焦急等待的情绪。

二、案例题

在第 3 章引入了地瓜坊网络广告创意，其制作的具体过程如下：

1．设置 Flash 文件大小为：550×400 像素，背景选用白色，如图 8-42 所示。

图 8-42　设置文件大小

2．导入背景图片。在菜单的 文件(F) 工具栏里选择【导入】→【导入到舞台】，之后选择绿色背景，并把图片大小变成 550×400 像素，如图 8-43 所示。

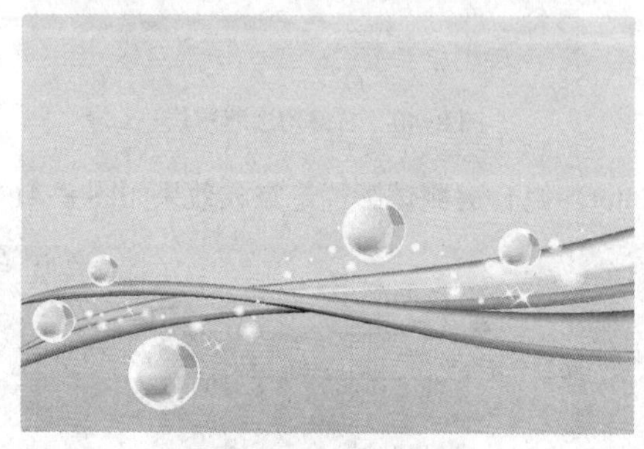

图 8-43　背景图片

3．制作动画。

1）“喜”。新建图层→插入帧→导入所需要的图片（事先用 Photoshop 合成）→把图片调整修改成所需要表现的形式→按〈F8〉键（使图片变成图形元件）→根据设计的动画的跳跃建立其余的帧 1 5 10 15 20 25 3 →把这些帧转化成“动作”状态 补间: 动作 。

2）变换的表情。建立另外 3 个新图层，分别建立“喜怒哀乐”4 种表情的动画，每一个动画的制作方法都依照“喜”的制作方法。注意，第 2 个动画的第 1 帧一定要在上一个动画结束的那一帧之后。

3）文字动画。图片动画建立结束后，新建图层，在新建图层上依照 的形式，插入一帧。选择好文字的形式，在舞台上输入文字“喜”→按〈F8〉（把文字变为图形元件）→改变文字大小、形状、位置，制作成动画状态→补间处用“动作”（制作过程可见步骤 2）。这样依次制作成“喜怒哀乐”4 个文字动画。注意：4 个文字动画的结束帧必须是在同一时间。

4）在新的图层上依据前面的方法，制作“我有我表情”的动画效果。

5）最后根据主题，制作“享受健康 因我而美”的主题标语，如图 8-44 所示。

6）制作地瓜宝宝，突出广告的主题产品。制作一个大的地瓜宝宝的亲切图像，先在第 1 帧上设置 颜色: Alpha 0%，之后在第 2 帧上设置 颜色: Alpha 100%，依此类推，想要闪烁多少次，就做几帧。第一帧如图 8-45 所示，中间效果如图 8-46 所示。

图 8-44　享受健康　因我而美

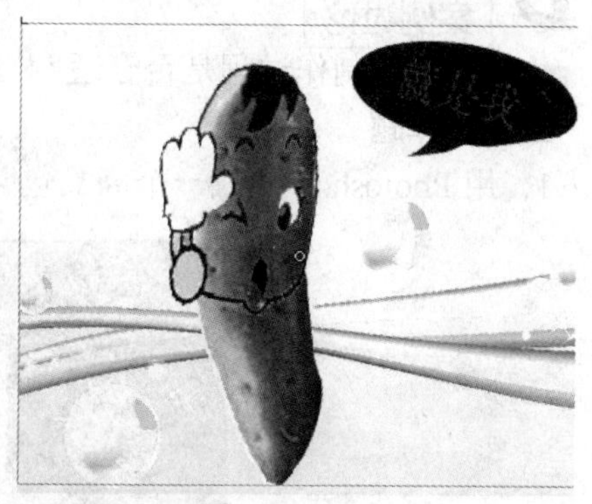

图 8-45　第一帧

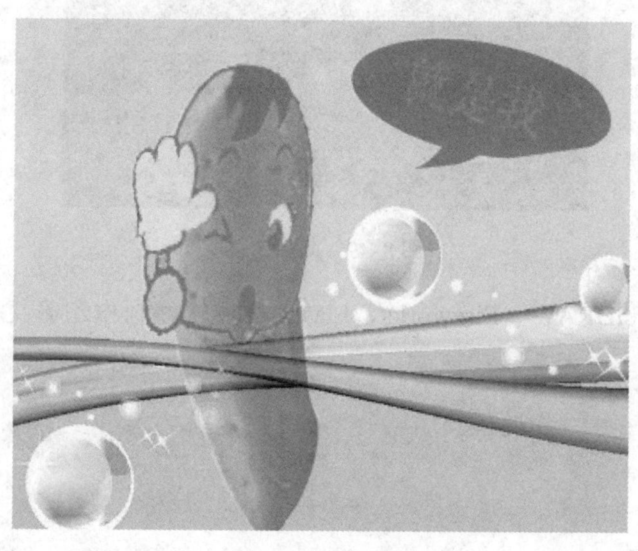

图 8-46　中间效果

4. 制作企业商标。整个动画最后定格在企业的商标上，以突出企业的形象（当然商标的整体形象用 Photoshop 修饰），这里以旋转放大的效果制作（制作方法见文字制作的方法）。第 1 帧、第 2 帧的效果图依次如图 8-47、图 8-48 所示。

图 8-47　企业商标

图 8-48　效果图

案例讨论

你认为广告制作过程是否合适？

三、操作题

1．用 Photoshop 完成一个商品包装的设计，如图 8-49 所示。

图 8-49　商品包装

2．分别用 CorelDRAW、Fireworks、Flash 三种软件制作幻影文字或者阴影文字的特效。

学习情境九　进行网络广告的发布与交换

目前，国内各网站一般都将网站首页的广告价格定得比较高，这样在客观上误导了对网络媒体缺乏认识的广告主，使他们误认为网站首页的广告效果要比其他页面好。虽然网站首页的访问量一般都比较高，能产生大量的 Pageview，但是由于网站首页的访问人群存在主体不明确、目的性不强的特点，在客观上造成广告缺乏针对性，导致广告的效果不理想，同时也造成资金的浪费，最终使广告主对网络广告失去信心，放弃对网络广告的投放。由此可见，如何投放网络广告，对于广告主来说，也是很重要的。

本部分主要介绍网络广告发布的方式和网络广告交换的途径。通过学习，学生能够根据企业自身情况及网络广告的目标，选择合适的网络广告发布渠道及方式。

项目任务 9.1　网络广告的站点发布

任务情境

网站一个很重要的成功因素就是被访问的速度，再好的网站如果速度很慢也不会有多少人访问。因此，如果企业建立自己的网站，比如采用虚拟主机方式建立自己的网站，那么提供这一服务的服务商的系统资源就决定了企业网站的速度，通常应了解服务商提供服务的主机性能、Internet 的出口带宽等技术指标。

资料来源：百度文库

任务要求

1. 网站网速对站点的访问率有影响吗？
2. 如何提高站点的访问率？

知识点 9.1.1　建立企业网站

在企业自己的网站发布网络广告是最常见的方式。这种情况下，企业可对广告的内容、画面结构、互动方式等各种因素进行全面的、不受任何约束的策划。

与传统广告不同的是：企业的网站本身就是一个广告，可以利用旗帜广告、超链接等工具将消费者吸引到自己的网站上来，或利用传统媒体发布的广告宣传自己的网址，都是为了使网站引起访问者的注意，即“争夺眼球”。

但是，站点的网页也不能像传统媒体广告那样整幅页面就是一则广告的内容。根据目前网络媒体的运作实践来看，如果一种媒体只能提供广告，而不能同时提供其他信息，肯定不会有众多的访问者。因此，网站这种特殊的广告形式，其定位应当放在树立企业的整体形象上。所以，企业网站上通常都提供一些非广告信息，如可供访问者免费下载的软件、游戏，提供时事新闻、名人轶事等。总之，必须能给访问者带来一定的收益，使之成为网站的常客。

建立企业自己的网站一般有以下 3 种方式。

1．自建自己管理网站方式

企业利用自己的 Web 服务器，申请独立的域名来建立自己的网站。这种方式的初期投入大，且需要专业技术人员进行日常维护和经常性的更新工作，因此适用于规模较大的企业或政府部门。

2．采用虚拟主机方式

利用虚拟主机技术可以把一台真正的主机分成许多“虚拟”的主机，每一台虚拟主机都具有独立的域名和 IP 地址，具有完整的 Internet 服务器（www、FTP、E-mail）功能。虚拟主机之间完全独立，在外界看来，每一台虚拟主机和一台独立的主机的效果完全一样，但费用却大不一样了。由于多台虚拟主机共享一台真实主机的资源，每个虚拟主机用户承受的硬件费用、网络维护费用、通信线路的费用均大幅度降低，Internet 真正成为人人用得起的网络。这种方式的特点是经济实用，无须对软、硬件设备进行投资，用户只需对自己的信息进行维护，可节省大量的人力、物力及一系列烦琐的工作，是中小企业上网发布信息的最佳方式。

3．服务器托管方式

服务器托管方式也称为主机托管方式，即企业将自己的 Web 服务器放到 Internet 服务提供商的机房内。在这里 ISP 或 ICP 不仅提供标准的机房环境（标准机架、UPS 电源等）和安全、可靠、通畅的网络环境以及高速的数据接口，而且还提供专人负责全天候网络维护，以保证系统的正常工作，并免费提供域名及 IP 地址。但 Web 服务器内部的系统维护以及数据、信息的更新则由发布信息的企业自己负责。

这种方式不需要企业申请专用线路和构建复杂的网络环境，所以建设周期短，无线路之忧，一旦条件成熟可将设备移至自己的单位，保证其投资的延续性。主机托管方式每月的收费标准相对固定，因此特别适用于有大量数据要发布或要通过 Internet 传送数据的信息服务商及大型企业。

不论是虚拟主机还是服务器托管，都涉及对 ISP 选择的问题，那么如何选择 ISP 呢？

第一，看公司是否合法，必须是工商注册的合法法人公司及工信部备案的网络公司。

第二，分析成功案例，看是否能提供与服务商网站同一 IP 的成功案例。

第三，分析主机功能，看是否能提供主机在线管理功能，提供主机、邮箱、域名的管理面板，可以自定义管理，即 FTP 用户登录密码、数据库密码、查看空间使用率等功能。有实力、技术成熟的主机提供商还可以提供文件管理、ZIP 解压缩、Web 邮件界面、phpMyAdmin 数据库管理程序等工具。

第四，运行稳定、安全、速度、均衡性。服务器的稳定性决定着虚拟主机是否能够正常开放，也关系到网站能否被正常访问。对于配置较高、周边设备较好的服务器，其稳定性标准是一年的断线时间不能超过 10 小时，即一年的稳定运行时间应达到 2850 小时以上。空间提供商是否为服务器安装了专门的杀毒软件和网络防火墙，并配备专门工作人员 24 小时监控服务器决定着其安全性。带宽是网站速度的保证，而服务器的速度快慢是由连接到每台服务器的带宽所决定的。这里要注意每台服务器的实际可用带宽，比如一个机房的入口带宽是 1 Gbit/s，其中存放 100 台服务器，那么理论上每台服务器可分得的带宽就是 10 Mbit/s。一般情况下，当一台服务器上架设的虚拟主机超过 200 台后，服务器的性能就会明显下降，如果中间还有站点提供数据库的动态查询服务，那么服务器的性能就会下降得更为剧烈。

第五，适中的价格。价格是消费者注重的一个方面，为此，现在很多的公司（不仅是互联网行业，其他行业也差不多）大打价格战。但在比价格的同时，也要理智，不选择高价，但也绝不能选择价格低得离谱的。例如，100 MB 的 ASP 空间能将服务、质量都保证的，最适中价格在 150～250 元，过低就有可能得不到良好的服务和质量保证。

第六，是否提供完善的售后服务。由于主机除了硬件性能卓越外，更为关键的是技术支持服务，因为互联网本身就是一项技术性的服务产品，所以好的服务是必不可少的。

知识点 9.1.2　提高站点的访问率

在企业自己的网站发布广告，如果企业网站没有访问率，又哪里会有广告效果，因此必须提高站点的访问率。

1．定位有特色

网站定位好是关键，在建站之初就必须要有一个清晰的定位。清晰的定位能够增加网站光顾者的粘性，创建独特的网站可以让网站更有吸引力。

2．标题有吸引力

要让别人浏览网站信息，标题是一个关键。为什么会去点击这个链接，无非是看见了这个标题，有了兴趣才会去点击。当然只有标题是不行的，内容也要具有吸引力，要了解网民的需求，吸引来访客，为下一步做准备。

3．内容要更新、有价值

经常更新网站目标用户关注的信息内容。经常提供有价值的信息，不仅可以保持网站的生命力和活力，而且也可吸引用户访问，增加用户在网站的停留时间。更新内容以原创性为佳，这样可以确保内容的专业性与实用性。

4．冷门热门两头抓

人们对热门很热衷，但对不了解的冷门也很有兴趣，因此这两头都要抓住。提高网站流量就得紧跟最热门的社会事件、娱乐事件等来作文章，对于重大事件要讲究速度和独家性。比如奥运会期间各大门户网站的重点频道都有相关的博文推荐，并且都进入了秒杀的阶段，此外冷门独家的视角也会引起一大部分网民的关注。

5．网站要有交互性

与访客沟通互动非常重要，越来越多的访客希望有互动的内容，他们不仅只想看，而且还想动手。网站可以添加信息反馈、论坛、聊天室、博客等互动项目环节，这些都会提高站点的流量。

项目任务 9.2　在他人网站发布广告

任务情境

据相关调查表明，超过 80％的网站访问来自搜索引擎。所以，注册到搜索引擎可能是每一个网站都会做的，但可能没有人真正了解这样做是否真的有效。一般排名前 30 位的搜索结果才会有人去看，如果企业网站的搜索结果位于 50 位以后，则几乎没有人去访问。也就是说，当有一万次搜索时，搜索到企业网站并进入的机会可能只有 1 次，更有可能一次都没有。

资料来源：百度文库

任务要求

1. 企业有没有必要到搜索引擎注册？
2. 如何选择广告服务商？

知识点 9.2.1　广告服务商的选择

在他人网站发布广告，这是目前常用的、有效的网络广告形式。在发布广告时，如何选择广告服务商是非常重要的，这将会直接影响网络广告的效果。

网络广告服务商是提供网络广告服务的网站，或者是搜索引擎。通常 ISP 和 ICP 都具有这样的服务功能。随着因特网的迅猛发展，国内外已涌现出一大批网络广告服务商，由于他们的服务内容、质量和费用存在着很大的差异，因此选择一个服务优良、收费公道的广告服务商是企业成功地投放广告的重要环节。

在选择广告服务商时主要应考虑以下五个方面的要素。

1．广告服务商提供的信息服务种类和用户服务支持

因特网上信息服务的种类很多，但是在收费标准大体相当的情况下，不同的信息服务商提供的服务种类往往是不同的。一般应选择信息量较大，信息的准确性较高，内容可定期更新或补充，栏目设置条理清晰、主题鲜明、文字简洁，主页设计与制作比较精良的网站。另外还要看这些站点发布信息所使用的语言。目前国外站点大都是英文，国内站点常用的是中文（GB 码）和英文，而我国台湾地区的站点大都采用 GB 码和 BIG5 码两种中文版本。有的站点同时提供这 3 种语言版本，显然，不同的语言会吸引不同的浏览群体。有些信息服务商除了提供常规的因特网信息服务之外，还提供一系列专门的信息服务，如经济信息查询、在线商场、股市信息、法律咨询、人才交流、体育及娱乐等。这些服务措施将大大增加站点的浏览量，在这样的站点上刊登网络广告效果较好。此外，还要看是否提供免费服务，因为有一定价值的免费服务往往能够吸引很多访问者。用户服务支持是指在刊登网络广告时，服务商对用户提供的构思帮助、说明资料、免费试播时间等，这些情况也应当了解清楚。

2．广告服务商的设备条件和技术力量配备

设备条件关系到广告商所提供的服务是否可靠，能否保证每天 24 小时、一年 365 天不间断地播出广告等问题。客户应当优先考虑那些技术先进、设备的可靠性和可扩展性高的广告服务商。技术力量配备不仅关系到服务本身的可靠性，而且关系到用户在遇到问题时能否得到及时的技术咨询服务和技术支持服务。一个可靠的广告服务商的技术队伍应该是由技术熟练的专业人员组成，而不是一些缺乏经验的新手，以确保用户在任何时候都能得到及时的技术支持。

3．广告服务商的通信出口速率

通信出口速率是选择广告服务商的一个十分关键的因素。目前我国只有少数几个网络具备直接链接国际因特网的专线，许多广告服务商都是通过这些网络进入国际因特网的。因此选择广告商时首先要弄清它的通信出口速率的情况，是专线出口速率还是接入专线的出口速率。其次，应了解这个广告商的出口专线是自建的还是租用别人的，或是与他人共享的，这关系到广告商的出口线路及速率的可靠性问题。与他人共享线路的广告服务商一般是难以保证其宣称的通信出口速率的。最后还应当了解用户的数量，有的因特网专线通信出口速率虽然很高，但因用户较多，每个用户实际的通信速率仍不理想。

4．广告服务商的经营背景

广告服务商的背景也很重要，包括注册资本是否雄厚，经营状况如何，是否具有长期经营的能力等。需要指出的是，国家对于经营因特网广告服务有严格的规定，一个广告服务商必须同时持有经国务院批准的因特网接入代理许可证，和工信部核发的电信业务经营许可证（含计算机信息服务、电子邮件服务等），才可以面向社会提供网络广告服务。

5．广告服务商的收费标准

目前网络广告没有统一的收费标准，它是由多种因素构成的。不同的网络广告服务商所制定的价格有很大的差异，需要认真地进行比较后再作抉择。

知识点 9.2.2　注意事项

在他人网站发布广告，为了获得尽可能好的广告效果，还应注意以下事项。

1．选择访问率高的站点投放自己的广告

人气是广告成功的主要因素，传统广告牌要选择繁华的闹市或交通要道的路旁，同样，在他人的网站上发布广告也应选择流量大的网站。因特网上有许多访问率较高的网站，它们一般都是一些搜索引擎或较有影响的信息内容提供商，其中搜索引擎可作为首选站点。如Yahoo、China Byte 等，这些网站的访问流量每天高达几万甚至几十万。浏览这些站点，会发现醒目、生动的Banner图形或文字，这就是广告客户投放的广告。

好的搜索引擎能够将成千上万从未造访过企业站点的网民吸引过来。需要指出的是，现在许多导航站点也提供了很多供客户发布广告的展位，首页当然是最好的，但费用也是最高的。在导航站点中还有很多按照不同主题划分的类别，每次检索，数据库会根据关键词动态地组合生成检索结果的网页，在这些不同层次的页面中都可以设置 Banner 广告，这些位置不见得就比首页差，因为那些浏览与企业广告内容相近的网页的受众往往正是企业最想吸引的。

总的来讲，在搜索引擎中投放广告，受众覆盖面广，数量大，但美中不足的是，由于搜索引擎所涉及的信息具有很大的综合性，因此，其中的很多受众可能与企业无关，而且在导航站点上发布广告的费用也较高，所以广告主应根据不同的情况加以选择。

如果网络广告主计划购买大量的广告版面去影响尽可能多的不同人群，搜索引擎站点主页是理想的选择；相反，如果广告主目标受众并非是网上冲浪的所有人，或者至少不是他们之中的大多数，这时搜索引擎主页不是最好的选择，而搜索引擎更加定向的站点或者内容站点更为合适。

另一个选择是在搜索引擎中购买关键词。这可以使广告主能够搜索到只有特定信息的用户，如果使用恰当可以产生较好的点击率。例如，时代华纳梦之店在搜索引擎中购买了“GODIVA”这个关键词，当用户搜索“GODIVA”的时候，梦之店广告就会出现，这种广告使梦之店获得了前所未有的高点击率。

2．选择有明确受众定位的站点

这类网站一般都是一些专业性的站点，如 Sport-Zone 是吸引体育迷的优秀网站。其特点是受众数量较少，覆盖面也比较窄，但访问这些站点的网民可能正是企业需要的有效受众。从这个角度看，有明确受众定位的站点的有效受众量可能并不比导航站点少。因此，选择这样的站点放置广告，获得的有效点击次数甚至可能超过导航站点，正所谓“小市场大占有率”。

亚马逊书店的广告策略就充分体现了上述原则。Amazon.com 仅用两年左右的时间就成为网上第一书店，这是仅靠商业炒作所不可能的。

网民们经常会在许多站点上看到“Amazon.com”的名字并获得点击的机会。作为一个长期的广告策略，亚马逊一直与大量的专业站点进行着有效的合作，具体采取了以下 3 种值得借鉴的做法。

第一，选择了 Yahoo 等著名的门户网站作为合作伙伴，在这些导航站点的页面上会出现与用户输入的关键字匹配的亚马逊广告。例如：当输入“财政”两个字进行搜索时，检索结果的页面上会出现亚马逊的广告“到 Amazon 去买一本关于‘财政’的书”。

第二，与一些专业站点合作，在其有关页面上加入链接，而且所有的链接提示都与该专业站点的特征有关，比如在妇女网站上出现“到 Amazon 买一本烹饪菜谱”。

除以上两种人工的方式之外，亚马逊还在其站点上公布了自由参加关联站点的方法，几乎所有的站点均可通过在自己的网页上放置亚马逊的链接而获得因此带来的销售提成，提成比例在 5%～15%。

亚马逊的这种做法确保了其广告预算能和销售收入结合在一起，降低了经营风险，而且由于关联站点急切要得到提成收入，一般都会非常卖力地将亚马逊的关联广告放在醒目的位置并作多种推荐。更重要的是，由于亚马逊的书籍和唱片能够按关联站点性质分出不同门类，各关联站点的访问者能够看到极有针对性的广告，点击率也就成倍增长了。

3．运用发布技巧

在发布网络广告时，还可以运用以下一些发布技巧来提高效果。

（1）网页上方比下方效果好

统计表明，许多访问者不愿意通过拖动滚动条来获取内容，因而放在网页上方和网页下方的广告所能获得的点击率是不同的。放在网页上方的广告点击率通常可达到 3.5%～4%，效果远比放在网页下方的广告好。

（2）经常更换图片

研究表明，当一个图片放置一段时间以后，点击率开始下降。而当更换图片以后，点击率又会增加，所以保持新鲜感是吸引访问者的一个好办法。

（3）适当运用动画图片

统计表明，动画图片的吸引力比静止图片高 3 倍。但是如果动画图片应用不当，如太花哨或文件过大影响了下载速度，则会引起相反的效果。一般要限制图片的大小以使它能及时显现，同时也方便受众下载。

项目任务 9.3　网络窄告的发布

任务情境

网络广告由于其特有的优势被广泛利用，增长潜力巨大。然而随着网络广告的发展，数量众多的广告以各种形式出现在网站上指定的栏目和频道固定的位置上，其广告效果越来越受到质疑。这种形式依然改变不了传统广告中漫无目的地对网民的骚扰状况，一方面无法真正发挥网络广告传播中的优势，另一方面甚至干扰了网民正常的访问浏览，很多网民对此十分反感。对于广告投放商来说，最理想的广告投放是将广告投放在与广告内容密切相关的、与目标受众最接近的媒体上。而互联网上数以万计的网站，如何将广告投放到更多更相关的媒体上，如何真正接触自己的目标群体就成为一个十分棘手而又迫切需要思考的问题。在这种情况下，天下互联根据广告主最理想的广告投放目标，同时为了加强广告的投放效果和投放效率，推出了网络窄告。网络窄告一经出现，就引起了一场网络广告革命。它通过先进的互联网技术，了解网民的意愿，将广告只呈现给真正对其感兴趣的网民，从而大大提高了广告效果。在短短数月，网络窄告就成为网络广告的新宠。

资料来源：http://www.jsdzsw.com

任务要求

网络窄告为什么受到广告主的追捧？

知识点 9.3.1　网络窄告的特点

网络窄告就是网络定向广告，窄告就是“窄而告之”“专而告之”，指客户投放的广告直接投放到与之内容相关的网络媒体上的文章周围。同时窄告还会根据浏览者的偏好、使用习性、地理位置、访问历史等信息，有针对性地将广告投放到真正感兴趣的浏览者面前。这种新型网络广告模式更加有效地节约了广告成本，提升了广告效率。

网络窄告的特点如下。

1．覆盖范围广

窄告将直接投放到全国性、行业性、地方性各大媒体网站，基本上能够覆盖各个地方与行业，扩展了窄告的传播与影响范围。

2．投放快

窄告投放商一旦设定好窄告，系统即进行实时匹配。网络上出现与窄告相匹配的文章，窄告即会投放在该文章最终页面上，让客户在阅读文章的同时，也在第一时间了解相关产品、品牌、企业等资讯。

3．直接命中目标群体

由于直接投放到与广告相匹配的文章页面周围，也就意味着只有对该文章感兴趣的人才能看到这些与文章内容相关的广告。一般而言，对文章内容感兴趣的网民，也会对该文的延伸内容感兴趣，如网民查看饮料方面的文章，那他就有可能对饮料产品、品牌、企业也感兴趣。因此，窄告这种与网页正文相匹配的投放形式，就能够直接命中目标群体。

4．最低的投放费用

窄告按点击收费方式颠覆了传统广告投放模式，确立了中国按点击付费标准，0.2 元起/点击，让广告主投放费用最低，节省更多宝贵资金。对于众多企业而言，不论上网与否，从此可以真正利用互联网进行定向宣传，建立分众品牌，经济上完全可以承受。“不点击、不收费”意味着在用户没有点击的时段，宣传完全是免费的。

5. 提高宣传信息的信任度

窄告的“一揽子投放”方式让窄告 5 分钟宣传到全国，选择了窄告，也就意味着选择了中国最为顶尖的网络媒体集群。通过严格的信度分级甄选媒体，保证了媒体的权威性，保护了广告主的利益。新浪网、TOM、中华网、中国新闻网、赛迪网、中青在线、天极 Chinabyte、计世网等中国 300 多家中国顶尖商业与官方媒体保证了窄告的权威性，并且窄告联盟的商业、官方媒体数量仍在不断增加。

6. 可控性

窄告赋予投放主完全控制的权利，可以随时控制窄告的宣传口号、兴趣点、投放区域、费用预算等，即时修改、即时生效，预算更加合理可控。窄告更加鲜活，按需变化，可保持对目标客户的新鲜感、冲击力与吸引力。

7. 完善、专业的服务

对于没有网站的用户，天下互联提供免费宣传页建设服务，使用户仍然可以投放窄告。用户提交业务后，天下互联将配备专业人员指导用户如何定制、优化窄告，从而使得用户投放的窄告达到最好的效果。天下互联拥有一批专业水平高、素质好的客户服务人员，第一时间响应客户需求，为广大的窄告用户提供个性化服务，随时解决窄告用户遇到的问题。

知识点 9.3.2 网络窄告的工作流程

网络窄告的工作流程：先由系统分别对各用户定制广告和各大媒体文章进行语义分析，形成相关主题特征词典，二者自动匹配，即生成窄告显示页，然后用户所投放的窄告即显示在相关正文周围（见图 9-1）。

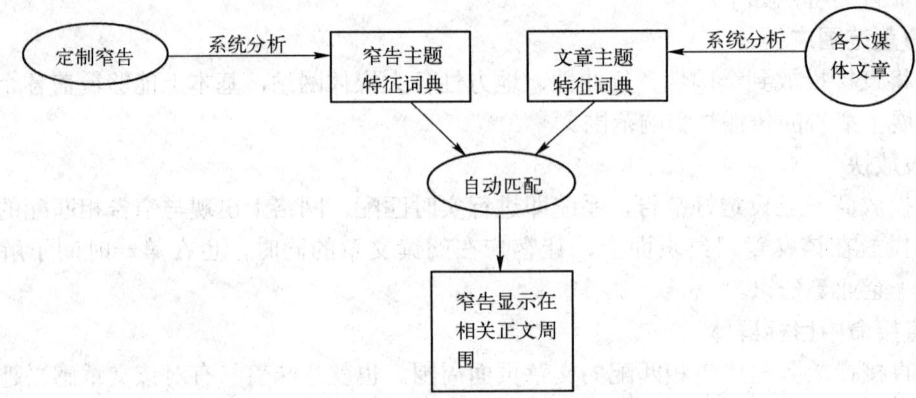

图 9-1 网络窄告工作流程图

知识点 9.3.3 网络窄告的发布过程

1. 网络窄告发布的步骤

基本步骤可以分为以下 6 步：

1）需要发布窄告的客户在具有发布窄告的网站上注册成为窄告客户；

2）按照窄告网站发布窄告的样式与条件填写相关资料；

3）注入一定的窄告投放资金；

4）窄告网站专业人员对客户所提供的资料进行评估与审核；

5）网络窄告生成，并发布到网络媒体的相关页面上；

6）查询发布情况。

2．网络窄告投放的模式

窄告能够有机结合多种投放方式，从而形成业界独有的广告推广模式。

（1）按语义投放

通过对窄告与网站正文内容进行语义分析，窄告投放到与其语义相匹配的正文周围，使得窄告与正文的内容具备相关性、延续性。

（2）按地区投放

网络没有时间与空间的区分，但窄告可以通过对访问者所在地域的判断，自动将窄告投放给指定的目标人群。

（3）按访问者投放

系统可以根据访问者访问历史，确定访问者的职业、兴趣、偏好等，然后通过这些特性，系统有针对性地为其展示适合的窄告。

（4）全国性投放

只要在窄告联盟任意推广伙伴网站开设账户定制窄告，就可以将窄告投放到所有的或者任何一家窄告联盟合作媒体上，窄告联盟的合作媒体已经涵盖了中国主要的内容网站。

项目任务 9.4　网络广告的交换

任务情境

盘石，全球最大的中文网站联盟，全球首个专注于中小企业网络广告服务的中文网站联盟，是全球提供中文网盟广告服务最专注、最专业的行业领袖公司。盘石网盟广告囊括了 115 个细分行业的优质网站，加盟合作网站累计超过 40 万家，影响力覆盖 95%的中国网民。通过人群定向、网站定向、内容定向、行为定向、地域定向等多种定向方式，精准锁定企业目标人群，并将企业广告信息以文字、图片、Flash、动画、富媒体等多种形式展现在目标人群浏览的网页上，对其上网全程产生深入持久的影响，有效提升企业的品牌知名度和产品销售额。

资料来源：百度百科

任务要求

1. 网络广告交换的途径有哪些？
2. 如何选择广告交换网？

知识点 9.4.1　网络广告交换的概念

网络广告交换是指网站之间通过相互链接、交换文字、横幅广告或其他形式广告来扩大宣传效果的方法。拥有自己主页的用户通过相互交换广告或者加入广告交换网的方式来实现对双方广告的双向乃至多向的相互登载。用于交换的广告既可以是自己制作的，也可以是请专业广告制作公司来完成。广告条的大小一般都有特定的要求，常见的有 400×40 像素、

468×60 像素、460×60 像素、400×60 像素、450×70 像素、88×31 像素，所以如果想在不同的交换站点登录注册，可能需要多准备几种不同大小的广告条。广告条的文件格式多为 GIF、JPG 格式，大多数网站都支持动画 GIF 文件，偶有网站支持 Java 广告条，可使广告更生动活泼，吸引更多的点击率。各广告交换站对文件大小都有一定要求。在进行交换时，广告主应首先在网页中加入其交换对象的 HTML 码，当有访客浏览广告主网页时，对方发放的横幅广告便会被显示，提供广告条交换的网站通过跟踪在广告主网页上显示的别人的广告数，按一定交换比率计算出其广告条应该显示的次数。各个网站的交换比例不尽相同，当交换比例为 2∶1 时，广告主的网站每显示 2 次别人的广告，对方便会相应的安排发放广告 1 次。如今已有许多网站提供 1∶1 的广告条交换，而文本形式的交换比例甚至达到 1∶10。当然，对于比较有名的交换网站而言，3∶2 或者 1∶1 的交换比率还是比较合理的。

补充材料

一般认为交换链接的作用主要表现在两个方面：第一是从合作网站上带来直接访问者，第二是获得搜索引擎排名优势。这是互换链接最主要的价值所在。

交换链接的作用归纳为五个方面，除了前述两个方面的基本作用之外，交换链接的价值还表现在：增加网站的可信度、获得合作伙伴的认可、为用户提供延伸服务等。

《网络营销基础与实践》作者的观点是，交换链接的意义实际上已经超出了是否可以直接增加访问量这一具体效果，获得合作伙伴的认知和认可，同样是一个网站品牌价值的体现。这五个方面是对交换链接价值的肯定，但交换链接的价值是否能得到实现，最终还是会通过网站访问量等指标体现出来。

知识点 9.4.2　网络广告交换的分类

网络广告交换可以进行以下不同方式的分类。

1．按链接方式分类

从链接方式来看，有文本链接和页面链接。前者交换广告链接的形式是文本，而不是图片，具有数据量小、传递速度快的优点。但由于没有图片，使得广告效果相对于页面链接要打上一个折扣，所以交换商往往通过提供较为优惠的交换比率来弥补这一缺陷并吸引用户。页面链接则是目前使用最为广泛的链接方式。只要浏览者点击广告，超级链接就会将他们带到广告主的网站或缓冲主页。

2．按交换广告的形式分类

从交换广告的形式来看，有横幅广告互换、按钮广告互换以及横幅对按钮、横幅与插播广告互换等。目前的广告形式主要包括旗帜广告、按钮广告、邮件列表广告、墙纸广告、赞助广告、电子邮件广告、插播广告和互动游戏广告等。由于交换本身就是在自愿互利的基础上发展起来的，对于交换的形式并没有具体的要求，尤其是在广告主进行直接交换时，只要双方愿意，他们完全可以以任何一种广告形式进行互换。当然，由于广告形式本身的特点不同，旗帜广告和按钮广告相对要适于进行交换，因而也是目前使用最广泛的形式。

3．按交换途径分类

从交换途径来看，网络广告交换可分为广告主直接交换和通过广告交换网进行交换。直接交换所费的精力较大，但在交换对象的选择问题上广告主会比较有把握。而广告交换网则比较可靠，交换范围广，同时还提供即时统计和代理销售等多项服务，因而在近几年发展很快。

知识点 9.4.3　网络广告交换的途径

现阶段网络广告交换主要有两种途径，分别是广告主直接交换和通过加入广告交换网进行交换。

1. 广告主之间网络广告的直接交换

拥有网站的广告主可以直接通过 E-mail 或在自己的网站上刊登广告等方式与其他网站取得联系，相互交换 HTML 代码进行广告交换。这种方式互惠互利，节省了大量的开支。由于是广告主自己进行联系，所花费的精力会比较大，但同时，正因为自己联系，对于在交换对象的选择问题上广告主会比较有把握。

一般来说，选择交换对象应注意以下几个方面。

（1）选择界定受众群体经常光顾的站点交换图标广告

这是选择站点的首要原则。试想，如果某个站点的内容是吸引女士的，而广告主的产品只有男士才用，显然将旗帜广告投放在这样的站点是没有什么意义的。当然，现在很多站点的信息带有一定的综合性，很可能覆盖某个行业或一定年龄段的所有群体，对于这样的站点，就要审阅该站点的信息内容，看它适合于哪个群体阅读。一般来说，图标广告的内容与其放置站点的内容相同或相近，效果会比较好，即使交换比例看起来比较吃亏也是值得考虑的。

（2）考察交换站点本身的经营策略、经营方法以及效果

只有当广告主要选择的站点本身的访问率很高时，广告主的图标广告被浏览者看到和点击的几率才会较高，效果才会好。因此，在交换广告时，应考察这些站点的经营策略和经营方法，向其索要站点访问率的统计数据，仔细分析这些站点是否名副其实，是否值得按照较高的比例进行交换。在网址宣传方面，看一看国外十几个主要导航网站中是否有注册，用几个关键词在这些导航网站中检索一下，看一看这些站点在检索结果中是不是排在了前 20 位，因为如果排在了 20 位之后，其导航作用将会小许多。再有，要看一看这些站点是否在其他好站点上投放了旗帜广告，投放量如何。另外要看这些站点发布信息所使用的语言。目前国内站点常用的语言有国标中文、大五码中文和英文，有的站点同时提供这 3 种语言的版本。显然，不同的语言会吸引不同的受众群体。另外一个考察站点的有效方法是向已经在这些站点上设置图标广告的单位咨询，这些单位往往能够给出一个比较客观、准确的评价。

（3）考察交换站点的信息量

选择的广告交换站点应该是信息量比较大，信息的准确性比较高，信息定期更新和补充，栏目设置条理清晰而且丰富，栏目中的文字简洁、主题鲜明、重点突出，主页设计与制作比较精良的。

（4）考察交换站点提供的服务

选择的广告交换站点最好有一定的免费服务，有一定价值的免费服务往往能够吸引很多访问者。

2．广告交换网

网络广告交换网实际上是一个网络广告交换的中介机构。在广告交换网上，凡是拥有自己主页的用户，都可以加入某个交换网络。首先向该交换网的管理员申请一个号，提交一幅自己的主页图片，一般都是 GIF 格式的图形文件，也可以是带动画的 GIF 文件，该交换网会提供一段 HTML 代码，把该代码加入到自己的主页中，这样每当有人访问自己的主页时，在自己的主页上就会显示一个别人的广告图片，同时自己得到 0.5 分或 1 分，根据该交换网的显示交换比例，自己的广告图片就会在该交换网的另一用户的主页上显示 0.5 次或 1 次。当然，用户自己的广告图片是链接到自己的主页上的，如果自己的广告图片做得很好，全面地介绍了主页特点，同时看到广告图片的人对主页内容感兴趣，他就可以通过广告图片访问主页。

广告交换网本身有着许多的优点，其突出表现在以下几点。

（1）免费

广告交换网具有广告交换本身所特有的免费优点。除了上网费用和主页制作费用外，几乎没有其他费用。广告交换网络的运作经费完全依靠主页旗帜广告赞助。

（2）真实可靠

好的交换网络是经过审核并经用户公认的，广告客户对于广告交换的真实性会感到比较放心。由于大部分网络从他们自己的中心 Web 服务器传送广告条，因此站点的主人不必担心广告诈骗。

（3）提供即时统计

广告交换服务网络会为所有成员与赞助商提供即时统计，报告广告出现的次数与被浏览的次数。通过跟踪传送并报告广告条的位置和结果，广告交换服务网络为网站主人和广告客户生成关于广告条的结果、每页生成的收益，而这些报告的准确性相对较为可靠。

（4）代理销售

在广告交换网上，广告销售业务往往由交换网络代为处理，所以单个网站就无需再为销售问题所困扰。事实上，广告主在申请到交换网站提供的 HTML 语句并登录到自己的网页之后就基本上不必再做其他的事情了。

（5）接触面广

广告交换服务网络的一个特有优点是接触面广。交换服务网络不是一个单一的网页，而是由数千网页联合而成的综合网页，其成员包括各地的网络服务商、网上报纸杂志、搜索引擎、各种公司与个人网页，并且其范围还在不断地扩大。

项目任务 9.5　电子邮件广告的发布

任务情境

如果想要电子邮件广告取得好的效果，就不要在上午八九点钟发信。根据 Pivotal Veracity 公司的调查，清晨发出邮件的打开率最低。因为许多人开始工作的第一件事就是查看邮箱，习惯上删掉一切不重要的、不相干的邮件，以便整理思绪，开始新的一天。

如果你给北美地区的用户发邮件，大多数人都处于美国东部时间，因此你发信的时间最好就根据东部时间来定（除非你能把邮件列表根据地理位置细分，错开来发送）。

尽管每个人的习惯有所差异，但一般而言，在中午十二点到下午一点钟发送的邮件打开率最高，因为人们在午饭时间通常会看看邮件放松一下。

资料来源：百度百科

任务要求

为了获得更好的效果，应如何发送电子邮件广告？

知识点 9.5.1　电子邮件广告的概念

与传统广告中的邮寄广告相类似的另一种网络世界的广告发布方式——电子邮件广告，正在被更多的商家所利用。传统的邮寄广告是广告主把印刷或书写的信息，包括商品目录、货物说明书、商品价目表、展销会请柬、征订单等，直接通过邮政系统寄达选定的对象的一种传播方式。电子邮件广告是广告主将广告信息以 E-mail 的方式发送给有关的网上用户的一种传播方式。

电子邮件广告之所以受到广告主的欢迎，主要是因为电子邮件本身具有以下一些优点。

1．经济灵活

据美国一家销售和营销研究公司公布的一项调查报告显示，在网络商业营销方面，经用户允许的电子邮件营销方式，其成本比直销低 5 倍，比网上的旗帜广告低 20 倍，回报率也相当可观。电子邮件广告比传统的直邮广告更加灵活，它既可以包括文字、图像、声音，还可以是动画的，它的感染力比传统的直邮广告要好得多。另外，电子邮件广告的发送和接收都不受时间、地点的限制，还可以方便地保留或删除，不论是对于广告主还是对于广告受众来说，都具有很大的自主权。

2．高速快捷

现代信息社会，人们对商业信息传递的时效性要求越来越高，电子邮件正好适应了人们的这种需求，它最突出的优点是快捷的传输速度，即使是跨洲跨洋，也只需几秒钟就能到达对方的电子邮箱。

3．送达率高

利用电子邮件发送广告信息，不但快捷，而且可靠。如果遇到对方计算机关机或修理，或与网络断开，电子邮件广告暂时无法送达对方信箱时，则网络上的“邮局”会每隔一段时间自动重新发送邮件，直至对方计算机收到邮件为止。如果较长时间对方计算机仍不能收到邮件，则电子邮件系统会自动通知发送者并退回邮件。如果广告发送方认为有必要可重新发送，这样可以确保电子邮件广告信息到达广告接受方，提高广告信息的送达率。

4．便于统计

每一个用户在第一次使用 E-mail 时，必须要详细填写一张用户档案，这就使得提供 E-mail 的网络服务商能详细地知道用户的具体情况。若企业想利用 E-mail 做广告，E-mail 服务商就会每月给出一份调查报告，告诉企业在这个月中有多少用户看了广告，又有多少用户进一步了解了广告的内容。在每月报告中，提供 E-mail 的网络服务商还会提供对企业的产品或服务感兴趣的用户的具体情况的统计资料。

5．针对性强

广告主可以根据 E-mail 用户的特性（地域、年龄、性别、收入、职业、爱好等），有针对性地发布自己的广告。

知识点 9.5.2　电子邮件广告的内容设计

1．邮件要短

主题栏尽可能简洁，不能超过 50 个字符（25 个汉字）。电子邮件应力求内容简洁，用最简单的内容表达出企业的诉求点，如果必要，可给出一个关于详细内容的链接，收件人如果有兴趣，会主动点击链接的内容。否则，内容再多也没有价值，只能引起收件人的反感。

2．主题明确

主题的设计要让收件人能够认可企业的邮件，有兴趣打开企业的邮件。比如“第一个查看秋季时装款式”等主题能够让收件人感到自己很特别，是公司的特殊用户，从而吸引收件人打开邮件。商务交往的电子邮件每封只有一个主题，是发件人撰写邮件的中心思想。很多用于宣传企业的邮件都不写明主题，接收者一看就认为是垃圾邮件，将面临直接删除的厄运。

主题撰写需要注意的事项如下。

第一，避免主题栏出现大写字母，避免使用感叹号和其他符号来过分强调主题内容。通常这类符号会被当成垃圾邮件，被客户端自动扔到垃圾箱中。

第二，注重礼貌，显出质感。在语气、表达方式等方面一定要合理、恰当。

第三，不要误导读者。不要在主题栏误导读者或产生歧义。例如：主题栏写着“您订单的具体内容”，然而邮件内容却是营销信息。邮件内容中尽量避免出现“免费”“优惠”“优惠券”“送礼”等营销、促销文字。

第四，防止重复。不要在连续几封邮件中使用相同主题，应该不断更换它，这样才能发挥作用。

3．发件人

（1）不要隐藏发件人或者使用免费邮箱

隐藏发件人姓名，给人的感觉是发件人在做什么见不得人的事情，否则，正常的商务活动为什么害怕漏出自己的真面目呢？这样的邮件，其内容的可信度有多高呢？用一个 Yahoo 或者 Hotmail 的免费邮箱，就好比用一部投币式的公用电话作为公司的业务电话，就等于对客人说：“我们公司不太正规，没有电话，如果你打我们电话，我们会尽量跑出办公室到附近的投币公用电话去接。”一定要用可以区分公司和部门的专用企业邮箱。

（2）尽可能地保持一个统一的发送地址

发件邮箱最好是简单易记的，比如用品牌的名字命名。切记不要使用过于复杂的发件邮箱，例如 usermailedm@edm.server01.easyedm.com，这样的邮箱只会让用户头疼。一旦发件人信息确定以后，就不要经常修改。

4．合理利用节日促销

这里要提醒的是，如果企业的客户大多是男性，而今天又不是情人节、母亲节或其他法定假期，那么客户不会对所谓的节日或庆典感兴趣。

5．注意邮件发送格式

不要用附件形式发送电子邮件。由于每人所用的操作系统、应用软件会有所不同，附件内容未必可以被收件人打开，所以不要为图省事，将一个甚至多个不同格式的文件作为附件插入邮件内容，会给收件人带来很大麻烦。

知识点 9.5.3　电子邮件广告的发送

使用电子邮件发送广告信息必须注意以下事项。

1．发送频率过于频繁

研究表明，同样内容的邮件，每个月发送 2～3 次为宜。不要错误地认为，发送频率越高，收件人的印象就越深。过于频繁的邮件“轰炸”，只会让人厌烦。如果一周重复发送几封同样的邮件，肯定会被列入“黑名单”，这样，便永远失去了那些潜在客户。

2．不及时回复邮件

有客户回应，应当及时回复发件人，然而并非每个公司都能做到。可以想象，一个潜在客户给企业发出了一封关于产品的询问，一定在急切地等待回音，如果等了两天还没有结果，他一定不会再有耐心等待下去，说不定早就成了企业竞争对手的客户。在现实生活中，大家都会有同样的感受：4 小时至 6 小时内收到回复邮件，会让人感觉棒极了；8 小时至 12 小时内的回复邮件，说明对方一直在工作，同时自己仍被列为受重视的客户；一天内的回复邮件，说明自己未被遗忘；两天后的回复邮件，说明自己对于对方来说已无所谓；邮件得不到回复，让人彻底失望。

3．不胡乱投递

若上网者已直接或间接表明拒收电子邮件之意，广告主绝对要尊重，否则就是一种不受欢迎的行为。

4．不叠床架屋

若广告主的促销渠道包括多种媒体，如电子邮件、电话等，务必要事先协调，以免同一个用户重复收到相同的广告信息。

5．不无的放矢

邮件一定要有的放矢，言之有物，让客户读后觉得没有白看，了解到了自己关心的问题，或者是对自己有用的信息。

补充资料

互联网使用者利用电子邮件发送商业信息，应遵守以下规范：

1. 未经收件人同意不得擅自发送。
2. 不得利用电子邮件进行虚假宣传。
3. 不得利用电子邮件诋毁他人商业信誉。
4. 利用电子邮件发送商业广告的，广告内容不得违反《广告法》的有关规定。

（资料来源：关于对利用电子邮件发送商业信息的行为进行规范的通告）

菲利普·科特勒在《E-mail 营销的黄金法则》中指出，利用电子邮件发送商业信息时要给顾客一个必须做出答复的理由；使你的电子邮件的内容个性化；为顾客提供一些他从直接邮寄邮件中所得不到的东西。

（资料来源：http://www.c10000.com）

习题

一、单选题

1．专门进行媒介计划和购买，不负责广告的设计、制作的广告代理类型为（　　）。

A．独立媒介代理　　B．点菜式代理

C．非大众传播媒介的广告代理　　D．专业性的广告代理

2．按照客户所需提供代理服务，广告代理类型为（　　）。

A．独立媒介代理　　B．点菜式代理

C．非大众传播媒介的广告代理　　D．专业性的广告代理

3．业务范围包括公共关系、调研、直效广告、促销活动等，这种广告代理类型为（　　）。

A．独立媒介代理　　B．点菜式代理

C．非大众传播媒介的广告代理　　D．专业性的广告代理

4．（　　）广告代理经营特定领域的广告业务，擅长某类商品广告或某种媒介的广告业务。

A．独立媒介代理　　B．点菜式代理

C．非大众传播媒介的广告代理　　D．专业性的广告代理

5．建立自己的网站，服务器选择方案，费用最高的方式是（　　）。

A．自建自己管理方式　　B．虚拟主机方式

C．服务器托管方式　　D．主机租用方式

6．建立自己的网站，服务器选择方案，费用最低的方式是（　　）。

A．自建自己管理方式　　B．虚拟主机方式

C．服务器托管方式　　D．主机租用方式

7．中小企业上网发布信息的最佳方式是（　　）。

A．自建自己管理方式　　B．虚拟主机方式

C．服务器托管方式　　D．主机租用方式

8．企业将自己的 Web 服务器放到因特网服务提供商的机房内被称为（　　）。

A．自建自己管理方式　　B．采用虚拟主机方式

C．服务器托管方式　　D．主机租用方式

9．企业在选择网络广告交换服务时应首先注意（　　）。

A．选择界定受众群体经常光顾的站点交换图标广告

B．考察交换站点本身的经营策略、经营方法以及效果

C．考察交换站点的信息量

D．考察交换站点提供的服务

10．独立媒介代理的特点是（　　）。

A．专门进行媒介计划和购买，不负责广告的设计、制作

B．按照客户所需，提供代理服务

C．业务范围包括公共关系、调研、直效广告、促销活动等

D．经营特定领域的广告代理业务，擅长某类商品广告或某种媒介的广告业务

11．非大众传播媒介的广告代理的特点是（　　）。

A．专门进行媒介计划和购买，不负责广告的设计、制作

B．按照客户所需，提供代理服务

C．业务范围包括公共关系、调研、直效广告、促销活动等

D．经营特定领域的广告代理业务，擅长某类商品广告或某种媒介的广告业务

12．点菜式广告代理的特点是（　　）。

A．专门进行媒介计划和购买，不负责广告的设计、制作

B．按照客户所需，提供代理服务

C．业务范围包括公共关系、调研、直效广告、促销活动等

D．经营特定领域的广告代理业务，擅长某类商品广告或某种媒介的广告业务

13．专业性的广告代理的特点是（　　）。

A．专门进行媒介计划和购买，不负责广告的设计、制作

B．按照客户所需，提供代理服务

C．业务范围包括公共关系、调研、直效广告、促销活动等

D．经营特定领域的广告代理业务，擅长某类商品广告或某种媒介的广告业务

二、多选题

1．从交换途径来看，网络广告交换可以划分为（　　）。

A．广告主直接交换　　B．通过广告交换网进行交换

C．文本链接　　D．页面链接

2．从链接方式来看，网络广告交换可以划分为（　　）。

A．广告主直接交换　　B．通过广告交换网进行交换

C．文本链接　　D．页面链接

3．当交换比例为 2:1 时，说明（　　）。

A．自己的网站显示 2 次别人的广告

B．别人的网站显示自己的广告 1 次

C．自己的网站显示 1 次别人的广告

D．别人的网站显示自己的广告 2 次

4．常见的广告代理的主要类型有（　　）。

A．独立媒介代理　　B．点菜式代理

C．非大众传播媒介的广告代理　　D．专业性的广告代理

5．下面属于选择一个合适的广告代理商的因素有（　　）。

A．广告代理成本　　B．广告代理商的历史和业务性质

C．代理商的代理条件　　D．创意的风格和活动的区域

6．建立自己网站的服务器管理的方式主要有（　　）。

A．自建自己管理方式　　C．采用虚拟主机方式

C．服务器托管方式　　D．主机租用方式

7．利用虚拟主机技术，每一台虚拟主机都具有（　　）。

A．独立的域名　　B．独立的 IP 地址

C．独立的操作系统　　　　　　D．具有完整的因特网服务器功能

8．在他人网站发布广告应主要考虑的因素有（　　）。

A．选择访问率高的站点投放自己的广告

B．选择有明确受众定位的站点

C．网站的运行水平

D．网站的价格水平

三、名词解释

网络广告交换　网络窄告　电子邮件广告

四、简答题

1．简述企业选择ISP的标准。

2．简述网络广告交换网的优点。

3．企业在选择网络广告交换服务时首先应注意什么？

五、案例题

在2009年中国互联网大会反垃圾邮件年会上，Web Power中国区总裁谢晶在答记者问的时候说道："当你们收到广告邮件的时候，是否把它们当成不速之客来看待呢？首先，请打消这种念头，邮件无缘无故是不会飞到你邮箱中的。静下来，我们想一下。第一，是否订阅过该邮件？第二，看看邮件内容与订阅内容的相关性如何？很多朋友可能会认为，营销邮件可以列入垃圾邮件的范畴，但我想要说的是，电子邮件营销（EDM）和垃圾邮件是完全不等同的。电子邮件营销（EDM）之所以会在你邮箱中的一个重要前提是，你必定在某个网站或其他地方注册过的、信息是被你认可的、曾经订阅过的信息，换句话说，是在你允许的情况下才发送到你邮箱里面来的，并不是凭空产生的。邮件的内容也都是和订阅时候的关键词息息相关的，不是风马牛不相及的。"

资料来源：http://column.iresearch.cn

你怎么看待电子邮件广告？

六、操作题

利用电子商务实训平台发布一条网络广告。

学习情境十　进行网络广告效果评估

计划、实施、评价是经营管理的 3 步骤，许多人非常重视前两个环节，却忽略了最后一步——评价，广告也是这样。科学的广告效果评价体系是广告成功的关键，是广告策划案的焦点。

项目任务 10.1　认识网络广告效果评估

任务情境

2012 年，加多宝在与广药的商标争夺战中输掉了官司，广药集团收回鸿道（集团）有限公司的红色罐装及红色瓶装王老吉凉茶的生产经营权，从那以后两家企业的战争便愈演愈烈。2013 年 2 月 4 日，加多宝在微博上做出了一组兼具视觉力与传播力的“对不起”系列图片（见图 10-1），这组图片选取了 4 个哭泣的宝宝，并配以一句话文案诉说自己的弱势，图片表面悲情，实则却如利剑一般，剑剑刺在竞争对手的痛处，给予对手致命的打击。加多宝的悲情牌一经打出，立刻博取大量网民的同情，其官方微博上的 4 张图片获得了超过 4 万的转发量，加多宝也一举将输掉官司的负面新闻扭转为成功的公关营销事件。

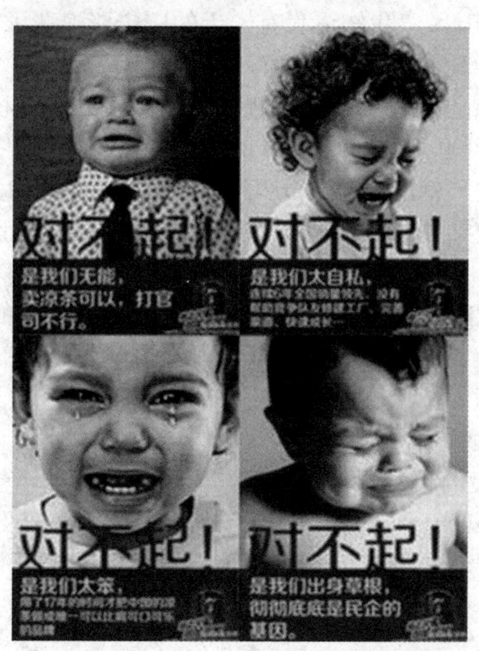

资料来源：天涯社区

图 10-1　加多宝网络营销广告

加多宝此举的起因是 2013 年 1 月 31 日广州中级人民法院下达的一纸裁定：广东加多宝饮料食品有限公司等被申请人立即停止使用“王老吉改名为加多宝”“全国销量领先的红罐凉茶改名为加多宝”或与之意思相同、相近似的广告语进行广告宣传。在“对不起”系列微博出炉之后，舆论却出现了“一边倒”的态势。虽然在诉中禁令下达后“改名版”广告遇阻，但加多宝还是想尽办法让消费者们大声叫出这个名字来。广告图中哭泣的小宝宝让很多网友对加多宝的遭遇倍感同情。用悲情唤同情，这正是加多宝打出去的一张牌。加多宝方面希望用网络营销为自己达到“未赢官司，先赢民心”的效果。

（资料来源：天涯社区）

任务要求

1. 什么是网络广告效果?
2. 如何进行网络广告效果测评?

一个好的广告作品，能否吸引广大消费者的注意，打动消费者，使消费者产生偏爱，最终促使其下决心购买，这是广告活动的中心目的。当然广告活动还希望推出企业形象和产品形象。那么，如何才知道广告活动达到了预期的目的呢？如何才能知道其活动效果达到目的的程度呢？对广告效果进行测定，是保证广告活动能够最好地达到预期目标的重要措施，也是支付广告费用的广告主最为关心的问题。

知识点 10.1.1　网络广告效果的含义

网络广告是广告的一种形式，因此研究网络广告效果的测评，首先应从传统广告效果研究。

1．什么是广告效果

广告界流传着这样一句话：“我知道我有一半的广告费浪费了，但我不知道是哪一半”。我们也常常听到有一些人议论说，某一广告有效，某一广告无效。到底什么是广告效果呢？

广告效果是指广告作品通过广告媒体传播之后所产生的作用和影响，或者说是目标受众对广告的反应程度。这种影响可以分为对受众的心理影响、对受众社会观念的影响及对广告产品销售的影响。对企业来说，就是广告能否达到预定的目的，比如提高知名度、美誉度、销售额、市场占有率等。广告效果关系到媒体和广告主的直接利益，也影响到整个行业的发展。

2．广告效果的特征

广告效果既体现于广告整体运作进程中，又存在于广告表现的实施过程中，更显露于广告活动告一段落后。因此，广告活动的各个环节都会影响到广告效果。所以，我们必须了解广告效果本身具有哪些特征。

（1）复合性

广告效果是多种因素复合的结果。首先，广告活动的各个环节都会影响到广告效果；其次，企业产品策略、价格策略、渠道策略、促销策略的变化以及竞争对手的广告策略的调整，都会给广告效果带来影响；再次，市场环境、社会环境、政治环境及文化心理等也会影响到广告效果。

（2）滞后性

广告效果并非立竿见影，而是要经过一段时间或更长的时间才能显现。广告活动对受众产生心理影响，但销售效果要在一段时间后才表现出来。因此，不能简单地从眼前的效益来判断广告效果。

（3）迟效性

广告信息的发送与接收是一个连续、动态的过程，目标受众从接触广告到完成购买，中间有一个心理积累的过程，广告效果要在一段时间后才表现出来。比如，消费者看到了某品牌空调的广告，也产生了购买的欲望，但考虑到自己的经济实力，尚不能立即购买。所以，在研究广告效果时，不能简单地从眼前效益判断。

（4）间接性

广告促进受众达成认知、理解或态度改变，最终实施购买行为，使企业获得经济效益，这是广告的直接效果。但广告更多的是间接效果。比如，受众接收了某一品牌产品的广告信息，对品牌产生了好感，虽然由于某种原因而未实现购买行为，却会介绍他人购买，或者自己购买该品牌的其他产品。

3．广告效果测评

所谓广告效果测评，就是根据一定的法则，采用一定的操作程序，对广告效果给出一种确定的数量化的价值。广告主都希望了解自己投放广告后取得什么回报，力争花最少的钱，做最多的事。广告效果测评可以检验决策，从而提高广告水平，调整广告计划，节约广告开支，并且可以了解广大受众对广告的反应，从而改进作品，掌握广告活动的变化，进行调控管理，取得较好的广告效益。

广告效果测评的常用指标包括：

（1）注意率

注意率包括广告的接触者数量、接触者范围以及在一定时期内接触广告的次数即接触频率，实际是对广告交流效果的评定。

（2）到达率

到达率包括 3 个层次：知名度、理解率、确信率。即通过广告活动，企业的名称品牌等有多少消费者知道，又有多少消费者理解了广告所传达的各种信息，多少消费者信服了这些广告信息，继而采取一定的行为和心理态度的转变。

（3）行动率

行动率包括 3 个方面：一是消费者对企业的正向心态，即对企业的赞许态度增加与否；二是市场销售额的变化；三是从市场占有率的变化等来确定广告在促成购买行动上的作用。

传统媒体广告效果的测评一般是通过邀请部分消费者和专家座谈评价，或调查视听率发行量，或统计销售业绩分析销售效果。在实施过程中，由于时间性不强（往往需要上月的情况）、主观性影响（调查者和被调查者主观感受的差异及相互影响）、技术失误造成的误差、人力物力所限样本小等原因，广告效果评定结果往往和真实情况相差很远。

4．网络广告效果的含义

网络广告效果是指网络广告作品通过网络广告媒体传播后所产生的作用和影响及目标受众对网络广告的反应程度。网络广告效果包括两方面的含义：一方面是网络广告活动的效果；另一方面是网络广告本身的效果。这里所要探讨的是网络广告的第一方面效果。网络广告与传统广告效果一样具有心理效果、经济效果和社会效果。网络广告的评估就是利用一定的指标、方法和技术对网络广告效果进行综合衡量、评估等活动，网络广告效果的评估包括对其心理效果评估、经济效果评估和社会效果评估。

随着互联网的迅猛发展，网络逐渐成为广告的崭新载体。目前网络已经成为继电视广播、报纸杂志和户外广告以外的第四大广告媒体。网络广告由于其交互直接、反馈及时、覆盖面广、无时空差异、针对性强、便于统计、费用低廉等优势越来越被广告主所看好，除上述优点外，网络广告不同于传统媒体的一个特有优势便是其效果的可度量性。

5. 网络广告效果测评的特点

计算机本身的数字编码能力，为测评网络广告传播效果提供了现实的基础，与传统广告测评相比，网络广告效果测评的特点就越发明显地表现出来了。

（1）及时性

网络媒体和受众之间的沟通交流远远快于传统媒体，网络广告受众访问广告所在站点时，能够在线提交 Form 表单或发送 E-mail，广告主能够在很短的时间里（通常只有几分钟，最多不超过一两个小时）收到信息，并根据大多数客户的要求和建议作出积极反馈。网络广告效果测评既迅速又直观，广告主可以随时了解广告被关心的程度如何、广告的传播效果如何、社会效果如何，甚至广告的经济效益如何等。同时，由于受众或访问者在回答问卷时，是在自己的家中进行的，舒适、安静的环境以及不受调查者的影响使得回答问题变得从容、自信并可以进行认真思考，从而大大提高了回答问题的质量，增强了网络广告效果测评的可靠性。

（2）易统计性

方便统计是网络广告效果测评的又一特点。不论是采用何种指标计量（如 Hit、Click Through、CPM、CPC 等），只要使用适当的软件工具，都很容易统计出具体、准确的数据。这是传统媒体广告效果测评所无法比拟的。传统媒体广告效果测评无论是广播电视还是报纸杂志，都只有通过问卷、调查或专家评估得出一个粗略的统计数字，由于诸如选择调查对象不当（如选择的调查对象不具有典型性）、专家意见偏差等原因而造成的评估数据失真的情况很多，从而造成对广告主及广告发布者的误导。而因特网从一开始就是一个技术型的网络，它的全数字化从一开始就表明了统计数字的准确性。

（3）自愿性

网络广告效果测评的第三个特点就是自愿性，这也是伴随网络技术特点而来的。网络广告本身就具有自愿的特点，这种特点使得一向讨厌传统广告的人们对它网开一面，甚至产生了友好的感觉。因为传统媒体（如电视广告）不管观众愿不愿意，喜不喜欢，而一味地强行把广告推给观众，受众只能被动接受这些信息，几乎没有选择的权力。而网络广告则能使受众充分享有主动选择的权力，可以按需查看。网络广告自身的自愿性带来了网络广告效果测评的自愿性，举个简单的例子，网络广告效果测评的调查表完全由网上用户自愿填写，没有任何压力和强迫行为。

（4）高技术性

网络广告效果测评比以往任何时候都更加依赖科学技术的进步和发展。因为，因特网本身就是高科技的产物，是信息时代的特征。美国的 Web 评级公司 Media Metrix 首先进入客户终端 Web 受众领域，它招募家庭用户在计算机上安装追踪软件，然后每月将磁盘寄给公司，这说明 Media Metrix 公司的测评方法依赖于追踪软件的技术含量。而另外一家美国 Web 评级公司 Relevant Knowledge 从 Media Metrix 借鉴了测量方法，并且把它的方法发扬光大，它一改等待用户将盘寄给公司的方法，直接通过互联网从用户的计算机上收集追踪数据。可以说，Relevant Knowledge 公司能直接从用户的计算机中收集追踪数据，这是技术的胜利。可见，不管网络评级公司采取什么样的测量方法，都必须通过一种手段去实现，而这种手段就是科学技术。

（5）广泛性

因特网是一个开放的全球化网络系统，它的受众是无限广阔的，它的时间是全天候的。对于一则网络广告来说，它可以被世界任何一个国家的消费者看到并对其影响，甚至使其产生购买行为；从网络广告效果测评来说，测评的范围也同样是全球的受众，从全球的受众那里获得好的建议。因此，相对于传统的媒体广告效果测评来说，网络广告效果测评具有极其广泛的调查目标群体，网络广告效果测评的正确性与准确性得到空前提高。

（6）经济性

与其他传统广告媒体相比较，网络广告效果测评投入的成本最为低廉，这也是网络广告效果测评的特殊优势之一。我们知道，任何企业、团体在投入广告时都要首先考虑成本，或者更确切地说是首先考虑单位成本的效果。单位成本的效果越大，就越值得做；反之，就不值得做。网络广告效果测评以其针对性强、效果好、费用低而著称。对传统广告的测评，掺杂了太多的人为因素，而网络广告测评更多借助了技术优势，“一次投入，终生受益”，网络广告效果测评的这一特点大大增加了网络广告较之传统广告的先进性和竞争力。

知识点 10.1.2　网络广告效果的评估

网络广告评估的内容主要包括以下几个方面。

1．广告曝光次数（Advertising Impression）

广告曝光次数是指网络广告所在的网页被访问的次数，这一数字通常用 Counter（计数器）来进行统计。假如广告刊登在网页的固定位置，那么在刊登期间获得的曝光次数越高，表示该广告被看到的次数越多，获得的注意力就越多。但是，在运用广告曝光次数这一指标时，应该注意以下问题：首先，广告曝光次数并不等于实际浏览的广告人数。在广告刊登期间，同一个网民可能光顾几次刊登同一则网络广告的同一网站，这样他就可能看到了不止一次这则广告，此时广告曝光次数应该大于实际浏览的人数，并不相等；还有一种情况就是，当网民偶尔打开某个刊登网络广告的网页后，也许根本就没有看上面的内容就将网页关闭了，此时的广告曝光次数与实际阅读次数也不相等。其次，广告刊登位置的不同，每个广告曝光次数的实际价值也不相同。通常情况下，首页比内页得到的曝光次数多，但不一定是针对目标群体的曝光，相反，内页的曝光次数虽然较少，但目标受众的针对性更强，实际意义更大。再次，通常情况下，一个网页中很少刊登一则广告，更多情况下会刊登几则广告。在这种情形下，当网民浏览该网页时，他会将自己的注意力分散到几则广告中，这样对于广告主的广告曝光的实际价值到底有多大无从知道。总体来说，得到一个广告曝光次数，并不等于得到一个广告受众的注意，只能从大体上来反映。

2．点击次数/点击率（Click & Click Through Rate）

网民点击网络广告的次数就称为点击次数。点击率是网络广告最基本的评价指标，也是反映网络广告最直接、最有说服力的量化指标，点击次数可以客观准确地反映广告效果，因为一旦浏览者点击了某个网络广告，说明他已经对广告中的产品产生了兴趣，与曝光次数相比这个指标对广告主的意义更大。而点击次数除以广告曝光次数，就可得到点击率

(CTR)，这项指标也可以用来评估网络广告效果，是广告吸引力的一个指标。如果刊登这则广告的网页的曝光次数是 5000，而网页上的广告的点击次数为 500，那么点击率是 10%。随着人们对网络广告了解的深入，点击它的人反而越来越少，除非特别有创意或者有吸引力的广告，造成这种状况的原因可能是多方面的，如网页上广告的数量太多而无暇顾及，浏览者浏览广告之后已经形成一定的印象而无需点击广告，或者仅仅记下链接的网址而在其他时候才访问该网站等，因此，平均不到 1% 的点击率已经不能充分反映网络广告的真正效果。于是，对点击以外的效果评价问题显得重要起来，与点击率相关的另一个指标——转化率，被用来反映那些观看而没有点击广告所产生的效果。

3．转化次数/转化率（Conversion & Conversion Rate）

网络广告的最终目的是促进产品的销售，而点击次数与点击率指标并不能真正反映网络广告对产品销售情况的影响，于是，引入了转化次数与转化率的指标。转化率最早由美国的网络调查公司 AdKnowledge 在《2000 年第三季度网络广告调查报告》中提出。“转化”被定义为受网络广告影响而形成的购买、注册或者信息需求。那么，可以推断转化次数就是由于受网络广告影响所产生的购买、注册或者信息需求行为的次数，而转化次数除以广告曝光次数，即得到转化率。网络广告的转化次数包括两部分，一部分是浏览并且点击了网络广告所产生的转化行为的次数，另一部分是仅仅浏览而没有点击网络广告所产生的转化行为的次数。由此可见，转化次数与转化率也可以反映那些浏览而没有点击广告所产生的效果，同时，点击率与转化率不存在明显的线性关系，所以出现转化率高于点击率的情况是不足为奇的。正如该公司高级副总裁 David Zinman 所说：“这项研究表明浏览而没有点击广告同样具有巨大的意义，营销人员更应该关注那些占浏览者总数 99%的没有点击广告的浏览者”。AdKnowledge 的调查表明，尽管没有点击广告，但是，全部转化率中的 32%是在观看广告之后形成的。该调查还发现了一个有趣的现象：随着时间的推移，由点击广告形成的转化率在降低，而观看网络广告形成的转化率却在上升。点击广告的转化率从 30 分钟内的 61%下降到 30 天内的 8%，而观看广告的转化率则由 11%上升到 38%。这一组数字对增强网络广告的信心具有很大意义，但问题是，转化率怎么来监测，在操作中还有一定的难度。通常情况下，将受网络广告的影响所产生的购买行为的次数就看作转化次数。

项目任务 10.2　评估网络广告的效果

任务情境

强生，因爱而生（见图 10-2）

强生公司创建于 1886 年，目前在全球 57 个国家建立了 230 多家分公司，是目前世界上最具综合性、业务分布范围最广的卫生保健产品的制造商和相关服务提供商，拥有约 11 万 6 千余名员工，产品在 175 个国家和地区销售。1985 年，强生公司在中国成立了第一家合资企业——西安杨森制药有限公司。随之先后成立了上海强生有限公司、强生（中国）有限公司、强生（中国）医疗器材有限公司和上海强生制药有限公司。随着业务的不断发展，今天，强生在中国已有员工 6000 多名，生产领域广泛，包括消费品及个人护理产品、医药产品和医疗器材及诊断产品，致力于促进中国人民的健康事业。2005 年 7 月，强生成为北京

2008 年奥运会及残奥会的官方合作伙伴；2006 年 2 月，又成为奥运全球合作伙伴。强生珍惜这一良好的机会，继续加强与政府相关部门的合作，倾注全力为中国家庭提供更好的健康服务，深化人文奥运的内涵，为北京 2008 年奥运会及残奥会的成功举办作出贡献。强生时刻要求自己：对我们所生活和工作的社区、社会及整个世界负责，支持社会公益，参与对社会有益的慈善活动。

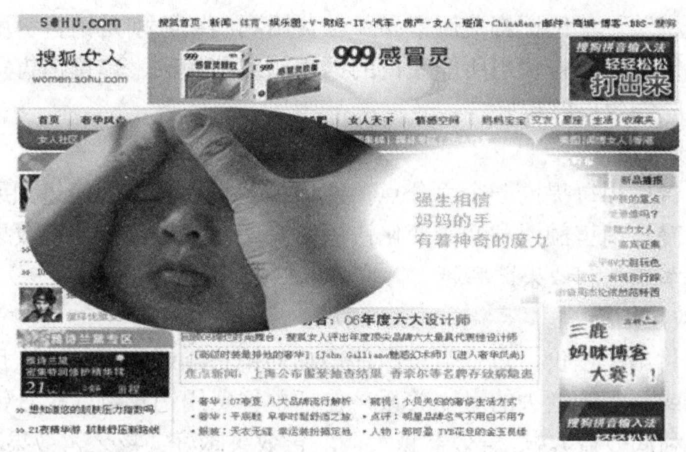

图 10-2　婴儿的抚触

“强生，因爱而生。”

这是强生公司网站上的一段宣传文字，可以说非常深入人心，也引起了人们的共鸣。当然，仅仅是宣传还不够，“强生公司从 1985 年开始在中国开展关于促进中国家庭健康发展的项目，目前包括旗下 8 家子公司在内已经在中国支持超过 20 个相关公益计划，在第一阶段被整合的 13 个项目涵盖了婴儿护理、儿童安全、艾滋病、糖尿病以及精神健康等对家庭健康教育意义重大的领域”，并且“在整合资源的同时，还将对重点项目进行全面的扩展”。2007 年，强生公司首先将扩展由强生旗下的西安杨森制药公司发起的精神健康教育项目。通过强生家庭健康关爱计划提供的资源，这一项目将对医护人员的培训从 2006 年的 22 个城市扩大到 2007 年的 52 个城市，对患者的培训从 18 个城市扩大到 52 个城市。作为一家公司，在它提出这些目标的时候，我们为什么会相信它？就是因为它已经兑现了它之前的承诺，现在我们在很多医院都可以看到强生针对准妈妈和准爸爸们的关于婴幼儿健康方面的教育宣传，而正是这些免费的宣传资料，让很多开心并焦虑的准妈妈和准爸爸们，知道生命的珍贵与脆弱。上好了关于生命的第一课。

我们可以从强生身上看到一个企业不仅仅是完成利润收益，也不仅仅是把经济指标当作考核企业责任的唯一标准，还可以同时容纳多种标准，以衡量企业的发展和成就。从强生身上，我们可以感受到一个负责任的企业所散发的魅力。如同在它的广告片中所唱的那样：“阳光灿烂……”

任务要求

1. 了解网络广告效果测评的指标。
2. 掌握网络广告效果测评的方法。

知识点 10.2.1　评估网络广告的经济效果

1．网络广告费用指标

该指标表示网络广告费用与销售额或利润额之间的相对关系，包括销售费用率、利润费用率、单位销售费用率和单位费用利润率。销售费用率或利润费用率反映要获得单位销售额或单位利润所支出的网络广告费用，销售费用率或利润费用率越低，网络广告的效果就越好；反之，效果就越差。单位销售费用率和单位费用利润率分别是销售费用率和利润费用率的倒数，表示单位价值的广告费用所能获得的销售额或利润额，单位销售费用率和单位费用利润率越高，网络广告效果就越好。

2．网络广告效果指标

该指标表示广告费用每提高一个百分点，能增加多少百分点的销售额或利润额，它反映了广告费用变化快慢与销售额或利润额变化快慢的对比关系，包括销售效果比率和利润效果比率。销售效果比率或利润效果比率越大，广告的效果越好。

3．网络广告效益指标

该指标表示每付出单位价值点广告费所能增加的销售额或利润额。它反映出网络广告费用与广告后销售额或利润额增大的对比关系，包括单位费用销售额（广告销售效益）和单位费用增加额（广告利润效益）。广告效益越大，广告效果越好；反之，效果越差。

4．市场占有率指标

该指标表示企业的某种产品在一定时期内的销售量占市场同类产品销售总量的比率，反映本企业产品在市场上的地位与竞争能力，包括市场占有率和市场占有率提高指标。企业市场占有率的提高意味着企业生产的产品的竞争能力增加和产品的市场份额增加。

5．网络广告到达率

该指标表示网络广告登录后，能够到达受众的比率（即到达率）是多少；看到并点击网络广告的受众在整体受众中的比率（即净到达率）是多少；受众通过网络广告是否能达到了解、充分了解、熟悉企业的产品，其中各个层次的比例是多少；广告的投放是否直接带来产品销售量和销售额的增长；是否直接带来产品及企业知名度的提高；是否在一定程度上提高了企业的大众形象等，这些可以用总接触受众人数、平均接触频次等指标来测算。

6．网络广告点击率

点击率是网络广告最基本的评价指标，也是反映网络广告最直接、最有说服力的量化指标，不过，随着人们对网络广告了解的深入，点击它的人反而越来越少，除非特别有创意或者有吸引力的广告。

知识点 10.2.2　评估网络广告的传播效果

广告的作用主要有两点：一是向受众传递某种特定的商业信息以促进企业的产品销售；二是建立或强化企业或产品的品牌形象。因此，衡量广告的效果不仅要看其促进产品销售的效果，还要关注其改善受众态度的社会效果。通过浏览率、点击率、交互率和行动率来综合衡量网络广告的心理效果、销售效果和社会效果，不能单一强调其中的某一指标。

由于浏览、点击、交互和行动伴随着认知心理的依次加深，4 种指标的效果层次也在加深，需要赋予不同的权重。对于不同的网络广告形式，其权重分配比例也不同。与传统媒体相比，网络媒体能够针对访问网站的人数做细致的记录，记录访客浏览网络广告的全过程，统计出网络广告的浏览率、点击率、交互率和行动率。

1．传统媒体心理效果模式

广告心理效果测定，即测定广告经过特定的媒体传播之后对消费者心理活动的影响程度。当消费者接受广告信息后，会产生一系列的心理效应，最终付诸于购买行动。而广告对消费者的影响是多层次、多侧面的，对此广告研究者从 21 世纪初就开始进行了广泛的研究，至今已形成了一系列形形色色的广告心理效果模式。但影响较大，得到广告界认可主要有以下两种模式。

（1）勒韦兹（R.J.Lavidge）和斯坦纳（G.A.Steiner）模式

勒韦兹和斯坦纳模式如图 10-3 所示。

知晓→了解→喜欢→偏好→信服→购买

图 10-3　勒韦兹和斯坦纳模式

勒韦兹和斯坦纳认为，消费者对广告的反应由 3 部分组成，即认知反应、情感反应和意向反应。认知反应包括知晓和了解。所谓知晓，是指消费者发觉产品的存在，它发生于消费者与广告接触之际；了解是消费者对产品性能、效用、品质等各方面特点的认识。情感反应包括喜欢和偏好。喜欢是消费者对产品的良好态度；偏好是消费者对产品的良好态度扩大到其他方面。意向反应包括信服和购买。由于偏好，消费者产生了购买欲望，而且认为购买该产品是明智的，这就是信服；购买是由态度转变为实际行为反应。

例如“白加黑”的广告，以“白片+黑片”的形象顺势推出，并确定了干脆简练的广告口号“治疗感冒，黑白分明”，广告传播的核心信息是“白天服白片，不瞌睡；晚上服黑片，睡得香”，使产品名称和广告诉求具有一致性，迅速地建立起知名度。在后来的调查中，消费者认为“白加黑”的名称耳目一新，产品特性能“满足其实际生活需求”，从而记住了该品牌，成为感冒时的主要候选品牌之一。“白加黑”在今天的感冒药市场上仍占据强势地位，是与其针对消费者心理需求，进行简明、有效的传播活动分不开的。

（2）DMP（Dentsu Media Planning）模式

日本电通公司 DMP（Dentsu Media Planning）模式在过去广告效果测评模式的效果指标仅限于媒体到达程度、广告到达程度、心理改变程度 3 个阶段，DMP 模式的效果指标进一步涵盖了“行动程度”。该模式认为广告发布是一个信息传播的过程，分为 4 个阶段：到达、认知、态度、行动。实际上也是广告通过媒介与消费者接触，影响消费者的知觉、记忆和情感，达到对企业产品，劳务或企业形象的认知和态度改变，产生购买欲望并付诸行动的过程。

2．网络广告独特的心理效果

网络广告和传统媒体广告一样，也是一个信息传播的过程。消费者接触网络广告同样也会产生认知、情感、态度、行为等心理效应。这些心理学指标同样也是网络广告心理效果评价系统的基本指标。但网络广告又是一个新兴的媒体广告，它有自己独特的手段和技术，对消费者的心理有着独特的影响效果。

网络广告是一种非强迫性传播，它不像电视、广播、报纸、户外广告等具有强迫性，想方设法吸引人们的视觉和听觉，将有关信息塞进受众的脑子以打动人们的无意注意。网络广告作为一种传播活动，毫无疑问要吸引人们的无意注意，吸引人们在信息的海洋中注意它，点击它，但它独特的交互性主要吸引的是人们的有意注意并力求调动人们的自觉性和主动性。一句话，在一般媒体上，广告找人看，在网络媒体上，人找广告看。所以吸引消费者有意注意的水平是评价一则网络广告心理效果的重要指标。

互联网是一个受众媒体，它提供的是一种双向的沟通方式，并能将信息按照用户的个人情况和需求进行“个人化定制”。人们在互联网上是一种自助的信息消费行为，信息的选择和使用完全按照用户个人的兴趣和需要而决定。只有引起消费者的兴趣，满足消费者的某种现实需要或潜在需要的网上广告信息，才能一步步吸引消费者深入了解，接受广告信息。因此，是否引起消费者的兴趣，满足消费者的需要是关系网络广告成败的一个重要因素。网络互动广告一对一模式就要求信息传播的个人化，让每个接触广告的人都感到广告产品是专门为自己准备的，让广告信息走到每个人身边来，贴近每个人的心，想其所想，爱其所爱。因此，广告信息是否有针对性并富有个性，是否具有亲和力应是网络广告心理效果测评系统中的一个重要指标。

网络广告是一种针对目标市场进行广泛劝说的传播活动，和其他大众传播方式相比，网络广告有更明确的广告对象。另外网络技术可以帮助广告主选择用户，跟踪用户，多方面掌握用户资料，然后有的放矢，对症下药，因此有希望成为一种最富针对性的促销行为。网络这种全天候、全球性的市场交流媒介，不仅能建立品牌认知度，还能吸引人们来仔细打量一种产品，促成购买，并提供售后服务和售后支持。所以，网络广告是否能引起人们的直接在线购买行为也是评价网络广告的重要指标。

知识点 10.2.3　评估网络广告的社会效果

网络广告社会效果的测评是依据一定社会意识形态下的政治观点、法律规范、社会伦理道德和文化艺术的约束，对网络广告的社会影响进行检验。约束标准不同，测评的结果也不同。对网络广告效果的检验要通过大家公认的指标来衡量，其中包括以下指标。

1. 法律规范指标

利用广告法来管理广告是世界各国对广告活动进行监控和管理的主要方法，它具有权威性、概括性、规范性和强制性，适用于衡量广告中的普遍性问题。

2. 伦理道德指标

在一定社会和时期，各国和各民族都具有其特定的伦理道德标准，它受人们的价值观、宗教信仰、风俗习惯和教育水平等因素的影响。因此，广告的内容必须符合人们的基本伦理道德。

3. 文化艺术标准

每个民族和国家都有自己独特的文化和风俗习惯，广告必须符合人们基本审美观和文化艺术标准，否则，就会受到社会绝大多数人的反对和抵制。

对网络广告社会效果的评估，很难像对网络广告传播效果和经济效果评估那样用几个指标来衡量，因为网络广告的社会影响涉及整个社会的政治、法律、艺术、道德伦理等上层建筑和社会意识形态。所以，网络广告的社会效果只能用法律规范标准、伦理道德标准和文化艺术标准来衡量。

知识点 10.2.4　网络广告效果测评的方式

测评网络广告效果可以通过如下方式获得数据：一是通过服务器端的访问统计软件随时监测，目前有一些专门用于广告分析的软件，通过软件分析，广告主可以随时了解在什么时间、有多少人访问过载有广告的页面，有多少人通过广告直接进入广告主自己的网址等；二是通过查看客户反馈量。获得这些准确的数据之后，还可以综合运用一些传统方法来对网络广告进行全面测评，即下面介绍的前两种方法。

1．对比分析法

无论是 Banner 广告，还是邮件广告，由于都涉及点击率或者回应率以外的效果，因此，除了可以准确跟踪统计的技术指标外，利用比较传统的对比分析法仍然具有现实意义。当然，不同的网络广告形式，对比的内容和方法也不一样。

对于 E-mail 广告来说，除了产生直接反应之外，E-mail 还可以有其他方面的作用。例如，E-mail 关系营销有助于我们与顾客保持联系，并影响其对我们的产品或服务的印象。顾客没有点击 E-mail 并不意味着将来购买的可能性或者品牌忠诚度不会增加，从定性的角度考虑，较好的评价方法是关注 E-mail 营销带给人们的思考和感觉。这种评价方式也就是采用对比研究的方法：将那些收到 E-mail 的顾客的态度和没有收到 E-mail 的顾客做对比，这是评价 E-mail 营销对顾客产生影响的典型的经验判断法。利用这种方法，也可以比较不同类型 E-mail 对顾客所产生的效果。

对于标准标志广告或者按钮广告，除了增加直接点击以外，调查表明，广告的效果通常表现在品牌形象方面，这也就是为什么许多广告主不顾点击率低的现实而仍然选择标志广告的主要原因。当然，品牌形象的提升很难随时获得可以量化的指标，不过同样可以利用传统的对比分析法，对网络广告投放前后的品牌形象进行调查对比。

2．加权计算法

所谓加权计算法就是在投放网络广告后的一定时间内，对网络广告产生效果的不同层面赋予权重，以判别不同广告所产生效果之间的差异。这种方法实际上是对不同广告形式、不同投放媒体或者不同投放周期等情况下的广告效果进行比较，而不仅仅反映某次广告投放所产生的效果。

显然，加权计算法要建立在对广告效果有基本监测统计手段的基础之上。下面以两个例子来说明。

例一：

第一种情况，假定在 A 网站投放的 Banner 广告在一个月内获得的效果：产品销售 100 件（次），点击数量 5000 次。

第二种情况，假定在 B 网站投放的 Banner 广告在一个月内获得的效果：产品销售 120 件（次），点击数量 3000 次。

如何判断这两次广告投放效果的区别呢？可以为产品销售和获得的点击分别赋予权重，根据一般的统计数字，每 100 次点击可形成 2 次实际购买，那么可以将实际购买的权重设为 1.00，每次点击的权重为 0.02，由此可以计算上述两种情况下，广告主可以获得的总价值。

第一种情况，总价值：$100\times1.00 + 5000\times0.02 = 200$；

第二种情况，总价值：$120\times1.00 + 3000\times0.02 = 180$。

可见，虽然第二种情况获得的直接销售比第一种情况要多，但从长远来看，第一种情况更有价值。这个例子说明，网络广告的效果除了反映在直接购买之外，对品牌形象或者用户的认知同样重要。

权重的设定对加权计算法的最后结果影响较大。比如，假定每次点击的权重增加到 0.05，则结果就不一样。如何决定权重，需要在大量统计资料分析的前提下，对用户浏览数量与实际购买之间的比例有一个相对准确的统计结果。

例二：

某企业在宣传方面选择了网络广告，并在一段时间内同时实施了 3 种方案，投放效果各有不同，基本情况见表 10-1。

表 10-1　基本情况表

方案	投放网站	投放形式	投放时间	广告点击次数	产品销售数量
方案一	A 网站	Banner	一个月	2000	260
方案二	B 网站	Banner	一个月	4000	170
方案三	C 网站	Banner	一个月	3000	250

从表中的数据可以直接看出方案一获得了最高销售量，似乎是最好的效果。但是衡量网络广告投放的整体效果必须涉及很多方面，比如要考虑广告带来多少注意力、注意力可以转化为多少利润、品牌效应等问题。针对上例情况，就应该进行科学的加权计算法来分析其效果。

这种计算方法很简单。首先，可以为产品销售和获得的点击分别赋予权重，权重的简单算法：（260+170+250）/（2000+4000+3000）≈0.07（精确的权重算法需要应用大量资料进行统计分析）。由此可得，平均每 100 次点击可形成 7 次实际购买，那么可以将销售量的权重设为 1.00，每次点击的权重为 0.07。然后将销售量和点击数分别乘以其对应的权重，最后将两数相加，从而得出该企业通过投放网络广告可以获得的总价值。

方案一，总价值：$260\times1.00 + 2000\times0.07 = 400$；

方案二，总价值：$170\times1.00 + 4000\times0.07 = 450$；

方案三，总价值：$250\times1.00 + 3000\times0.07 = 460$。

由计算结果可见，方案三才能为该企业带来最大的价值。虽然第一种方案可以产生最多的实际销售量，第二种方案可以带来最多的注意力，但从长远来看，第三种方案更有价值。

3．事前测评、事中测评、事后测评

网络广告效果测评独有的技术优势有效地克服了传统媒体的诸多不足，让广告主明确知道广告的影响范围，明确选择目标受众，缩短了交互的时空距离，也为缩减广告预算提供了可能性。如果借用管理上的“事前控制、事中控制、事后控制”，可以将网络广告效果测评分为“事前测评、事中测评、事后测评”。在这里提一下影响网络广告效果的因素主要有：网络广告本身；刊播广告网站与页面位置；广告面积；图片是否常换常新；文案是否引人入胜；链接是否合适；适当运用动画图片；适当运用纯文字广告等。

（1）网络广告效果的事前测评

对传统广告而言，也有一些专门人员在广告发布前，对广告的内容、形式、创意进行沟通效果的测试，比较典型的方法见表 10-2。这种测评的目的在于收集消费者对广告作品的反应，以便在广告发布前进行修正。

表 10-2　传统广告传播事前效果测评方法

测评方法	样本选择	测评目的	操作方法
专家评分测评法	专家	测评最佳广告作品	归纳广告要素，请专家对广告的注意力、易懂性、认识力等方面给予逐项评分，最后以累积分决定优劣
消费者评定法	消费者内部职工	评判广告优缺点	提供广告样本，请被调查人员观看，利用量表对不同评价指标打分，归纳总结
仪器测评法	消费者	测评广告受众的生理变化	利用各类电子仪器来测验受众看过广告后在血压、心跳、瞳孔直径等方面的变化，来判定广告的吸引力

从事广告研究的人都知道，上述各种测评方式因为样本量、地域、时间等因素的差异，并不能客观公正地为广告主提供参考依据，而网络广告则在给广告主展示广告定位时，就通过多种指标，近乎全方位地预测了广告效果。更准确地说，最初的广告预算方案就已经让广告主明确知晓了可能的广告传播效果，因此这里所指的网络广告事前测评，就是指网络广告测评中常用的客观指标。

（2）网络广告效果的事中测评

广告放到网站上之后，并不意味着可以万事大吉了，还要对广告的效果进行实时监测，动态跟踪，及时掌握第一手信息，根据监测结果来判断是否达到了预期效果以及未来的改进方向。例如，可以将某个广告每天的点击率在坐标轴上连成线，研究每个创意衰竭的时间，为设定更换广告创意间隔提供依据。网络广告效果的事中测评主要是指借助信息技术，在发布网络广告的同时，动态监测网络广告的效果。

① Nielsen//NetRatings 是 Nielsen Media Research 和 AC Nielsen 通过战略合作成立的公司，是唯一提供全方位互联网用户行为信息服务的公司，它从全世界将近 90000 个固定样本收集实时数据，这些用户广泛地代表了最大的互联网行业媒体研究样本。Nielsen//NetRatings 的标志广告监测重点在于跟踪并报告用户于网络广告之间的交互行为，标志广告是互联网上基本的广告媒体。

Nielsen//NetRatings 的用户行为跟踪软件主要用于传送最精确、最有用的信息，与其他方法相比，有以下几个方面的优点。

最精确：Nielsen//NetRatings 的 JAVA 代理体系意味着“坐在数据流上”，使得收集各种网络行为无障碍。基于 JAVA 的软件也意味着不必考虑平台（PC、Mac、UNIX）的差异，用同样的方法收集同样的资料，确保记录行为的一致性。

可监测更全面的信息：现在，广告主和营销人员正寻找比页面浏览和独立用户统计更多的信息，Nielsen//NetRatings 的用户跟踪技术有独特的能力，可以自动测量标志广告浏览和点击（Banner Track）、电子商务行为（Commerce Track）、缓存页面浏览（Cache Track）以及网页下载时间，利用这些方法可以全面观察用户和网络的交互行为。

方便友好的跟踪：任何调查的关键在于尽可能不要让被调查者反感，以便取得无偏见的调查结果。一旦样本设置完成，Net Ratings Insight 需要最小的干预，实时行为资料上载设计在系统和用户资源上，也设置最小的负担——用户系统上没有历史文件，也不需要寄回软盘。

安全可靠的跟踪：所有被调查者的行为资料都自动预先加密传输以确保被调查者的绝对安全。

对新平台容易快速携带：新的网络接入设备逐渐流行起来，也需要跟踪用户行为资料，为每种不使用 JAVA 的设备都开发新的软件将是一件很麻烦的事情，Nielsen//NetRatings 的

JAVA 结构可以方便移植到便携上网设备上，移入网络电视、机顶盒以及其他允许使用 JAVA 的平台上。

② Cookie 是由网站服务器发出的特有文件，由浏览器自动储存在用户的硬盘上。这种文件的数据不受任何限制，可以是时间/日期标记、IP 地址或用户 ID 等。一旦浏览器接收了 Cookie，只要浏览器向服务器发出访问某个网页的请求，浏览器都会在请求时将 Cookie 包含进去。浏览器只给原先发来 Cookie 的服务器发去 Cookie，这样网站就不可能看到其他网站的 Cookie，也不可能从其他网站请求 Cookie。Cookie 文件上有签名，所以网站可跟踪用户访问的次数及访问网站的路径。这种信息可用来获取用户行为数据，为网站和广告主起草营销方案，跟踪用户在某个网站的采购行为，或定制用户在这个网站的体验。

Cookie 技术在使用过程中可能会受到用户或第三方的反对。Cookie 是存在用户的硬盘上，如果改变其内容对用户有利的话，那么大多数用户都会这么做。另外，第三方网站也可能会篡改竞争对手的 Cookie 内容，或为了掌握用户的行为特征、购买特征而读取用户存储的数据，侵犯用户的隐私权。

虽然这种技术涉及安全、保密等问题，但这种定制营销方法具有很大价值。如果与用户注册时所提供的数据结合起来，就可使广告主掌握关于用户年龄、性别、职业、购买偏好等的信息，无疑具有很大的吸引力。

（3）网络广告效果的事后测评

网络广告发布后，会引起不同程度的产品销售量和品牌知名度的提高，对这一系列效果的测定即为事后测评。

从传统广告来看，若在甲、乙、丙三家报纸上同时置放了分类广告，怎么知道哪家的效果好，哪家的不好呢？媒体自己说的发行量不可信，读者定位也很虚，但可以通过一定的标识，来进行广告效果的监测。如果消费者打电话来，可以“顺便”问一下对方是从哪里看到广告的。对于传统来函，可以事先在甲、乙、丙的广告中，把联系地址稍加一两个既不影响准确投递、又可区分来自何处的简单标识，以为区别。客户的信一来，就能知道这是来自哪家报纸的读者。

尽管网络广告有准确计量的优势，但如果广告同时出现在若干个站点上，那么可以通过事前测评获知哪个站点的价格较为优惠，通过事中监测了解潜在客户身在何方，但依然无法监测哪个站点带来的最终影响效果更好、哪个站点的受众更符合目标定位，这时事后测评就该发挥功效了。如同在邮寄地址中加标识一样，可以编写指向链接的 URL 标签时，稍微增加一点东西。

举例说，如果站点网址为 www.xyz.com，在 A 站点的广告链接，可以写成 http://www.xyz.com?a，在 B 站点的广告链接，可以写成 http://www.xyz.com?b，依此类推。如果对方是 X 站点，也可以写成http://www.xyz.com?x。然后，需要在网上找一个免费的计数器，放到相关的网页上。各网页设定一个单独的 ID 名，然后，就可以在特定的网页上，随时查看访问数量及准确来源，是 A 站、B 站还是 X 站。

页眉广告是网络广告的一种基本形式，也是一种比较昂贵的形式。虽然目前的价格比传统媒体便宜，但对很多中小企业来说，也不是轻易敢想的。那么，对于通过分类广告站、BBS 甚至留言板等免费工具作网上广告的营销者来说，该如何监测广告效果呢？这里同样有一种简便可行的办法：在编写电子邮件的指向链接时，可以使网民在点击链接、弹出发送新邮件窗口时，自动填好“主题”一栏。比如，假如留的地址是 webmaster@xyz.com，并在A、B、C 等若干站点投放了分类广告。对 A 站点，可以写成：mailto:webmaster@xyz.com，subject=a 分类广告（主题词由广告主根据需要随意定）；对 B 站点，可以写成 mailto:webmaster@xyz.com，subject=b 分类广告，依此类推。这样，在统计一定时期的回函时，可统计一下“主题”为“a 分类广告”“b 分类广告”的回函数量，就能准确分析不同站点的反馈数量以及网民的个人特征了。

事后测评是对网民看到广告后的反应的定量分析，和对传统广告的销售效果测评有相通的地方，但一旦借助了网络这一数字时代的利器，它就变得更加具有可操作性，从结果上来看，也更加准确了。

习题

一、单选题

1.（　　）是指网络广告所在的网页被访问的次数，这一数字通常用 Counter（计数器）来进行统计。

A．曝光次数　　B．点击次数　　C．转化率　　D．知晓率

2.（　　）表示网络广告费与销售额或利润额之间的相对关系，包括销售费用率、利润费用率、单位销售费用率和单位费用利润率。

A．网络广告费用指标　　B．网络广告效果指标

C．市场占有率指标　　D．网络广告到达率

二、多选题

1．广告效果具有（　　）特征。

A．复合性　　B．滞后性　　C．迟效性　　D．直接性

2．网络广告测评的内容主要包括（　　）。

A．曝光次数　　B．点击次数　　C．转化率　　D．行动率

三、名词解释

网络广告效果

四、简答题

如何评价网络广告效果?

五、案例题

某广告投放时间为 23 天，广告投入 100 万元，广告的曝光次数 237843 次，点击量 59578 次，有效问卷 1076 张。网络广告宣传产品的价格是 3800 元，在广告播出后，当期销售额增加了约 800 台。

1．如何评价网络广告效果？

2．你认为这则广告效果如何？

六、操作题

在收集的网络广告案例中选取一个自己认为比较优秀的广告；先从感性上列举本广告的特点和优点；再对照本书学习内容进行效果评估；最后将自己的理解和体会以书面形式归纳出来；将各自对优秀广告的理解进行交流。

学习情境十一　撰写网络广告策划书

网络广告策划书基本上是由广告策划者来承担完成的。企业通过阅读网络广告策划书，可以了解广告策划的内容，复审策划工作的结果。随着企业对策划工作的重视加强，对策划书的要求也越来越高。所以，企业作为广告主应熟悉网络广告策划书的基本要点，然后才能对广告策划合作者提出明确的工作要求，并作为评判广告策划工作成绩和选择广告策划合作者的主要依据。

本部分主要是介绍网络广告策划书的结构。通过学习，读者能够掌握网络广告策划书的撰写规范。

项目任务 11.1　认识网络广告策划书

任务情境

小海最近为某个饮料类产品设计了一个网络广告，朋友们看后都觉得很有创意，建议小海去参加“金鹰节广告策划奖”的比赛。但是，小海却在苦恼，该怎么写这份网络广告策划书呢？

任务要求

假如你是小海的朋友，请你告诉小海如何撰写网络广告策划书。

知识点 11.1.1　网络广告策划书

1．网络广告策划书的概念

网络广告策划书是根据策划结果撰写，提供给广告客户审核、认可，为广告活动提供策略和具体实施计划的一种应用性文件。

2．网络广告策划书的作用

预先进行周密的策划可以避免网络广告制作的盲目性，使网络广告经营单位的各项工作合理并井然有序地开展。网络广告策划书统领着广告宣传工作的全局。由于广告的对象、市场动态、网站的经营状况等随机因素具有不可测性，使得某些企业对网络广告或怀疑或盲目投资。网络广告策划工作就是要改变这种现实，它需要运用科学的方法，在过去经验的基础上，事先安排好各项宣传工作。网络广告经营单位能够按策划书的内容作到事先有准备，行动有配合，事后有总结。当每个步骤完成的时候，都可以按规定标准测算和检查其是否达到预期的目的。网络广告客户也可以以策划书作为依据，作到胸中有数。按照网络广告策划书开展工作是高水平网络广告经营的表现。策划书展示了网络广告经营单位的业务能力，使客户认识到自己办理网络广告与委托经营单位承办网络广告大不一样。目前，越来越多的企业意识到，要进行网络广告宣传就必须首先进行策划，并且向广告经营单位提出这一要求，以策划书作为依据对整个活动进行监督、检查。

知识点 11.1.2　网络广告策划书的结构

一般而言，网络广告策划书包括封面、策划小组名单、目录、前言、正文、附录等几部分。

1. 封面

策划书的封面应该精美，以给人较好的第一印象。封面一般包括策划书的名称、被策划客户的名称、策划机构和策划人的名称、策划完成日期、策划书编号等信息。

2. 策划小组名单

策划小组名单可以向客户显示策划的正规化程度和对客户负责的程度。

3. 目录

目录是策划书的简要提纲，目录中应列举策划书各部分标题。这样一方面可以使策划文本显得正式、规范，另一方面也可以使阅读者能够根据目录方便地找到想要阅读的内容。

4. 前言

前言要简要说明制定本策划书的缘由和意义，或点出企业处境和面临的问题以及希望策划解决的问题。在前言中应该概括策划的目的、进行过程、使用的主要方法、策划书的主要内容等。

5. 正文

正文包括市场分析、广告策略、广告预算及分配、广告效果预测和监控等内容。

6. 附录

附录是网络广告策划活动中应用的文本和数据，如调查问卷、调查报告、调查提纲等。

项目任务 11.2　设计网络广告策划书封面

任务情境

小海决定去参加“金鹰节广告策划奖”的比赛，并在朋友们的帮助下，为自己的广告撰写了一份网络广告策划书。小海找到了一位广告策划专家，请他给自己的广告策划书把把关。但是专家一看到这份广告策划书，就皱了皱眉头对小海说：“怎么连封面都没有呢？”

任务要求

1. 设计网络广告策划书的封面重要吗？
2. 如何设计策划书的封面？

知识点 11.2.1　网络广告策划书的封面结构

网络广告策划书的封面设计为什么这么重要呢？因为一份好的广告策划书不仅需要精密的策划，更需要阅读者接到广告策划书时，精美的封面能留下一个良好的“第一印象”。策划书封面一般包括策划书的名称、被策划客户的名称、策划机构和策划人的名称、策划完成日期、策划书编号等信息。

知识点 11.2.2 网络广告策划书封面的设计要求

网络广告策划书封面的设计要求如下。

1. 符合策划书内容

好的广告策划书封面设计，应该按照广告策划书中的内容来设计策划封面，可以采用象征、想象等修饰手法，把内容和策划书封面紧紧结合在一起。

2. 图片设计能引起共鸣

好的广告策划书封面，图片设计必须简明、直观，并且拥有一定的视觉冲击力，要能够和阅读者产生视觉共鸣。

3. 把握色彩搭配

好的广告策划书封面的色彩搭配一定要有比例，一定要好好运用色彩理论，比如明度、纯度、色相等。

项目任务 11.3 撰写网络广告策划书正文

任务情境

中国移动通信“动感地带”在它的品牌宣传广告策划书中是这样来作定位分析的：年轻人目前可支配收入有限，能够分配给移动通信的消费也必定有限。年轻人追赶时尚潮流，兴趣广泛，必须把有限的消费支出拆分为多种分配：书籍杂志、网络游戏、Nike 运动鞋、英语学习班、日本漫画书、麦当劳汉堡、百事可乐……一个都不能少。如果将动感地带仅限制在运营商的竞争圈中，它必将被限制。如果将竞争的范畴锁定在年轻人的“钱包”，路更广阔。所以，动感地带将品牌定位在“年轻时尚品牌”的行列。

资料来源：http://wiki.mbalib.com

任务要求

你认为这份广告策划书中这样定位分析合理吗？

知识点 11.3.1 网络广告策划书的正文内容

第一部分　市场分析

市场分析部分一般包括 4 个方面的内容：营销环境分析、消费者分析、产品分析、企业和竞争对手的竞争状况分析。这部分应该包括广告策划过程中所进行的市场分析的全部结果，以为后续的广告策略部分提供有说服力的依据。

1. 营销环境分析

（1）市场营销环境中宏观制约因素

第一，企业目标市场所处区域的宏观经济形势，包括总体的经济形势、总体的消费态势和产业的发展政策。

第二，市场的政治、法律背景，包括是否有有利或者不利的政治因素可能影响产品的市场、是否有有利或者不利的法律因素可能影响产品的销售和广告。

第三，市场的文化背景，包括企业的产品与目标市场的文化背景有无冲突之处、这一市场的消费者是否会因为产品不符合其文化而拒绝产品。

（2）市场营销环境中微观制约因素

第一，企业的供应商与企业的关系。

第二，产品的营销中间商与企业的关系。

（3）市场概况

第一，市场的规模，包括整个市场的销售额、市场可能容纳的最大销售额、消费者总量和消费者总的购买量，以上几个要素在过去一个时期中的变化，未来市场规模的趋势。

第二，市场的构成，包括构成这一市场的主要产品的品牌、各品牌所占据的市场份额、市场上居于主要地位的品牌、与本品牌构成竞争的品牌、未来市场构成的变化趋势。

第三，市场构成的特性，包括市场有无季节性、有无暂时性、有无其他突出的特点。

（4）营销环境分析的总结

第一，机会与威胁。

第二，优势与劣势。

第三，重点问题。

2．消费者分析

（1）消费者的总体消费态势

第一，现有的消费时尚。

第二，各种消费者消费本类产品的特性。

（2）现有消费者分析

第一，现有消费群体的构成，包括现有消费者的总量、年龄、收入、受教育程度、分布。

第二，现有消费者的消费行为，包括购买的动机、时间、频率、数量、地点。

第三，现有消费者的态度，包括对本产品的喜爱程度、对本品牌的偏好程度、对本品牌的认知程度、对本品牌的指名购买程度、使用后的满足程度、未满足的需求。

（3）潜在消费者分析

第一，潜在消费者的特性，包括总量、年龄、职业、收入、受教育程度。

第二，潜在消费者现在购买行为，包括现在购买哪些品牌的产品、对这些产品的态度、有无新的购买计划、有无可能改变计划购买的品牌。

第三，潜在消费者被本品牌吸引的可能性，包括潜在消费者对本品牌的态度、潜在消费者需求的满足程度。

（4）消费者分析的总结

第一，机会与威胁。

第二，优势与劣势。

第三，重点问题。

3．产品分析

（1）产品特征分析

第一，产品的性能，包括产品的性能有哪些、产品最突出的性能、产品最适合消费者需求的性能、产品的哪些性能还不能满足消费者的需求。

第二，产品的质量，包括产品是否属于高质量产品、消费者对产品质量的满足程度、产品的质量能否继续保持、产品的质量有无继续提高的可能。

第三，产品的价格，包括产品价格在同类产品中居于什么档次、产品的价格与产品质量的配合程度、消费者对产品价格的认识。

第四，产品的材质，包括产品的主要原料、产品在材质上有无特别之处、消费者对产品材质的认识。

第五，生产工艺，包括产品通过什么样的工艺生产、在生产工艺上有无特别之处、消费者是否喜欢通过这种工艺生产的产品。

第六，产品的外观与包装，包括产品的外观和包装是否与产品的质量、价格和形象相称；产品在外观和包装上有没有缺欠；外观和包装在货架上的同类产品中是否醒目；外观和包装对消费者是否具有吸引力；消费者对产品外观和包装的评价。

第七，与同类产品的比较，包括在性能上的优势和不足、在价格上的优势和不足、在材质上的优势和不足、在工艺上的优势和不足、在消费者的认知和购买上的优势和不足。

（2）产品生命周期分析

第一，产品生命周期的主要标志。

第二，产品处于什么样的生命周期。

第三，企业对产品生命周期的认知。

（3）产品的品牌形象分析

第一，企业赋予产品的形象，包括企业对产品形象有无考虑、企业为产品设计的形象如何、企业为产品设计的形象有无不合理之处、企业是否将产品形象向消费者传达。

第二，消费者对产品形象的认知，包括消费者认为产品形象如何、消费者认知的形象与企业设定的形象是否符合、消费者对产品形象的预期、产品形象在消费者认知方面有无问题。

（4）产品定位分析

第一，产品的预期定位，包括企业对产品定位有无设想、企业对产品定位的设想如何、企业对产品的定位有无不合理之处、企业是否将产品定位向消费者传达。

第二，消费者对产品定位的认知，包括消费者认为的产品定位如何、消费认知的定位与企业设定的定位是否符合、消费者对产品定位的预期、产品定位在消费者认知方面有无问题。

第三，产品定位的效果，包括产品的定位是否达到了预期的效果、产品定位在营销中是否有困难。

（5）产品分析的总结

第一，机会与威胁。

第二，优势与劣势。

第三，重点问题。

4．企业和竞争对手的竞争状况分析

（1）企业在竞争中的地位

第一，市场占有率。

第二，消费者认知。

第三，企业自身的资源和目标。

（2）企业的竞争对手

第一，主要的竞争对手是谁。

第二，竞争对手的基本情况。

第三，竞争对手的优势与劣势。

第四，竞争对手的策略。

（3）企业与竞争对手的广告分析

第一，开展的时间、开展的目的、投入的费用以及主要内容。

第二，企业和竞争对手以往广告的目标市场策略，包括广告活动针对什么样的目标市场进行、目标市场的特性如何、有何合理之处、有何不合理之处。

第三，企业和竞争对手的产品定位策略。

第四，企业和竞争对手以往的广告诉求策略，包括诉求对象、诉求重点、诉求方法。

第五，企业和竞争对手以往的广告表现策略，包括广告主题如何，有什么合理与不合理之处；广告创意如何，有什么优势和不足。

第六，企业和竞争对手以往的广告媒介策略，包括媒介组合如何，有什么合理与不合理之处；广告发布的频率如何，有什么优势和不足。

第七，广告效果，包括广告在消费者认知方面的效果、广告在改变消费者态度方面的效果、广告在消费者行为方面的效果、广告在直接促销方面的效果、广告在其他方面的效果、广告投入的效益。

（4）企业和竞争对手的竞争状况分析的总结

第一，机会与威胁。

第二，优势与劣势。

第三，重点问题。

第二部分　广告策略

1. 广告目标

广告目标，简单地说就是广告所要达到的目的。具体地说就是指企业通过某次或几次广告活动所要达到的效果，这种效果可以表现为知名度、美誉度的提升，也可以表现为销售额、市场占有率等的提高。

2. 目标市场策略

（1）企业原来市场观点的分析与评价

第一，企业原来所面对的市场，包括市场的特性和市场的规模。

第二，企业原有市场观点的评价，包括机会与威胁、优势与劣势、主要问题点、重新进行目标市场策略决策的必要性。

（2）市场细分

第一，市场细分的标准。

第二，各个细分市场的特性。

第三，各个细分市场的评估。

第四，对企业最有价值的细分市场。

（3）企业的目标市场策略

第一，目标市场选择的依据。

第二，目标市场选择的策略。

3．产品定位策略

（1）对企业以往的定位策略的分析与评价

第一，企业以往的产品定位。

第二，定位的效果。

第三，对以往定位的评价。

（2）产品定位策略

第一，进行新的产品定位的必要性，包括从消费者需求的角度、从产品竞争的角度、从营销效果的角度。

第二，对产品定位的表述。

第三，新的产品定位的依据与优势。

4．广告诉求策略

（1）广告的诉求对象

第一，诉求对象的表述。

第二，诉求对象的特性与需求。

（2）广告的诉求重点

第一，对诉求对象需求的分析。

第二，广告诉求重点的表述。

（3）诉求方法策略

第一，诉求方法的表述。

第二，诉求方法的依据。

5．广告表现策略

（1）广告主题策略

第一，广告主题的表述。

第二，广告主题的依据。

（2）广告创意策略

第一，广告创意的核心内容。

第二，广告创意的说明。

（3）广告表现的其他内容

6．广告媒介策略

（1）对媒介策略的总体表述

（2）媒介的选择

第一，媒介选择的依据。

第二，选择的主要媒介。

（3）媒介组合策略

（4）广告发布时机策略

（5）广告发布频率策略

第三部分　广告预算及分配

广告预算部分要根据广告策略的内容，详细列出所需费用，最好能制成表格，列出调研、设计、制作等费用。也有人将这部分内容列入广告预算书中专门介绍。

第四部分　广告效果预测和监控

需要注意的是，在实际撰写网络广告策划书正文时，上述几个部分可有增减或合并。如可增加公关计划、广告建议等部分，视具体情况而定。

知识点 11.3.2　网络广告策划书的正文要求

1．以解决问题为核心

在评审广告策划书时，首先要看其是否明确地找到了企业广告策略上的问题点，有无解决对策。要审核的内容主要有以下几个方面。

第一，是否有明确的产品定位。对产品概念、目标受众等问题，是否准确巧妙地设定并抓住问题实质。

第二，策划书中广告诉求主题和表现方法是否清晰简洁。

第三，策划实施是否体现成本低、效果好的最佳方案。

2．策划书应量化、具体

（1）目标设定明确

策划书中涉及的营销目标（销售额、市场占有率、购买率等）和传播目标（如知名度、认知度、理解度等）都应明确地设定出来。

（2）工作指标量化

策划书中的各工作指标标准要具体和量化，必要时用数字来表达。如广告活动中目标受众人数、广告活动的目标购买率、增长率等都需要有量化的数据指标。

（3）实施中的有效监控

广告策划中不仅要体现实施成果，更要体现确保成果实现的管理监督、控制手段措施及广告实施后的成果评审检验方法。

3．策划书应符合市场和产品实际

策划书评审要审视策划者对市场产品和消费者的实际掌握情况。由于消费者的价值观对消费行为影响较大，因此尤其应审核策划者对其购买动机和生活形态进行研究的程度。

4．策划书应具有可操作性

在审视策划方案时，除了对策划方案本身审核外，还要注意其在客观实施环境中的可行性。

5．系统化地制定策划方案

策划方案中要以消费者为中心，利用各种传播手段系统地向消费者传达核心一致的信息，进行整合营销传播是现代营销的新要求。在评审时应审核策划的内容是否与营销结合紧密，综合性营销策划是否融入了广告策划。

6．策划书应简洁明确、重点突出

策划书应围绕课题中的重要内容、重点问题和重要的策略进行论证及阐述。企业评价一份广告策划书的好坏，不能仅以内容多少、装帧精美作为标准，而应看其实质内容。

另外，写广告策划书一般要求简短、避免冗长。需要简要、概述、分类，删除一切多余的文字，尽量避免再三再四地重复相同概念，力求简练、易读、易懂。广告策划书在每一部分的开始最好有一个简短的摘要。在每一部分中要说明所使用资料的来源，使计划书增加可信度。一般说来，广告策划书不要超过两万字。如果篇幅过长，可将图表及有关说明材料用附录的办法解决。

习题

一、单选题

策划书的（　　）应该精美，以给人较好的第一印象。

A．封面　　B．附录　　C．正文　　D．前言

二、多选题

下面关于网络广告策划书描述，正确的有（　　）。

A．应具有可操作性　　B．应量化、抽象

C．可以避免网络广告制作的盲目性　　D．统领着广告宣传工作的全局

三、名词解释

网络广告策划书

四、简答题

简述网络广告策划书的基本内容。

五、案例题

"地瓜坊"网络广告策划书

第一部分　市场分析

1．营销环境分析

（1）烤地瓜总体规模及消费态势

2005 年冬季，"专业"烤地瓜开始进驻北京小吃市场，目前冬季小吃市场除了老几样：糖炒栗子、糖葫芦，最火热的就属改头换面后的烤地瓜了。原本街头打游击的"化工桶"烤地瓜摊，已经陆续退出小吃市场，接踵而来的是被一些餐饮管理公司用专业烤炉制作并统一配送的特甜品种地瓜。市场上烤地瓜分为电烤和碳烤两种方式，由餐饮管理公司以直接经营和加盟等形式进行推广，而地瓜这种天然食品可以说是老少皆宜，目前这样的新型烤地瓜已经进入热卖期了。另外，根据亚洲蔬菜研究中心研究表明，地瓜不仅是美味的食品，它的叶子也是高营养蔬菜品种，近年来在欧美、日本、中国香港等地掀起了一股"地瓜叶热"。用地瓜叶制作的食品甚至摆上了酒店、饭馆的餐桌。

（2）烤地瓜市场结构

目前北京的烤地瓜市场竞争也很激烈。截至 2008 年，北京已有 10 多家烤地瓜店。相对烤地瓜店，地瓜电烤炉的小摊是烤地瓜店的 10 多倍，它们分布在美廉美、华普、京客隆等超市卖场内，有些商场甚至同时有三四家地瓜电烤炉，所以在加盟商间的竞争是十分激烈的。另外，还有部分流动的桶式烤地瓜仍分布在北京一些街道间，这也无形中加大了竞争。

2．消费者分析

（1）消费者的总体态势

地瓜富含膳食纤维、胡萝卜素、维生素 A、B、C、E 等，其营养价值受到各界人士的高

度评价。地瓜味道甜美，也是减肥女性、糖尿病患者和小朋友们热爱的食品，可以说是老少皆宜的健康食品，因此地瓜拥有了巨大的消费群体。据以往市场来看，烤地瓜大部分都属于路边摊一类，虽然价格比较便宜，但是没有正规的经营执照，没有严格的卫生保障，缺斤短两的情况也是屡见不鲜。而“地瓜坊”的出现无疑解决了这些问题，正规、卫生、高质量、精工细作、四季供应的策略，充分满足了现代人们对食品的高要求。消费者在享受美食的同时，还注重食品的加工程度、卫生等方面的要求，不再只考虑价格的限制，这就使“地瓜坊”有了发展的空间，扩大了其消费群体，不仅留住了原来的地瓜爱好者，又吸引了一些尝鲜的人。

（2）“地瓜坊”消费群体分析

老年人群体：地瓜富含淀粉、膳食纤维、胡萝卜素、维生素 A、B、C、E 以及钾、铁、铜、硒、钙等 10 余种微量元素和亚油酸等，这些物质能保持血管弹性，对防治老年习惯性便秘十分有效。另外还可以提高老年人的免疫能力、降低血糖，使老年人的身体得到全面保护。

青少年群体：地瓜浑身是宝，地瓜叶被亚洲蔬菜研究中心列为高营养蔬菜品种，称其为“蔬菜皇后”。地瓜叶可以保护视力、预防便秘、提高免疫力、减低血糖、解毒、防治夜盲症。

女性群体：女人永远都会对自己的身材不满意，而地瓜属于低脂肪、低卡路里、低热量的食品，其富含的大量膳食纤维在肠道内无法被消化吸收，能够刺激肠道，增强蠕动，通便排毒，同时又能有效地阻止糖类转变成脂肪，有利于减肥、健美。

癌症患者：地瓜中含有一种活性物质——去雄酮，它能有效地抑制结肠癌和乳腺癌的发生。另外专家发现，熟地瓜的抑制癌症率（98.7%）略高于生地瓜（94.4%）。地瓜还具有补虚乏、益气力、健脾胃、强肾阴、补中和血等功能，可以防治脾虚水肿、疮疡肿毒、肠燥便秘。

心脏病患者：地瓜富含钾、胡萝卜素、叶酸、维生素 C 和维生素 B6，这 5 种成分均有助于预防心血管疾病。钾有助于人体细胞液和电解质的平衡，维持正常血压和心脏功能；胡萝卜素和维生素 C 有抗脂质氧化、预防动脉粥样硬化的作用；补充叶酸和维生素 B6 有助于降低血液中高半胱氨酸水平，后者可损伤动脉血管，是心血管疾病的独立危险因素。

肺气肿患者：美国堪萨斯大学一项动物实验发现，吸烟的大鼠体内的维生素 A 水平较低，容易发生肺气肿；而进食富含维生素 A 食物的吸烟大鼠则肺气肿发病率明显降低。

糖尿病患者：日本研究人员发现，地瓜可以有效地抑制口服葡萄糖后血糖水平的升高，进食地瓜可以降低糖尿病患者的甘油三酯和游离脂肪酸的水平。

但是任何食物也都有其不适合的人群，在食用地瓜的时候，湿阴脾胃、气滞食积者应慎重食用。

3．产品分析

（1）产品属性分析

地瓜，又名红薯，为旋花科植物。蔓生草本，长为 2 米以上，平卧地面斜上。具地下块根，块根为淀粉原料，可食用、酿酒或作饲料；外皮土黄色或紫红色；叶互生，宽卵形，3～5 掌裂；聚伞花序腋生、花苞片小、钻形、萼片长圆形、不等长、花冠钟状、漏斗形、白色至紫红色。朔果卵形或扁圆形。

（2）产品效用分析

地瓜含有丰富的淀粉、膳食纤维、胡萝卜素、维生素 A、B、C、E 以及钾、铁、铜、硒、钙等 10 余种微量元素和亚油酸等，营养价值很高，被营养学家们称为营养最均衡的保健食品。这些物质能保持血管弹性，对防止老年习惯性便秘十分有效，并且有益于心脏。遗憾的是，大多数人以为地瓜味甜，食用会使人发胖，因而不敢食用。其实恰恰相反，食用地瓜不仅不会发胖，相反的能够减肥、健美、防止亚健康、通便排毒。每 100 克鲜地瓜仅含有 0.2 克脂肪，产生 99 千卡热能，大概为大米的 1/3，是很好的低脂肪、低热能食品，同时又能有效地阻止糖类转化为脂肪，有利于减肥、健美。红薯含有大量膳食纤维，在肠道内无法被消化吸收，能刺激肠道，增强肠道蠕动，通便排毒，尤其对老年性便秘有较好的疗效。根据《本草纲目》《本草纲目拾遗》等古代文献记载，地瓜有“补虚乏，益气力，健脾胃，强肾阴”的功效，还具有补中、和血暖胃、肥五脏等功能。当代《中华本草》说其：“味甘，性平。归脾，肾经”“补中和血、益气生津、宽肠胃、通便秘。主治脾虚水肿、疮疡肿毒、肠燥便秘。”

日本国家癌症研究中心发现地瓜具有抗癌症的功效，它含有丰富的胡萝卜素、维生素 C 和叶酸等抗癌物质。专家从人们的饮食调查中发现，熟地瓜的抑制癌症率（98.7%）略高于生地瓜（94.4%）。美国费城医院则从地瓜中提取出一种活性物质——去雄酮，它能有效地抑制结肠癌和乳腺癌的发生。

当然任何一种食物都不可能十全十美，在地瓜中缺少了蛋白质和脂质，但是今天人们生活富裕了，它所缺少的营养物质完全可以通过其他膳食加以补充。

地瓜的叶子常被农民在收获地瓜后连同茎一起丢在地里，或用作喂牲畜的饲料，这是非常可惜的。经科学家测试表明，每 100 克鲜地瓜叶含有蛋白质 2.28 克、脂肪 0.2 克、糖 4.1 克、矿物质钾 16 毫克、铁 2.3 毫克、磷 34 毫克、胡萝卜素 6.42 毫克、维生素 C0.32 毫克，这些矿物质正好补充地瓜中所缺少的蛋白质和脂质。将地瓜叶与常见的蔬菜比较，矿物质与维生素的含量均属上乘，胡萝卜素含量甚至高过胡萝卜。因此，亚洲蔬菜研究中心已经将地瓜叶列为高营养蔬菜品种，称其为“蔬菜皇后”。研究发现，地瓜叶有提高免疫力、止血、降糖、防治夜盲症等保健功效。经常食用有预防便秘、保护视力的作用，还能保持皮肤细腻、延缓衰老。

（3）产品的食用方法

1）地瓜的食用方法

地瓜可以蒸食，当主食食用，对减肥十分有利；地瓜煲汤、煮粥，可以温润肠胃；可以制作拔丝地瓜，这种食用方法十分受到小朋友的青睐；还可以将地瓜晒成地瓜干，使之食用起来十分方便，受到年轻女士的青睐。

2）地瓜叶的食用方法

地瓜叶可以选取鲜嫩的叶尖，开水烫熟后，用酱油、醋、芥末等调料凉拌食用，令人胃口大开；地瓜叶爆炒，食之清香甘甜，别具风味；地瓜叶还可以煲汤、煮粥、腌制成小菜，供佐餐食用。

（4）产品生命周期分析

地瓜一直以来都是冬季小吃市场的火热产品，因为地瓜的季节性很强，除冬季外，其他季节地瓜虽然也有种植，但是由于季节和气候的原因，味道都不如冬季的味道甜美，并且其他季节气候较冬季炎热，因此食用者和制作者都会觉得十分辛苦。而现在，“地瓜坊”所采用的地瓜，都是在绝对天然的环境下由种植场特别培育的优良品种，既保证了产品的供应，解决了因季节原因造成的产品供求这一系列的地瓜生产的周期问题，并且还为消费者考虑，除了烤地瓜外，还推出了紫薯、地瓜片、地瓜条等一系列不需要烤制食用的地瓜食品，这无疑使消费者在食用的时候不会再感到燥热，使得消费者在品尝美味的同时感受到心情的愉悦。“地瓜坊”的推广，解决了季节性、气候性所带来的不便，使得地瓜产品的生命周期得到拓展，赢得了更多的消费者的青睐。

（5）产品的定位分析

由于“地瓜坊”投资少，规模也比较小，操作简单，并且主要经营的产品是关于地瓜的一系列食品，属于大众消费品，主攻的自然就是大众消费群体。虽然在价格上，“地瓜坊”的价格比以往街边的筒装烤地瓜要贵一些，但是“地瓜坊”的正规经营形式，使其在卫生、质量、做工上都得到了广大消费者的信赖。这样很自然地顺应了现代人对于美食的消费观念，即自然、卫生、健康、美味。这样的定位给“地瓜坊”开拓了新的消费群体，提升了地瓜的价值含量。

（6）类似产品的市场分析

根据以往市场发展来看，类似的食品小店如掉渣烧饼、八宝鸭、街客等在最初的开创期也是十分火爆，而且深受广大消费者的青睐。不过由于这些企业的发展过于迅猛，其市场在很短的时间内就出现了饱和状态，因此一些经营方式不合理的、产品销售方式不科学的企业，就出现了在快速占领市场之后又快速退出市场的现象。所以在“地瓜坊”的经营管理上，我们要借鉴以往市场的案例，要严格在加盟上把好关，不能只是做营销概念，项目赚到钱就会转移到其他项目，加盟店在被大量复制后，又出现无序经营的状态，这样很容易使“地瓜坊”如掉渣烧饼、八宝鸭这样快速复制又快速退出市场。这样的经营方式在现代市场的发展背景下是十分不利和危险的，是没有大的发展前景的。因此，我们要重新定位我们的企业发展，不要重复被市场淘汰的老路。

4．企业与竞争对手的分析

（1）企业在竞争中的地位

就北京以往的烤地瓜市场来看，大多数都属于街边的流动性的“油筒式”烤地瓜，虽然价格低廉，但是地瓜的品质和卫生都难以得到保证。电烤地瓜在 3 年前由我国台湾地区市场引入北京的小食品市场，虽然“地瓜坊”还属于新兴的企业，但是几经磨难，已在北京的小食品市场占领了一席之地。“地瓜坊”这种新形式的地瓜经营方式的引入不仅刺激了北京地瓜消费市场的革新，也为北京的消费者带来不一样的饮食观念。作为电烤地瓜的发起人，黄龙祥先生介绍：这种源自我国台湾地区的电烤地瓜模式投资小、回本快，在北京市场能迅速扩张开来。目前就北京市场总量来看，地瓜市场已逐渐趋于饱和，按一般小的加盟项目的操作手段推测，加盟商将以北京的案例为宣传卖点，向全国各地开展电烤地瓜加盟业务。

（2）企业的主要竞争对手

由于这种电烤地瓜的经营模式还属于新兴状态，类似于“地瓜坊”这种已经在市场上打出品牌的企业并不多见，所以竞争对手相对较少，因而品牌间的竞争相对就不是十分严峻。但是对于以往人们所习惯的地瓜的消费方式——“油筒式”地瓜，在价钱和形式上可能还需要与消费者有进一步的磨合。但是从市场大方向的发展来看，卫生、健康对于饮食的发展是十分关键的条件，而随着人们生活水平的提高，“地瓜坊”在价格方面的劣势就显得无关紧要。

而另一方面，“地瓜坊”各加盟商间的竞争就显得比较激烈。由于“地瓜坊”投资少、见效快，电烤地瓜的品牌企业以加盟的方式招揽商家，因此，在北京的市场上电烤地瓜以地毯式的速度快速地铺开来。据黄龙祥先生介绍，目前北京电烤地瓜的摊位已有 200 多个，以三里河地区为例，最初只有一台机器烤地瓜的摊位，到如今，每个超市里都有 3～4 台电烤地瓜的机器。而店面式的烤地瓜店也有十余家。如此的市场争夺战，使得一些摊主坦言现在的生意远不如从前的好了。

第二部分　广告分析

广告的宣传一直以来都被所有企业认为是提高自己企业品牌的重要公关手段之一，因此广告的宣传效果在企业的整体运营中显得尤为重要。一个好的广告宣传不仅可以帮助企业在市场上占有很好的地位，帮助企业优胜于其他品牌的产品，而且还可以帮助企业树立企业形象，达到很好的社会效应，从而打响品牌在市场上的地位，更好地占领市场，赢得消费者。而网络广告创意及策略的选择是影响广告效果的关键一环，这里不仅要确定广告所要传达的信息，而且还要确定其表现形式。要根据网络广告的目标和选择的目标群体，进行全面的综合分析和创意设计，确定网页的内容主题、旗帜主题、诉求以及表现方式等。

1．相关产品广告市场分析

北京以往的小吃市场的广告大多数都是以门面房前的条幅或者海报为主，这些广告的色彩单调、形式简单、受众范围狭小。而像烤地瓜这样的流动食品基本不存在广告的问题，所以像“地瓜坊”这样新兴的经营模式的广告将进一步提升本企业及其产品的素质，给消费者带来全新的视觉冲击，从而占领更多的消费市场份额，争取到消费者的青睐。因此，我们的广告要做的既有新鲜的视觉冲击力，又很好地贴合大众的消费视觉感；既有独特细致的现代企业的宣传营销工艺，又要结合产品本身的特点。这样有利于体现我们的大众性与个性的融合、新鲜与传统的切合。

2．产品定位策略

依据以往的市场来看，今天的小食品市场与以前有所不同，且不论竞争者数目大批量的增多、产品种类的成批翻新、现有的消费市场逐渐趋于平缓，要害之处就在于消费者态度的改变——顾客越来越挑剔。他们在购买产品的时候，不单单把购买的重点因素放在味道上面，他们还注重产品的成分，是否绿色健康；其次是产品是否拿得出手，当然这其中包括产品本身的样子，还有产品的市场形象，这也就是说产品在市场上的广告覆盖面积，是否在市场上有所响应；最后考虑的还有价钱，消费者都希望可以买到物超所值的产品，他们会根据产品的一系列条件，在很短的时间内列出产品在他们心目中的性价比。经过一系列的比较之后才会考虑购买。

因此，我们给“地瓜坊”的定位就是符合大众的消费水平，但是在广告宣传上，可以看出“地瓜坊”的产品要比一般的街边烤地瓜美味，产品种类多样，更加健康、营养。而我们的广告市场占有率也为我们树立起自己的品牌。正因为这样，我们广告的主题为“享受、健康、因我而美”。

3．网络广告运用策略

依据目前我们所掌握的市场信息、广告传播媒介需求、消费者的喜好等一系列的因素，我们为“地瓜坊”在制作网络广告的时候具体地运用了以下的各项策略，相信这些广告在网络传播的同时，一定会给“地瓜坊”带来更为广阔的市场空间，也给消费者带来视觉上不一样的感受。

第三部分 网络广告实施计划

1．广告目标

配合产品上市，扩大产品的市场知名度，引发在线或离线购买，扩大加盟商范围，扩大市场占有率。

2．广告活动时间

产品上市之日起的 3 个月内。

3．广告活动区域

以北京为主要宣传城市，凡“地瓜坊”连锁加盟店统一执行。

4．网络广告活动内容

（1）利用互联网优势，首先用户点击页面上的“地瓜”后，会出现一个代码号，当消费者在购买地瓜后，会在包装袋内得到一个代码号，如果两个代码号刚好相吻合，那么我们将马上回馈消费者大礼一份。

（2）进入“地瓜坊”页面后，会出现一个健康宣传的界面，在这个界面上，用户可以讲述自己的健康小故事，或发出一些健康小常识。每个月，我们将对这些故事或小常识进行分类，然后在网络上公布，让大家进行投票，票数最多的用户将同时得到我们的丰厚礼品。

（3）发展互动。随着网络技术的发展，今后的网络广告必定会朝着互动性的方向发展、壮大，这是体现网络广告优势的必然之处。如在网络广告上增加游戏活动，这样大大提高上网者对广告的浏览兴趣，增加上网者浏览产品广告的时间，这样可以增强网络广告在人们脑海中的印象，使产品得到更好的宣传，在品牌形象上赢得更好的口碑。

据此，我们为“地瓜坊”设计了一个小小的点击游戏。广告中有“地瓜坊”的各种产品的图片可供点击，在点击时就会出现一个隐藏框，写明了产品的名称、特色以及对人们健康的好处。

5．媒体策略

媒体的相互连接性，可以使上网者在浏览不同页面的同时，都可以看到我们的广告，这样长期的浏览可以增加产品的潜在消费群体。当然，只是单一的网络广告并不能满足所有消费者的浏览意图，因此，我们也会考虑在目前新兴的车载广告、报纸等类似的平面媒体广告中宣传我们的产品。这样我们广告的受众人群范围就增加了许多，基本上涵盖了各个消费人群。

6．网络广告的效果评估

网络广告效果的评估包括：网络广告活动的效果和网络广告本身的效果。由于互联网交互性使得用户在看完广告后，可以直接提交自己的意见和建议，广告主可以在最短的时间内收到反馈信息，然后迅速对广告效应进行预测和下一步的策划。

在这里，我们首先要做到的就是引起用户的注意，这一点上广告的标语和色彩的鲜明起了关键的作用；其次，我们要做的就是让用户对我们的产品产生兴趣，使他们进入我们的潜在消费者的行列；之后，通过对我们产品的进一步了解，激起他们的购买欲望，成为我们真正的潜在消费者；最终让他们购买产品才是我们整个广告的最终目标。

当然我们还是要注意网上广告的曝光次数不等于实际浏览的人数。而浏览我们广告的人数并不一定都能成为我们的潜在消费者。我们必须注意的是，在传播过程中我们所产生的经济效益和社会效益，力求使我们发布的每则广告都达到其预期的效益。

7．网络广告的监控

在发布和宣传网络广告的同时，我们还要密切地对我们的广告进行监控，防止有人盗用它进行商业活动或者不法活动，以保证消费者和我们自身的利益。

资料来源：北京青年政治学院 2006 电子商务专业张雪珂等《网络广告》作业

1）你认为这份“地瓜坊”网络广告策划书结构是否合理？消费群体分析是否恰当？广告定位是否准确？

2）你怎么来修改这份“地瓜坊”网络广告策划书？

六、操作题

上网收集 3 份网络广告策划书，并分析指出策划书的合理与不合理之处。

附录　网络广告管理法规

中华人民共和国广告法

（1994年10月27日第八届全国人民代表大会常务委员会第十次会议通过
2015年4月24日第十二届全国人民代表大会常务委员会第十四次会议修订）

第一章　总则

第一条　为了规范广告活动，保护消费者的合法权益，促进广告业的健康发展，维护社会经济秩序，制定本法。

第二条　在中华人民共和国境内，商品经营者或者服务提供者通过一定媒介和形式直接或者间接地介绍自己所推销的商品或者服务的商业广告活动，适用本法。

本法所称广告主，是指为推销商品或者服务，自行或者委托他人设计、制作、发布广告的自然人、法人或者其他组织。

本法所称广告经营者，是指接受委托提供广告设计、制作、代理服务的自然人、法人或者其他组织。

本法所称广告发布者，是指为广告主或者广告主委托的广告经营者发布广告的自然人、法人或者其他组织。

本法所称广告代言人，是指广告主以外的，在广告中以自己的名义或者形象对商品、服务作推荐、证明的自然人、法人或者其他组织。

第三条　广告应当真实、合法，以健康的表现形式表达广告内容，符合社会主义精神文明建设和弘扬中华民族优秀传统文化的要求。

第四条　广告不得含有虚假或者引人误解的内容，不得欺骗、误导消费者。

广告主应当对广告内容的真实性负责。

第五条　广告主、广告经营者、广告发布者从事广告活动，应当遵守法律、法规，诚实信用，公平竞争。

第六条　国务院工商行政管理部门主管全国的广告监督管理工作，国务院有关部门在各自的职责范围内负责广告管理相关工作。

县级以上地方工商行政管理部门主管本行政区域的广告监督管理工作，县级以上地方人民政府有关部门在各自的职责范围内负责广告管理相关工作。

第七条　广告行业组织依照法律、法规和章程的规定，制定行业规范，加强行业自律，促进行业发展，引导会员依法从事广告活动，推动广告行业诚信建设。

第二章　广告内容准则

第八条　广告中对商品的性能、功能、产地、用途、质量、成分、价格、生产者、有效期限、允诺等或者对服务的内容、提供者、形式、质量、价格、允诺等有表示的，应当准确、清楚、明白。

广告中表明推销的商品或者服务附带赠送的，应当明示所附带赠送商品或者服务的品种、规格、数量、期限和方式。

法律、行政法规规定广告中应当明示的内容，应当显著、清晰表示。

第九条　广告不得有下列情形：

（一）使用或者变相使用中华人民共和国的国旗、国歌、国徽，军旗、军歌、军徽；

（二）使用或者变相使用国家机关、国家机关工作人员的名义或者形象；

（三）使用“国家级”“最高级”“最佳”等用语；

（四）损害国家的尊严或者利益，泄露国家秘密；

（五）妨碍社会安定，损害社会公共利益；

（六）危害人身、财产安全，泄露个人隐私；

（七）妨碍社会公共秩序或者违背社会良好风尚；

（八）含有淫秽、色情、赌博、迷信、恐怖、暴力的内容；

（九）含有民族、种族、宗教、性别歧视的内容；

（十）妨碍环境、自然资源或者文化遗产保护；

（十一）法律、行政法规规定禁止的其他情形。

第十条　广告不得损害未成年人和残疾人的身心健康。

第十一条　广告内容涉及的事项需要取得行政许可的，应当与许可的内容相符合。

广告使用数据、统计资料、调查结果、文摘、引用语等引证内容的，应当真实、准确，并表明出处。引证内容有适用范围和有效期限的，应当明确表示。

第十二条　广告中涉及专利产品或者专利方法的，应当标明专利号和专利种类。

未取得专利权的，不得在广告中谎称取得专利权。

禁止使用未授予专利权的专利申请和已经终止、撤销、无效的专利作广告。

第十三条　广告不得贬低其他生产经营者的商品或者服务。

第十四条　广告应当具有可识别性，能够使消费者辨明其为广告。

大众传播媒介不得以新闻报道形式变相发布广告。通过大众传播媒介发布的广告应当显著标明“广告”，与其他非广告信息相区别，不得使消费者产生误解。

广播电台、电视台发布广告，应当遵守国务院有关部门关于时长、方式的规定，并应当对广告时长作出明显提示。

第十五条　麻醉药品、精神药品、医疗用毒性药品、放射性药品等特殊药品，药品类易制毒化学品，以及戒毒治疗的药品、医疗器械和治疗方法，不得作广告。

前款规定以外的处方药，只能在国务院卫生行政部门和国务院药品监督管理部门共同指定的医学、药学专业刊物上作广告。

第十六条　医疗、药品、医疗器械广告不得含有下列内容：

（一）表示功效、安全性的断言或者保证；

（二）说明治愈率或者有效率；

（三）与其他药品、医疗器械的功效和安全性或者其他医疗机构比较；

（四）利用广告代言人作推荐、证明；

（五）法律、行政法规规定禁止的其他内容。

药品广告的内容不得与国务院药品监督管理部门批准的说明书不一致，并应当显著标明禁忌、不良反应。处方药广告应当显著标明“本广告仅供医学药学专业人士阅读”，非处方药广告应当显著标明“请按药品说明书或者在药师指导下购买和使用”。

推荐给个人自用的医疗器械的广告，应当显著标明“请仔细阅读产品说明书或者在医务人员的指导下购买和使用”。医疗器械产品注册证明文件中有禁忌内容、注意事项的，广告中应当显著标明“禁忌内容或者注意事项详见说明书”。

第十七条 除医疗、药品、医疗器械广告外，禁止其他任何广告涉及疾病治疗功能，并不得使用医疗用语或者易使推销的商品与药品、医疗器械相混淆的用语。

第十八条 保健食品广告不得含有下列内容：

（一）表示功效、安全性的断言或者保证；

（二）涉及疾病预防、治疗功能；

（三）声称或者暗示广告商品为保障健康所必需；

（四）与药品、其他保健食品进行比较；

（五）利用广告代言人作推荐、证明；

（六）法律、行政法规规定禁止的其他内容。

保健食品广告应当显著标明“本品不能代替药物”。

第十九条 广播电台、电视台、报刊音像出版单位、互联网信息服务提供者不得以介绍健康、养生知识等形式变相发布医疗、药品、医疗器械、保健食品广告。

第二十条 禁止在大众传播媒介或者公共场所发布声称全部或者部分替代母乳的婴儿乳制品、饮料和其他食品广告。

第二十一条 农药、兽药、饲料和饲料添加剂广告不得含有下列内容：

（一）表示功效、安全性的断言或者保证；

（二）利用科研单位、学术机构、技术推广机构、行业协会或者专业人士、用户的名义或者形象作推荐、证明；

（三）说明有效率；

（四）违反安全使用规程的文字、语言或者画面；

（五）法律、行政法规规定禁止的其他内容。

第二十二条 禁止在大众传播媒介或者公共场所、公共交通工具、户外发布烟草广告。禁止向未成年人发送任何形式的烟草广告。

禁止利用其他商品或者服务的广告、公益广告，宣传烟草制品名称、商标、包装、装潢以及类似内容。

烟草制品生产者或者销售者发布的迁址、更名、招聘等启事中，不得含有烟草制品名称、商标、包装、装潢以及类似内容。

第二十三条 酒类广告不得含有下列内容：

（一）诱导、怂恿饮酒或者宣传无节制饮酒；

（二）出现饮酒的动作；

（三）表现驾驶车、船、飞机等活动；

（四）明示或者暗示饮酒有消除紧张和焦虑、增加体力等功效。

第二十四条 教育、培训广告不得含有下列内容：

（一）对升学、通过考试、获得学位学历或者合格证书，或者对教育、培训的效果作出明示或者暗示的保证性承诺；

（二）明示或者暗示有相关考试机构或者其工作人员、考试命题人员参与教育、培训；

（三）利用科研单位、学术机构、教育机构、行业协会、专业人士、受益者的名义或者形象作推荐、证明。

第二十五条 招商等有投资回报预期的商品或者服务广告，应当对可能存在的风险以及风险责任承担有合理提示或者警示，并不得含有下列内容：

（一）对未来效果、收益或者与其相关的情况作出保证性承诺，明示或者暗示保本、无风险或者保收益等，国家另有规定的除外；

（二）利用学术机构、行业协会、专业人士、受益者的名义或者形象作推荐、证明。

第二十六条 房地产广告，房源信息应当真实，面积应当表明为建筑面积或者套内建筑面积，并不得含有下列内容：

（一）升值或者投资回报的承诺；

（二）以项目到达某一具体参照物的所需时间表示项目位置；

（三）违反国家有关价格管理的规定；

（四）对规划或者建设中的交通、商业、文化教育设施以及其他市政条件作误导宣传。

第二十七条 农作物种子、林木种子、草种子、种畜禽、水产苗种和种养殖广告关于品种名称、生产性能、生长量或者产量、品质、抗性、特殊使用价值、经济价值、适宜种植或者养殖的范围和条件等方面的表述应当真实、清楚、明白，并不得含有下列内容：

（一）作科学上无法验证的断言；

（二）表示功效的断言或者保证；

（三）对经济效益进行分析、预测或者作保证性承诺；

（四）利用科研单位、学术机构、技术推广机构、行业协会或者专业人士、用户的名义或者形象作推荐、证明。

第二十八条 广告以虚假或者引人误解的内容欺骗、误导消费者的，构成虚假广告。

广告有下列情形之一的，为虚假广告：

（一）商品或者服务不存在的；

（二）商品的性能、功能、产地、用途、质量、规格、成分、价格、生产者、有效期限、销售状况、曾获荣誉等信息，或者服务的内容、提供者、形式、质量、价格、销售状况、曾获荣誉等信息，以及与商品或者服务有关的允诺等信息与实际情况不符，对购买行为有实质性影响的；

（三）使用虚构、伪造或者无法验证的科研成果、统计资料、调查结果、文摘、引用语等信息作证明材料的；

（四）虚构使用商品或者接受服务的效果的；

（五）以虚假或者引人误解的内容欺骗、误导消费者的其他情形。

第三章 广告行为规范

第二十九条 广播电台、电视台、报刊出版单位从事广告发布业务的，应当设有专门从事广告业务的机构，配备必要的人员，具有与发布广告相适应的场所、设备，并向县级以上地方工商行政管理部门办理广告发布登记。

第三十条 广告主、广告经营者、广告发布者之间在广告活动中应当依法订立书面合同。

第三十一条 广告主、广告经营者、广告发布者不得在广告活动中进行任何形式的不正当竞争。

第三十二条 广告主委托设计、制作、发布广告，应当委托具有合法经营资格的广告经营者、广告发布者。

第三十三条 广告主或者广告经营者在广告中使用他人名义或者形象的，应当事先取得其书面同意；使用无民事行为能力人、限制民事行为能力人的名义或者形象的，应当事先取得其监护人的书面同意。

第三十四条 广告经营者、广告发布者应当按照国家有关规定，建立、健全广告业务的承接登记、审核、档案管理制度。

广告经营者、广告发布者依据法律、行政法规查验有关证明文件，核对广告内容。对内容不符或者证明文件不全的广告，广告经营者不得提供设计、制作、代理服务，广告发布者不得发布。

第三十五条 广告经营者、广告发布者应当公布其收费标准和收费办法。

第三十六条 广告发布者向广告主、广告经营者提供的覆盖率、收视率、点击率、发行量等资料应当真实。

第三十七条 法律、行政法规规定禁止生产、销售的产品或者提供的服务，以及禁止发布广告的商品或者服务，任何单位或者个人不得设计、制作、代理、发布广告。

第三十八条 广告代言人在广告中对商品、服务作推荐、证明，应当依据事实，符合本法和有关法律、行政法规规定，并不得为其未使用过的商品或者未接受过的服务作推荐、证明。

不得利用不满十周岁的未成年人作为广告代言人。

对在虚假广告中作推荐、证明受到行政处罚未满三年的自然人、法人或者其他组织，不得利用其作为广告代言人。

第三十九条 不得在中小学校、幼儿园内开展广告活动，不得利用中小学生和幼儿的教材、教辅材料、练习册、文具、教具、校服、校车等发布或者变相发布广告，但公益广告除外。

第四十条 在针对未成年人的大众传播媒介上不得发布医疗、药品、保健食品、医疗器械、化妆品、酒类、美容广告，以及不利于未成年人身心健康的网络游戏广告。

针对不满十四周岁的未成年人的商品或者服务的广告不得含有下列内容：

（一）劝诱其要求家长购买广告商品或者服务；

（二）可能引发其模仿不安全行为。

第四十一条 县级以上地方人民政府应当组织有关部门加强对利用户外场所、空间、设施等发布户外广告的监督管理，制定户外广告设置规划和安全要求。

户外广告的管理办法，由地方性法规、地方政府规章规定。

第四十二条 有下列情形之一的，不得设置户外广告：

（一）利用交通安全设施、交通标志的；

（二）影响市政公共设施、交通安全设施、交通标志、消防设施、消防安全标志使用的；

（三）妨碍生产或者人民生活，损害市容市貌的；

（四）在国家机关、文物保护单位、风景名胜区等的建筑控制地带，或者县级以上地方人民政府禁止设置户外广告的区域设置的。

第四十三条 任何单位或者个人未经当事人同意或者请求，不得向其住宅、交通工具等发送广告，也不得以电子信息方式向其发送广告。

以电子信息方式发送广告的，应当明示发送者的真实身份和联系方式，并向接收者提供拒绝继续接收的方式。

第四十四条 利用互联网从事广告活动，适用本法的各项规定。

利用互联网发布、发送广告，不得影响用户正常使用网络。在互联网页面以弹出等形式发布的广告，应当显著标明关闭标志，确保一键关闭。

第四十五条 公共场所的管理者或者电信业务经营者、互联网信息服务提供者对其明知或者应知的利用其场所或者信息传输、发布平台发送、发布违法广告的，应当予以制止。

第四章 监督管理

第四十六条 发布医疗、药品、医疗器械、农药、兽药和保健食品广告，以及法律、行政法规规定应当进行审查的其他广告，应当在发布前由有关部门（以下称广告审查机关）对广告内容进行审查；未经审查，不得发布。

第四十七条 广告主申请广告审查，应当依照法律、行政法规向广告审查机关提交有关证明文件。

广告审查机关应当依照法律、行政法规规定作出审查决定，并应当将审查批准文件抄送同级工商行政管理部门。广告审查机关应当及时向社会公布批准的广告。

第四十八条 任何单位或者个人不得伪造、变造或者转让广告审查批准文件。

第四十九条 工商行政管理部门履行广告监督管理职责，可以行使下列职权：

（一）对涉嫌从事违法广告活动的场所实施现场检查；

（二）询问涉嫌违法当事人或者其法定代表人、主要负责人和其他有关人员，对有关单位或者个人进行调查；

（三）要求涉嫌违法当事人限期提供有关证明文件；

（四）查阅、复制与涉嫌违法广告有关的合同、票据、账簿、广告作品和其他有关资料；

（五）查封、扣押与涉嫌违法广告直接相关的广告物品、经营工具、设备等财物；

（六）责令暂停发布可能造成严重后果的涉嫌违法广告；

（七）法律、行政法规规定的其他职权。

工商行政管理部门应当建立健全广告监测制度，完善监测措施，及时发现和依法查处违法广告行为。

第五十条 国务院工商行政管理部门会同国务院有关部门，制定大众传播媒介广告发布行为规范。

第五十一条 工商行政管理部门依照本法规定行使职权，当事人应当协助、配合，不得拒绝、阻挠。

第五十二条 工商行政管理部门和有关部门及其工作人员对其在广告监督管理活动中知悉的商业秘密负有保密义务。

第五十三条 任何单位或者个人有权向工商行政管理部门和有关部门投诉、举报违反本法的行为。工商行政管理部门和有关部门应当向社会公开受理投诉、举报的电话、信箱或者电子邮件地址，接到投诉、举报的部门应当自收到投诉之日起七个工作日内，予以处理并告知投诉、举报人。

工商行政管理部门和有关部门不依法履行职责的，任何单位或者个人有权向其上级机关或者监察机关举报。接到举报的机关应当依法作出处理，并将处理结果及时告知举报人。

有关部门应当为投诉、举报人保密。

第五十四条 消费者协会和其他消费者组织对违反本法规定，发布虚假广告侵害消费者合法权益，以及其他损害社会公共利益的行为，依法进行社会监督。

第五章 法律责任

第五十五条 违反本法规定，发布虚假广告的，由工商行政管理部门责令停止发布广告，责令广告主在相应范围内消除影响，处广告费用三倍以上五倍以下的罚款，广告费用无法计算或者明显偏低的，处二十万元以上一百万元以下的罚款；两年内有三次以上违法行为或者有其他严重情节的，处广告费用五倍以上十倍以下的罚款，广告费用无法计算或者明显偏低的，处一百万元以上二百万元以下的罚款，可以吊销营业执照，并由广告审查机关撤销广告审查批准文件、一年内不受理其广告审查申请。

医疗机构有前款规定违法行为，情节严重的，除由工商行政管理部门依照本法处罚外，卫生行政部门可以吊销诊疗科目或者吊销医疗机构执业许可证。

广告经营者、广告发布者明知或者应知广告虚假仍设计、制作、代理、发布的，由工商行政管理部门没收广告费用，并处广告费用三倍以上五倍以下的罚款，广告费用无法计算或者明显偏低的，处二十万元以上一百万元以下的罚款；两年内有三次以上违法行为或者有其他严重情节的，处广告费用五倍以上十倍以下的罚款，广告费用无法计算或者明显偏低的，处一百万元以上二百万元以下的罚款，并可以由有关部门暂停广告发布业务、吊销营业执照、吊销广告发布登记证件。

广告主、广告经营者、广告发布者有本条第一款、第三款规定行为，构成犯罪的，依法追究刑事责任。

第五十六条 违反本法规定，发布虚假广告，欺骗、误导消费者，使购买商品或者接受服务的消费者的合法权益受到损害的，由广告主依法承担民事责任。广告经营者、广告发布者不能提供广告主的真实名称、地址和有效联系方式的，消费者可以要求广告经营者、广告发布者先行赔偿。

关系消费者生命健康的商品或者服务的虚假广告，造成消费者损害的，其广告经营者、广告发布者、广告代言人应当与广告主承担连带责任。

前款规定以外的商品或者服务的虚假广告，造成消费者损害的，其广告经营者、广告发布者、广告代言人，明知或者应知广告虚假仍设计、制作、代理、发布或者作推荐、证明的，应当与广告主承担连带责任。

第五十七条 有下列行为之一的，由工商行政管理部门责令停止发布广告，对广告主处二十万元以上一百万元以下的罚款，情节严重的，并可以吊销营业执照，由广告审查机关撤销广告审查批准文件、一年内不受理其广告审查申请；对广告经营者、广告发布者，由工商行政管理部门没收广告费用，处二十万元以上一百万元以下的罚款，情节严重的，并可以吊销营业执照、吊销广告发布登记证件：

（一）发布有本法第九条、第十条规定的禁止情形的广告的；

（二）违反本法第十五条规定发布处方药广告、药品类易制毒化学品广告、戒毒治疗的医疗器械和治疗方法广告的；

（三）违反本法第二十条规定，发布声称全部或者部分替代母乳的婴儿乳制品、饮料和其他食品广告的；

（四）违反本法第二十二条规定发布烟草广告的；

（五）违反本法第三十七条规定，利用广告推销禁止生产、销售的产品或者提供的服务，或者禁止发布广告的商品或者服务的；

（六）违反本法第四十条第一款规定，在针对未成年人的大众传播媒介上发布医疗、药品、保健食品、医疗器械、化妆品、酒类、美容广告，以及不利于未成年人身心健康的网络游戏广告的。

第五十八条 有下列行为之一的，由工商行政管理部门责令停止发布广告，责令广告主在相应范围内消除影响，处广告费用一倍以上三倍以下的罚款，广告费用无法计算或者明显偏低的，处十万元以上二十万元以下的罚款；情节严重的，处广告费用三倍以上五倍以下的罚款，广告费用无法计算或者明显偏低的，处二十万元以上一百万元以下的罚款，可以吊销营业执照，并由广告审查机关撤销广告审查批准文件、一年内不受理其广告审查申请：

（一）违反本法第十六条规定发布医疗、药品、医疗器械广告的；

（二）违反本法第十七条规定，在广告中涉及疾病治疗功能，以及使用医疗用语或者易使推销的商品与药品、医疗器械相混淆的用语的；

（三）违反本法第十八条规定发布保健食品广告的；

（四）违反本法第二十一条规定发布农药、兽药、饲料和饲料添加剂广告的；

（五）违反本法第二十三条规定发布酒类广告的；

（六）违反本法第二十四条规定发布教育、培训广告的；

（七）违反本法第二十五条规定发布招商等有投资回报预期的商品或者服务广告的；

（八）违反本法第二十六条规定发布房地产广告的；

（九）违反本法第二十七条规定发布农作物种子、林木种子、草种子、种畜禽、水产苗种和种养殖广告的；

（十）违反本法第三十八条第二款规定，利用不满十周岁的未成年人作为广告代言人的；

（十一）违反本法第三十八条第三款规定，利用自然人、法人或者其他组织作为广告代言人的；

（十二）违反本法第三十九条规定，在中小学校、幼儿园内或者利用与中小学生、幼儿有关的物品发布广告的；

（十三）违反本法第四十条第二款规定，发布针对不满十四周岁的未成年人的商品或者服务的广告的；

（十四）违反本法第四十六条规定，未经审查发布广告的。

医疗机构有前款规定违法行为，情节严重的，除由工商行政管理部门依照本法处罚外，卫生行政部门可以吊销诊疗科目或者吊销医疗机构执业许可证。

广告经营者、广告发布者明知或者应知有本条第一款规定违法行为仍设计、制作、代理、发布的，由工商行政管理部门没收广告费用，并处广告费用一倍以上三倍以下的罚款，广告费用无法计算或者明显偏低的，处十万元以上二十万元以下的罚款；情节严重的，处广告费用三倍以上五倍以下的罚款，广告费用无法计算或者明显偏低的，处二十万元以上一百万元以下的罚款，并可以由有关部门暂停广告发布业务、吊销营业执照、吊销广告发布登记证件。

第五十九条　有下列行为之一的，由工商行政管理部门责令停止发布广告，对广告主处十万元以下的罚款：

（一）广告内容违反本法第八条规定的；

（二）广告引证内容违反本法第十一条规定的；

（三）涉及专利的广告违反本法第十二条规定的；

（四）违反本法第十三条规定，广告贬低其他生产经营者的商品或者服务的。

广告经营者、广告发布者明知或者应知有前款规定违法行为仍设计、制作、代理、发布的，由工商行政管理部门处十万元以下的罚款。

广告违反本法第十四条规定，不具有可识别性的，或者违反本法第十九条规定，变相发布医疗、药品、医疗器械、保健食品广告的，由工商行政管理部门责令改正，对广告发布者处十万元以下的罚款。

第六十条　违反本法第二十九条规定，广播电台、电视台、报刊出版单位未办理广告发布登记，擅自从事广告发布业务的，由工商行政管理部门责令改正，没收违法所得，违法所得一万元以上的，并处违法所得一倍以上三倍以下的罚款；违法所得不足一万元的，并处五千元以上三万元以下的罚款。

第六十一条　违反本法第三十四条规定，广告经营者、广告发布者未按照国家有关规定建立、健全广告业务管理制度的，或者未对广告内容进行核对的，由工商行政管理部门责令改正，可以处五万元以下的罚款。

违反本法第三十五条规定，广告经营者、广告发布者未公布其收费标准和收费办法的，由价格主管部门责令改正，可以处五万元以下的罚款。

第六十二条　广告代言人有下列情形之一的，由工商行政管理部门没收违法所得，并处违法所得一倍以上二倍以下的罚款：

（一）违反本法第十六条第一款第四项规定，在医疗、药品、医疗器械广告中作推荐、证明的；

（二）违反本法第十八条第一款第五项规定，在保健食品广告中作推荐、证明的；

（三）违反本法第三十八条第一款规定，为其未使用过的商品或者未接受过的服务作推荐、证明的；

（四）明知或者应知广告虚假仍在广告中对商品、服务作推荐、证明的。

第六十三条 违反本法第四十三条规定发送广告的，由有关部门责令停止违法行为，对广告主处五千元以上三万元以下的罚款。

违反本法第四十四条第二款规定，利用互联网发布广告，未显著标明关闭标志，确保一键关闭的，由工商行政管理部门责令改正，对广告主处五千元以上三万元以下的罚款。

第六十四条 违反本法第四十五条规定，公共场所的管理者和电信业务经营者、互联网信息服务提供者，明知或者应知广告活动违法不予制止的，由工商行政管理部门没收违法所得，违法所得五万元以上的，并处违法所得一倍以上三倍以下的罚款，违法所得不足五万元的，并处一万元以上五万元以下的罚款；情节严重的，由有关部门依法停止相关业务。

第六十五条 违反本法规定，隐瞒真实情况或者提供虚假材料申请广告审查的，广告审查机关不予受理或者不予批准，予以警告，一年内不受理该申请人的广告审查申请；以欺骗、贿赂等不正当手段取得广告审查批准的，广告审查机关予以撤销，处十万元以上二十万元以下的罚款，三年内不受理该申请人的广告审查申请。

第六十六条 违反本法规定，伪造、变造或者转让广告审查批准文件的，由工商行政管理部门没收违法所得，并处一万元以上十万元以下的罚款。

第六十七条 有本法规定的违法行为的，由工商行政管理部门记入信用档案，并依照有关法律、行政法规规定予以公示。

第六十八条 广播电台、电视台、报刊音像出版单位发布违法广告，或者以新闻报道形式变相发布广告，或者以介绍健康、养生知识等形式变相发布医疗、药品、医疗器械、保健食品广告，工商行政管理部门依照本法给予处罚的，应当通报新闻出版广电部门以及其他有关部门。新闻出版广电部门以及其他有关部门应当依法对负有责任的主管人员和直接责任人员给予处分；情节严重的，并可以暂停媒体的广告发布业务。

新闻出版广电部门以及其他有关部门未依照前款规定对广播电台、电视台、报刊音像出版单位进行处理的，对负有责任的主管人员和直接责任人员，依法给予处分。

第六十九条 广告主、广告经营者、广告发布者违反本法规定，有下列侵权行为之一的，依法承担民事责任：

（一）在广告中损害未成年人或者残疾人的身心健康的；

（二）假冒他人专利的；

（三）贬低其他生产经营者的商品、服务的；

（四）在广告中未经同意使用他人名义或者形象的；

（五）其他侵犯他人合法民事权益的。

第七十条 因发布虚假广告，或者有其他本法规定的违法行为，被吊销营业执照的公司、企业的法定代表人，对违法行为负有个人责任的，自该公司、企业被吊销营业执照之日起三年内不得担任公司、企业的董事、监事、高级管理人员。

第七十一条 违反本法规定，拒绝、阻挠工商行政管理部门监督检查，或者有其他构成违反治安管理行为的，依法给予治安管理处罚；构成犯罪的，依法追究刑事责任。

第七十二条 广告审查机关对违法的广告内容作出审查批准决定的，对负有责任的主管人员和直接责任人员，由任免机关或者监察机关依法给予处分；构成犯罪的，依法追究刑事责任。

第七十三条 工商行政管理部门对在履行广告监测职责中发现的违法广告行为或者对经投诉、举报的违法广告行为，不依法予以查处的，对负有责任的主管人员和直接责任人员，依法给予处分。

工商行政管理部门和负责广告管理相关工作的有关部门的工作人员玩忽职守、滥用职权、徇私舞弊的，依法给予处分。

有前两款行为，构成犯罪的，依法追究刑事责任。

第六章 附则

第七十四条 国家鼓励、支持开展公益广告宣传活动，传播社会主义核心价值观，倡导文明风尚。

大众传播媒介有义务发布公益广告。广播电台、电视台、报刊出版单位应当按照规定的版面、时段、时长发布公益广告。公益广告的管理办法，由国务院工商行政管理部门会同有关部门制定。

第七十五条 本法自2015年9月1日起施行。

北京市网络广告管理暂行办法

（2001年4月10日北京市工商管理局颁布）

第一条 为依法规范网络广告内容和广告活动，保护经营者和消费者的合法权益，依照《中华人民共和国广告法》（以下简称《广告法》）、《中华人民共和国广告管理条例》（以下简称《条例》）有关规定，制订本办法。

第二条 本办法所称网络广告，是指互联网信息服务提供者通过互联网在网站或网页上以旗帜、按钮、文字链接、电子邮件等形式发布的广告。

互联网信息服务提供者包括经营性和非经营性互联网信息服务提供者。

第三条 互联网信息服务提供者发布网络广告，应当遵守《广告法》、《条例》和其他有关法律、法规、规章以及本办法的规定。

第四条 北京市工商行政管理局负责本市网络广告监督管理，并在hd315网站建立“网络广告管理中心”。区、县分局（含直属分局）负责对辖区内互联网信息服务提供者发布的网络进行监督管理。

第五条 本市行政区域内经营性互联网信息服务提供者为他人设计、制作、发布网络广告的应当到北京市工商行政管理局申请办理广告经营登记，取得《广告经营许可证》后到原注册登记机关办理企业法人经营范围的变更登记。

非经营性互联网信息服务提供者不得为他人设计、制作、发布网络广告。在网站发布自己的商品和服务的广告，其广告所推销商品或提供服务应当符合本企业经营范围。

第六条 经营性互联网信息服务提供者申请办理网络广告经营登记，应当符合下列条件：

（一）企业法人营业执照具有从事互联网信息服务的经营范围；

（二）在北京市工商行政管理局指定的网站（hd315）备案；

（三）具有相应的广告经营管理机构和取得从业资格的广告经营管理人员及广告审查人员；

（四）具有相应的网络广告设计、制作及管理技术和设备。

第七条 符合上述条件，申请办理网络广告经营许可证，应提交下列证明文件：

（一）在 hd315.gov.cn 网站上办理备案登记后，贴有备案标识的网站首页打印件；

（二）广告经营资格申请登记表（一式两份）；

（三）营业执照复印件（加盖发照机关备案章）；

（四）网站域名的注册证明（有效复印件）；

（五）广告管理制度（承接、登记、审查、档案、财务）及广告监测措施；

（六）《广告专业岗位资格培训证书》2 份（有效复印件）；

（七）《广告审查员证》2 份（有效复印件）；

（八）广告价目表。

对文件齐备、符合规定的，北京市工商行政管理局自受理之日起七个工作日内核发《广告经营许可证》。

第八条 已取得《广告经营许可证》的广告经营单位和发布单位经营网络广告的，应根据上述规定办理备案登记和网站域名的注册登记。取得网络广告经营资格的互联网信息服务提供者，应当在其网站备案栏中注明《广告经营许可证》号码。

第九条 经营性互联网信息服务提供者设计、制作、发布网络广告应当依据法律、行政法规查验广告主有关证明文件，核实网络广告内容。对内容不实或者证明文件不全的网络广告，不得设计、制作和发布。

第十条 经营性互联网信息服务提供者发布网络广告，应将制作完成并经过审查的网络广告上传至“网络广告管理中心”，同时附加网站注册得到的电子标识、企业所属审查员的代码，以及广告发布点的计划。“网络广告管理中心”将根据广告发布计划将该网络广告发送至目标网站，并于计划执行完毕后，将该广告的相关资料自动返还提交广告的网站。

对于已具有集中发布网络广告性质的网站或“网站联盟”性质的网络广告运作联合体，其广告发布部分的数据库应与“网络广告管理中心”实现联网。

第十一条 经营性互联网信息服务提供者应将发布的网络广告及相关资料保存留档一年，并不得隐匿、更改，在广告监督管理机关依法检查时予以提供。

第十二条 经营性互联网信息服务提供者的网络广告收入应当单独立账，并使用广告业专用发票。

第十三条 互联网信息服务提供者不得在网站上发布下列商品或服务的广告：

（一）烟草；

（二）性生活用品；

（三）法律、行政法规规定生产、销售的商品或者提供的服务，以及禁止发布广告的商品或者服务。

第十四条 互联网信息服务提供者在网站上发布药品、医疗器械、农药、兽药、医疗、种籽、种畜等商品的广告，以及法律、法规规定应当进行审查的其他广告，必须在发布前取得有关行政主管部门的审查批准文件，并严格按照审查批准文件的内容发布广告；审查批准文号应当列为广告内容同时发布。

第十五条 互联网信息服务提供者在网站上发布出国留学咨询、社会办学、经营性文艺演出、专利技术、职业中介等广告，应当按照有关法律、法规、规定取得相关证明文件并按照出证的内容发布广告。

第十六条 互联网信息服务提供者应当将发布的广告与其他信息相区别，不得以新闻报道形式发布广告。

第十七条 本市各级工商行政管理机关广告监督管理部门应将网络列入重点广告监测范围，建立监测登记汇总制度。发现违法广告及时下载取证，保证网络广告监测及时到位。

第十八条 对取得广告发布资格的互联网信息服务提供者，北京市工商行政管理局将通过 hd315 网站向社会公告其名称、注册标识及广告经营许可证号，以供广大消费者认选，并方便消费者投诉、申诉、举报。

第十九条 违反本办法规定的，工商行政管理机关将依照《广告法》、《条例》等法律、法规的规定进行处罚。

第二十条 外商投资的经营性互联网信息服务提供者申请办理网络广告登记的，参照设立外商投资广告企业的有关规定和本办法执行。

第二十一条 本办法由北京市工商行政管理局负责解释。

第二十二条 本办法自 2001 年 5 月 1 日起施行。

广告管理条例

（1987 年 10 月 26 日国务院颁布）

第一条 为了加强广告管理，推动广告事业的发展，有效地利用广告媒介为社会主义建设服务，制定本条例。

第二条 凡通过报刊、广播、电视、电影、路牌、橱窗、印刷品、霓虹灯等媒介或者形式，在中华人民共和国境内刊播、设置、张贴广告，均属本条例管理范围。

第三条 广告内容必须真实、健康、清晰、明白，不得以任何形式欺骗用户和消费者。

第四条 在广告经营活动中，禁止垄断和不正当竞争行为。

第五条 广告的管理机关是国家工商行政管理机关和地方各级工商行政管理机关。

第六条 经营广告业务的单位和个体工商户（以下简称广告经营者），应当按照本条例和有关法规的规定，向工商行政管理机关申请，分别情况办理审批登记手续：

（一）专营广告业务的企业，发给《企业法人营业执照》；

（二）兼营广告业务的事业单位，发给《广告经营许可证》；

（三）具备经营广告业务能力的个体工商户，发给《营业执照》；

（四）兼营广告业务的企业，应当办理经营范围变更登记。

第七条 广告客户申请刊播、设置、张贴的广告，其内容应当在广告客户的经营范围或者国家许可的范围内。

第八条 广告有下列内容之一的，不得刊播、设置、张贴：

（一）违反我国法律、法规的；

（二）损害我国民族尊严的；

（三）有中国国旗、国徽、国歌标志、国歌音响的；

（四）有反动、淫秽、迷信、荒诞内容的；

（五）弄虚作假的；

（六）贬低同类产品的。

第九条 新闻单位刊播广告，应当有明确的标志。新闻单位不得以新闻报道形式刊播广告，收取费用；新闻记者不得借采访名义招揽广告。

第十条 禁止利用广播、电视、报刊为卷烟做广告。

获得国家级、部级、省级各类奖的优质名酒，经工商行政管理机关批准，可以做广告。

第十一条 申请刊播、设置、张贴下列广告，应当提交有关证明：

（一）标明质量标准的商品广告，应当提交省辖市以上标准化管理部门或者经计量认证合格的质量检验机构的证明；

（二）标明获奖的商品广告，应当提交本届、本年度或者数届、数年度连续获奖的证书，并在广告中注明获奖级别和颁奖部门；

（三）标明优质产品称号的商品广告，应当提交政府颁发的优质产品证书，并在广告中标明授予优质产品称号的时间和部门；

（四）标明专利权的商品广告，应当提交专利证书；

（五）标明注册商标的商品广告，应当提交商标注册证；

（六）实施生产许可证的产品广告，应当提交生产许可证；

（七）文化、教育、卫生广告，应当提交上级行政主管部门的证明；

（八）其他各类广告，需要提交证明的，应当提交政府有关部门或者其授权单位的证明。

第十二条 广告经营者承办或者代理广告业务，应当查验证明，审查广告内容。对违反本条例规定的广告，不得刊播、设置、张贴。

第十三条 户外广告的设置、张贴，由当地人民政府组织工商行政管理、城建、环保、公安等有关部门制订规划，工商行政管理机关负责监督实施。

在政府机关和文物保护单位周围的建筑控制地带以及当地人民政府禁止设置、张贴广告的区域，不得设置、张贴广告。

第十四条 广告收费标准，由广告经营者制订，报当地工商行政管理机关和物价管理机关备案。

第十五条 广告业务代理费标准，由国家工商行政管理机关会同国家物价管理机关制定。

户外广告场地费、建筑物占用费的收费标准，由当地工商行政管理机关会同物价、城建部门协商制订，报当地人民政府批准。

第十六条 广告经营者必须按照国家规定设置广告会计账簿，依法纳税，并接受财政、审计、工商行政管理部门的监督检查。

第十七条 广告经营者承办或者代理广告业务，应当与客户或者被代理人签订书面合同，明确各方的责任。

第十八条 广告客户或者广告经营者违反本条例规定，由工商行政管理机关根据其情节轻重，分别给予下列处罚：

（一）停止发布广告；

（二）责令公开更正；

（三）通报批评；

（四）没收非法所得；

（五）罚款；

（六）停业整顿；

（七）吊销营业执照或者广告经营许可证。

违反本条例规定，情节严重，构成犯罪的，由司法机关依法追究刑事责任。

第十九条 广告客户和广告经营者对工商行政管理机关处罚决定不服的，可以在收到处罚通知之日起十五日内，向上一级工商行政管理机关申请复议。对复议决定仍不服的，可以在收到复议决定之日起三十日内，向人民法院起诉。

第二十条 广告客户和广告经营者违反本条例规定，使用户和消费者蒙受损失，或者有其他侵权行为的，应当承担赔偿责任。

损害赔偿，受害人可以请求县以上工商行政管理机关处理。当事人对工商行政管理机关处理不服的，可以向人民法院起诉。受害人也可以直接向人民法院起诉。

第二十一条 本条例由国家工商行政管理局负责解释；施行细则由国家工商行政管理局制定。

第二十二条 本条例自 1987 年 12 月 1 日起施行。1982 年 2 月 6 日国务院发布的《广告管理暂行条例》同时废止。

互联网药品信息服务管理办法

（2004 年 5 月 28 日经国家食品药品监督管理局局务会议审议通过）

第一条 为加强药品监督管理，规范互联网药品信息服务业务，保障互联网药品信息的合法性、真实性、安全性，根据《中华人民共和国药品管理法》、《互联网信息服务管理办法》和相关法律、法规的规定，制定本规定。

第二条 在中华人民共和国境内从事互联网药品信息服务活动，适用本规定。

本规定所称互联网药品信息服务，是指通过互联网向上网用户提供药品（包括医疗器械、卫生材料、医药包装材料）信息的服务活动。

第三条 互联网药品信息服务分为经营性和非经营性两类。

经营性互联网药品信息服务，是指通过互联网向上网用户发布药品广告、有偿提供药品信息等带来经济收益的服务。

非经营性互联网药品信息服务，是指通过互联网向上网用户无偿提供具有公开性、共享性药品信息的服务。

第四条 国家药品监督管理局对全国互联网站从事药品信息服务的活动实施监督管理。

省、自治区、直辖市药品监督管理局对本行政区域内互联网站从事药品信息服务的活动实施监督管理。

第五条　国家药品监督管理局对从事经营性互联网药品信息服务进行审核，对从事非经营性互联网药品信息服务实行备案管理。

省、自治区、直辖市药品监督管理局对本行政区域内从事经营性互联网药品信息服务进行初审，对从事非经营性互联网药品信息服务进行审核。

第六条　从事互联网药品信息服务，除应当符合《互联网信息服务管理办法》规定的要求外，还应当具备下列条件：

（一）有两名以上了解药品管理法律、法规和药品知识，并经所在地的省、自治区、直辖市药品监督管理局考核认可的专业人员；

（二）有保证药品信息来源合法、真实、安全的管理措施。

第七条　从事互联网药品信息服务，应当填写国家药品监督管理局统一制发的《从事互联网药品信息服务申请表》。

第八条　从事经营性互联网药品信息服务，应当向所在地的省、自治区、直辖市药品监督管理局提出申请，提交以下材料：

（一）《从事互联网药品信息服务申请表》；

（二）业务发展计划及相关技术方案；

（三）保证药品信息来源合法、真实、安全的管理措施。

省、自治区、直辖市药品监督管理局按照有关规定对申请经营性互联网药品信息服务的单位提交的材料进行初审，并在 30 日内做出同意或不同意的决定。同意的，由省、自治区、直辖市药品监督管理局报国家药品监督管理局审核；不同意的，应当书面通知申请人并说明理由。

国家药品监督管理局按照有关规定对省、自治区、直辖市药品监督管理局呈报的申请材料进行审核，并在 30 日内做出同意或不同意的决定。同意的，由国家药品监督管理局书面通知初审单位，由初审单位向申请人出具审核同意的文件；不同意的，应当书面通知初审单位并说明理由，由初审单位告知申请人。

第九条　从事非经营性互联网药品信息服务，应当向所在地的省、自治区、直辖市药品监督管理局提出申请，提交《从事互联网药品信息服务申请表》。

省、自治区、直辖市药品监督管理局按照有关规定对申请非经营性互联网药品信息服务的单位提交的材料进行审核，并在 30 日内做出同意或不同意的决定。同意的，由省、自治区、直辖市药品监督管理局出具审核同意的文件，同时报国家药品监督管理局备案；不同意的，应当书面通知申请人并说明理由。

第十条　从事互联网药品信息服务，拟提供网上药品交易服务的，应按照有关规定另行向国家药品监督管理局提出专项申请。

第十一条　互联网药品信息服务提供者变更服务项目、网站网址等事项的，应提前 30 日向原审核机关或初审机关申请办理变更手续，原审核机关或初审机关同意变更的，报国家药品监督管理局备案或审核。

第十二条　互联网药品信息服务提供者违反本规定，有下列情形之一的，由国家药品监督管理局或省、自治区、直辖市药品监督管理局给予警告，责令限期改正；已取得从事互联网药品信息服务资格的，情节严重的，撤销其从事互联网药品信息服务资格，并商请信息产业主管部门等有关部门依照有关法律、法规的规定处罚：

（一）未取得国家药品监督管理局或省、自治区、直辖市药品监督管理局审核同意，擅自从事互联网药品信息服务的；

（二）非经营性互联网药品信息服务提供者提供有偿互联网药品信息服务的；

（三）已取得国家药品监督管理局或省、自治区、直辖市药品监督管理局审核同意，但超出审核同意的范围提供互联网药品信息服务的；

（四）提供不真实互联网药品信息并造成社会影响的；

（五）违反其他有关药品的法律、法规提供互联网药品信息服务的。

第十三条 互联网药品信息服务提供者在其业务活动中，违反其他有关药品的法律、法规的，由国家药品监督管理局或省、自治区、直辖市药品监督管理局依照有关法律、法规的规定处罚。

第十四条 在本规定公布前从事互联网药品信息服务的，应当于本规定公布之日起 60 日内，依照本规定补办审核手续。

第十五条 本规定由国家药品监督管理局负责解释。

第十六条 本规定自 2001 年 2 月 1 日起施行。

互联网信息服务管理办法

（2000 年 9 月 20 日国务院第 31 次常务会议通过）

第一条 为了规范互联网信息服务活动，促进互联网信息服务健康有序发展，制定本办法。

第二条 在中华人民共和国境内从事互联网信息服务活动，必须遵守本办法。

本办法所称互联网信息服务，是指通过互联网向上网用户提供信息的服务活动。

第三条 互联网信息服务分为经营性和非经营性两类。

经营性互联网信息服务，是指通过互联网向上网用户有偿提供信息或者网页制作等服务活动。

非经营性互联网信息服务，是指通过互联网向上网用户无偿提供具有公开性、共享性信息的服务活动。

第四条 国家对经营性互联网信息服务实行许可制度；对非经营性互联网信息服务实行备案制度。

未取得许可或者未履行备案手续的，不得从事互联网信息服务。

第五条 从事新闻、出版、教育、医疗保健、药品和医疗器械等互联网信息服务，依照法律、行政法规以及国家有关规定须经有关主管部门审核同意的，在申请经营许可或者履行备案手续前，应当依法经有关主管部门审核同意。

第六条 从事经营性互联网信息服务，除应当符合《中华人民共和国电信条例》规定的要求外，还应当具备下列条件：

（一）有业务发展计划及相关技术方案；

（二）有健全的网络与信息安全保障措施，包括网站安全保障措施、信息安全保密管理制度、用户信息安全管理制度；

（三）服务项目属于本办法第五条规定范围的，已取得有关主管部门同意的文件。

第七条 从事经营性互联网信息服务，应当向省、自治区、直辖市电信管理机构或者国务院信息产业主管部门申请办理互联网信息服务增值电信业务经营许可证（以下简称经营许可证）。

省、自治区、直辖市电信管理机构或者国务院信息产业主管部门应当自收到申请之日起60日内审查完毕，做出批准或者不予批准的决定。予以批准的，颁发经营许可证；不予批准的，应当书面通知申请人并说明理由。

申请人取得经营许可证后，应当持经营许可证向企业登记机关办理登记手续。

第八条　从事非经营性互联网信息服务，应当向省、自治区、直辖市电信管理机构或者国务院信息产业主管部门办理备案手续。办理备案时，应当提交下列材料：

（一）主办单位和网站负责人的基本情况；

（二）网站网址和服务项目；

（三）服务项目属于本办法第五条规定范围的，已取得有关主管部门的同意文件。

省、自治区、直辖市电信管理机构对备案材料齐全的，应当予以备案并编号。

第九条　从事互联网信息服务，拟开办电子公告服务的，应当在申请经营性互联网信息服务许可或者办理非经营性互联网信息服务备案时，按照国家有关规定提出专项申请或者专项备案。

第十条　省、自治区、直辖市电信管理机构和国务院信息产业主管部门应当公布取得经营许可证或者已履行备案手续的互联网信息服务提供者名单。

第十一条　互联网信息服务提供者应当按照经许可或者备案的项目提供服务，不得超出经许可或者备案的项目提供服务。

非经营性互联网信息服务提供者不得从事有偿服务。

互联网信息服务提供者变更服务项目、网站网址等事项的，应当提前 30 日向原审核、发证或者备案机关办理变更手续。

第十二条　互联网信息服务提供者应当在其网站主页的显著位置标明其经营许可证编号或者备案编号。

第十三条　互联网信息服务提供者应当向上网用户提供良好的服务，并保证所提供的信息内容合法。

第十四条　从事新闻、出版以及电子公告等服务项目的互联网信息服务提供者，应当记录提供的信息内容及其发布时间、互联网地址或者域名；互联网接入服务提供者应当记录上网用户的上网时间、用户账号、互联网地址或者域名、主叫电话号码等信息。

互联网信息服务提供者和互联网接入服务提供者的记录备份应当保存 60 日，并在国家有关机关依法查询时，予以提供。

第十五条　互联网信息服务提供者不得制作、复制、发布、传播含有下列内容的信息：

（一）反对宪法所确定的基本原则的；

（二）危害国家安全，泄露国家秘密，颠覆国家政权，破坏国家统一的；

（三）损害国家荣誉和利益的；

（四）煽动民族仇恨、民族歧视，破坏民族团结的；

（五）破坏国家宗教政策，宣扬邪教和封建迷信的；

（六）散布谣言，扰乱社会秩序，破坏社会稳定的；

（七）散布淫秽、色情、赌博、暴力、凶杀、恐怖或者教唆犯罪的；

（八）侮辱或者诽谤他人，侵害他人合法权益的；

（九）含有法律、行政法规禁止的其他内容的。

第十六条 互联网信息服务提供者发现其网站传输的信息明显属于本办法第十五条所列内容之一的，应当立即停止传输，保存有关记录，并向国家有关机关报告。

第十七条 经营性互联网信息服务提供者申请在境内境外上市或者同外商合资、合作，应当事先经国务院信息产业主管部门审查同意；其中，外商投资的比例应当符合有关法律、行政法规的规定。

第十八条 国务院信息产业主管部门和省、自治区、直辖市电信管理机构，依法对互联网信息服务实施监督管理。

新闻、出版、教育、卫生、药品监督管理、工商行政管理和公安、国家安全等有关主管部门，在各自职责范围内依法对互联网信息内容实施监督管理。

第十九条 违反本办法的规定，未取得经营许可证，擅自从事经营性互联网信息服务，或者超出许可的项目提供服务的，由省、自治区、直辖市电信管理机构责令限期改正，有违法所得的，没收违法所得，处违法所得 3 倍以上 5 倍以下的罚款；没有违法所得或者违法所得不足 5 万元的，处 10 万元以上 100 万元以下的罚款；情节严重的，责令关闭网站。

违反本办法的规定，未履行备案手续，擅自从事非经营性互联网信息服务，或者超出备案的项目提供服务的，由省、自治区、直辖市电信管理机构责令限期改正；拒不改正的，责令关闭网站。

第二十条 制作、复制、发布、传播本办法第十五条所列内容之一的信息，构成犯罪的，依法追究刑事责任；尚不构成犯罪的，由公安机关、国家安全机关依照《中华人民共和国治安管理处罚条例》、《计算机信息网络国际联网安全保护管理办法》等有关法律、行政法规的规定予以处罚；对经营性互联网信息服务提供者，由发证机关责令停业整顿直至吊销经营许可证，通知企业登记机关；对非经营性互联网信息服务提供者，由备案机关责令暂时关闭网站直至关闭网站。

第二十一条 未履行本办法第十四条规定的义务的，由省、自治区、直辖市电信管理机构责令改正；情节严重的，责令停业整顿或者暂时关闭网站。

第二十二条 违反本办法的规定，未在其网站主页上标明其经营许可证编号或者备案编号的，由省、自治区、直辖市电信管理机构责令改正，处 5000 元以上 5 万元以下的罚款。

第二十三条 违反本办法第十六条规定的义务的，由省、自治区、直辖市电信管理机构责令改正；情节严重的，对经营性互联网信息服务提供者，由发证机关吊销经营许可证，对非经营性互联网信息服务提供者，由备案机关责令关闭网站。

第二十四条 互联网信息服务提供者在其业务活动中，违反其他法律、法规的，由新闻、出版、教育、卫生、药品监督管理和工商行政管理等有关主管部门依照有关法律、法规的规定处罚。

第二十五条 电信管理机构和其他有关主管部门及其工作人员，玩忽职守、滥用职权、徇私舞弊，疏于对互联网信息服务的监督管理，造成严重后果，构成犯罪的，依法追究刑事责任；尚不构成犯罪的，对直接负责的主管人员和其他直接责任人员依法给予降级、撤职直至开除的行政处分。

第二十六条 在本办法公布前从事互联网信息服务的，应当自本办法公布之日起 60 日内依照本办法的有关规定补办有关手续。

第二十七条 本办法自公布之日起施行。

互联网医疗保健信息服务管理办法

第一章 总则

第一条 为规范互联网医疗保健信息服务活动，保证互联网医疗保健信息科学、准确，促进互联网医疗保健信息服务健康有序发展，根据《互联网信息服务管理办法》，制定本办法。

第二条 在中华人民共和国境内从事互联网医疗保健信息服务活动，适用本办法。

本办法所称互联网医疗保健信息服务是指通过开办医疗卫生机构网站、预防保健知识网站或者在综合网站设立预防保健类频道向上网用户提供医疗保健信息的服务活动。

开展远程医疗会诊咨询、视频医学教育等互联网信息服务的，按照卫生部相关规定执行。

第三条 互联网医疗保健信息服务分为经营性和非经营性两类。

经营性互联网医疗保健信息服务，是指向上网用户有偿提供医疗保健信息等服务的活动。

非经营性互联网医疗保健信息服务，是指向上网用户无偿提供公开、共享性医疗保健信息等服务的活动。

第四条 从事互联网医疗保健信息服务，在向通信管理部门申请经营许可或者履行备案手续前，应当经省、自治区、直辖市人民政府卫生行政部门、中医药管理部门审核同意。

第二章 设立

第五条 申请提供互联网医疗保健信息服务，应当具备下列条件：

（一）主办单位为依法设立的医疗卫生机构、从事预防保健服务的企事业单位或者其他社会组织；

（二）具有与提供的互联网医疗保健信息服务活动相适应的专业人员、设施及相关制度；

（三）网站或者频道有 2 名以上熟悉医疗卫生管理法律、法规和医疗卫生专业知识的技术人员；提供性知识宣传的，应当有 1 名副高级以上卫生专业技术职务任职资格的医师。

第六条 申请提供的互联网医疗保健信息服务中含有性心理、性伦理、性医学、性治疗等性科学研究内容的，除具备第五条规定条件外，还应当同时具备下列条件：

（一）主办单位必须是医疗卫生机构；

（二）具有仅向从事相关临床和科研工作的专业人员开放的相关网络技术措施。

第七条 申请提供互联网医疗保健信息服务的，应当按照属地管理原则，向主办单位所在地省、自治区、直辖市人民政府卫生行政部门、中医药管理部门提出申请，并提交下列材料：

（一）申请书和申请表。申请表内容主要包括：网站类别、服务性质（经营性或者非经营性）、内容分类（普通、性知识、性科研）、网站设置地点、预定开始提供服务日期、主办单位名称、机构性质、通信地址、邮政编码、负责人及其身份证号码、联系人、联系电话等；

（二）主办单位基本情况，包括机构法人证书或者企业法人营业执照；

（三）医疗卫生专业人员学历证明及资格证书、执业证书复印件，网站负责人身份证及简历；

（四）网站域名注册的相关证书证明文件；

（五）网站栏目设置说明；

（六）网站对历史发布信息进行备份和查阅的相关管理制度及执行情况说明；

（七）卫生行政部门、中医药管理部门在线浏览网站上所有栏目、内容的方法及操作说明；

（八）健全的网络与信息安全保障措施，包括网站安全保障措施、信息安全保密管理制度、用户信息安全管理制度；

（九）保证医疗保健信息来源科学、准确的管理措施、情况说明及相关证明。

第八条 从事互联网医疗卫生信息服务网站的中文名称，除与主办单位名称相同的以外，不得以“中国”、“中华”、“全国”等冠名。

第九条 省、自治区、直辖市人民政府卫生行政部门、中医药管理部门自受理之日起20日内，对申请提供互联网医疗保健信息服务的材料进行审核，并作出予以同意或不予同意的审核意见。予以同意的，核发《互联网医疗保健信息服务审核同意书》，发布公告，并向卫生部、国家中医药管理局备案；不予同意的，应当书面通知申请人并说明理由。

《互联网医疗保健信息服务审核同意书》格式由卫生部统一制定。

第十条 互联网医疗保健信息服务提供者变更下列事项之一的，应当向原发证机关申请办理变更手续，填写《互联网医疗保健信息服务项目变更申请表》，同时提供相关证明文件：

（一）《互联网医疗保健信息服务审核同意书》中审核同意的项目；

（二）互联网医疗保健信息服务主办单位的基本项目；

（三）提供互联网医疗保健信息服务的基本情况。

第十一条 《互联网医疗保健信息服务审核同意书》有效期 2 年。需要继续提供互联网医疗保健信息服务的，应当在有效期届满前 2 个月内，向原审核机关申请复核。通过复核的，核发《互联网医疗保健信息服务复核同意书》。

第三章 医疗保健信息服务

第十二条 互联网医疗保健信息服务内容必须科学、准确，必须符合国家有关法律、法规和医疗保健信息管理的相关规定。

提供互联网医疗保健信息服务的网站应当对发布的全部信息包括所链接的信息负全部责任。

不得发布含有封建迷信、淫秽内容的信息；不得发布虚假信息；不得发布未经审批的医疗广告；不得从事网上诊断和治疗活动。

非医疗机构不得在互联网上储存和处理电子病历和健康档案信息。

第十三条 发布医疗广告，必须符合《医疗广告管理办法》的有关规定。应当注明医疗广告审查证明文号，并按照核准的广告成品样件内容登载。

不得夸大宣传，严禁刊登违法广告。

第十四条 开展性知识宣传，必须提供信息内容的来源，并在明显位置标明。信息内容要由医疗卫生专业人员审核把关，确保其科学、准确。

不得转载、摘编非法出版物的内容；不得以宣传性知识为名渲染性心理、性伦理、性医学、性治疗等性科学研究的内容；严禁传播淫秽内容。

第十五条 开展性科学研究的医疗保健网站，只能向从事相关临床和科研工作的专业人员开放。

严禁以开展性科学研究为名传播淫秽内容。综合性网站的预防保健类频道不得开展性科学研究内容服务。

第十六条 提供医疗保健信息服务的网站登载的新闻信息，应当符合《互联网新闻信息服务管理办法》的相关规定；登载的药品信息应当符合《互联网药品信息服务管理办法》的相关规定。

第十七条 提供互联网医疗保健信息服务，应当在其网站主页底部的显著位置标明卫生行政部门、中医药管理部门《互联网医疗保健信息服务审核同意书》或者《互联网医疗保健信息服务复核同意书》的编号。

第四章 监督管理

第十八条 卫生部、国家中医药管理局对各省、自治区、直辖市人民政府卫生行政部门、中医药管理部门的审核和日常监管工作进行指导和管理。

省、自治区、直辖市人民政府卫生行政部门、中医药管理部门依法负责对本行政区域内主办单位提供的医疗保健信息服务开展审核工作，对本行政区域的互联网医疗保健信息服务活动进行监督管理。

第十九条 各级卫生行政部门、中医药管理部门对下列内容进行日常监管：

（一）开办医疗机构类网站的，其医疗机构的真实性和合法性；

（二）提供性知识宣传和普通医疗保健信息服务的，是否取得互联网医疗保健信息服务资格，是否超范围提供服务；

（三）提供性科学研究信息服务的，其主办单位是否具备相应资质，是否违规向非专业人士开放；

（四）是否利用性知识宣传和性科学研究的名义传播淫秽内容，是否刊载违法广告和禁载广告。

第二十条 卫生行政部门、中医药管理部门设立投诉举报电话和电子信箱，接受上网用户对互联网医疗保健信息服务的投诉举报。

第二十一条 卫生行政部门、中医药管理部门对上网用户投诉举报和日常监督管理中发现的问题，要及时通知互联网医疗保健信息服务提供者予以改正；对超范围提供互联网医疗保健信息服务的，应责令其停止提供。

第二十二条 互联网医疗保健信息服务审核和监督管理情况应当向社会公告。

第五章 法律责任

第二十三条 未经过卫生行政部门、中医药管理部门审核同意从事互联网医疗保健信息服务的，由省级以上人民政府卫生行政部门、中医药管理部门通报同级通信管理部门，依法予以查处；情节严重的，依照有关法律法规给予处罚。

第二十四条 已通过卫生行政部门、中医药管理部门审核或者复核同意从事互联网医疗保健信息服务的，违反本办法，有下列情形之一的，由省、自治区、直辖市人民政府卫生行政部门、中医药管理部门给予警告，责令其限期改正；情节严重的，对非经营性互联网医疗保健信息服务提供者处以 3000 元以上 1 万元以下罚款，对经营性互联网医疗保健信息服务提供者处以 1 万元以上 3 万元以下罚款；拒不改正的，提出监管处理意见，并移交通信管理部门依法处理；构成犯罪的，移交司法部门追究刑事责任：

（一）超出审核同意范围提供互联网医疗保健信息服务的；

（二）超出有效期使用《互联网医疗保健信息服务审核同意书》的；

（三）未在网站主页规定位置标明卫生行政部门、中医药管理部门审核或者复核同意书编号的；

（四）提供不科学、不准确医疗保健信息服务，并造成不良社会影响的；

（五）借开展性知识宣传和性科学研究为名传播淫秽内容的。

第二十五条 省、自治区、直辖市人民政府卫生行政部门、中医药管理部门违规对互联网医疗保健信息服务申请作出审核意见的，原审核机关应当撤销原批准的《互联网医疗保健信息服务审核同意书》；对主管人员和其他直接责任人员，由其所在单位上级机关依法给予处分。

第六章 附则

第二十六条 本办法自 2009 年 7 月 1 日起施行。2001 年 1 月 3 日卫生部发布的《卫生部关于印发〈互联网医疗卫生信息服务办法〉的通知》（卫办发〔2001〕3 号）同时废止。

互联网电子公告服务管理规定

（2000 年 10 月 8 日原信息产业部第四次部务会议通过）

第一条 为了加强对互联网电子公告服务（以下简称电子公告服务）的管理，规范电子公告信息发布行为，维护国家安全和社会稳定，保障公民、法人和其他组织的合法权益，根据《互联网信息服务管理办法》的规定，制定本规定。

第二条 在中华人民共和国境内开展电子公告服务和利用电子公告发布信息，适用本规定。

本规定所称电子公告服务，是指在互联网上以电子布告牌、电子白板、电子论坛、网络聊天室、留言板等交互形式为上网用户提供信息发布条件的行为。

第三条 电子公告服务提供者开展服务活动，应当遵守法律、法规，加强行业自律，接受信息产业部及省、自治区、直辖市电信管理机构和其他有关主管部门依法实施的监督检查。

第四条 上网用户使用电子公告服务系统，应当遵守法律、法规，并对所发布的信息负责。

第五条 从事互联网信息服务，拟开展电子公告服务的，应当在向省、自治区、直辖市电信管理机构或者信息产业部申请经营性互联网信息服务许可或者办理非经营性互联网信息服务备案时，提出专项申请或者专项备案。

省、自治区、直辖市电信管理机构或者信息产业部经审查符合条件的，应当在规定时间内连同互联网信息服务一并予以批准或者备案，并在经营许可证或备案文件中专项注明；不符合条件的，不予批准或者不予备案，书面通知申请人并说明理由。

第六条 开展电子公告服务，除应当符合《互联网信息服务管理办法》规定的条件外，还应当具备下列条件：

（一）有确定的电子公告服务类别和栏目；

（二）有完善的电子公告服务规则；

（三）有电子公告服务安全保障措施，包括上网用户登记程序、上网用户信息安全管理制度、技术保障设施；

（四）有相应的专业管理人员和技术人员，能够对电子公告服务实施有效管理。

第七条 已取得经营许可或者已履行备案手续的互联网信息服务提供者，拟开展电子公告服务的，应当向原许可或者备案机关提出专项申请或者专项备案。

省、自治区、直辖市电信管理机构或者信息产业部，应当自收到专项申请或者专项备案材料之日起 60 日内进行审查完毕。经审查符合条件的，予以批准或者备案，并在经营许可证或备案文件中专项注明；不符合条件的，不予批准或者不予备案，书面通知申请人并说明理由。

第八条 未经专项批准或者专项备案手续，任何单位或者个人不得擅自开展电子公告服务。

第九条 任何人不得在电子公告服务系统中发布含有下列内容之一的信息：

（一）反对宪法所确定的基本原则的；

（二）危害国家安全，泄露国家秘密，颠覆国家政权，破坏国家统一的；

（三）损害国家荣誉和利益的；

（四）煽动民族仇恨、民族歧视，破坏民族团结的；

（五）破坏国家宗教政策，宣扬邪教和封建迷信的；

（六）散布谣言，扰乱社会秩序，破坏社会稳定的；

（七）散布淫秽、色情、赌博、暴力、凶杀、恐怖或者教唆犯罪的；

（八）侮辱或者诽谤他人，侵害他人合法权益的；

（九）含有法律、行政法规禁止的其他内容的。

第十条 电子公告服务提供者应当在电子公告服务系统的显著位置刊载经营许可证编号或者备案编号、电子公告服务规则，并提示上网用户发布信息需要承担的法律责任。

第十一条 电子公告服务提供者应当按照经批准或者备案的类别和栏目提供服务，不得超出类别或者另设栏目提供服务。

第十二条 电子公告服务提供者应当对上网用户的个人信息保密，未经上网用户同意不得向他人泄露，但法律另有规定的除外。

第十三条 电子公告服务提供者发现其电子公告服务系统中出现明显属于本办法第九条所列的信息内容之一的，应当立即删除，保存有关记录，并向国家有关机关报告。

第十四条 电子公告服务提供者应当记录在电子公告服务系统中发布的信息内容及其发布时间、互联网地址或者域名。记录备份应当保存 60 日，并在国家有关机关依法查询时，予以提供。

第十五条 互联网接入服务提供者应当记录上网用户的上网时间、用户账号、互联网地址或者域名、主叫电话号码等信息，记录备份应当保存 60 日，并在国家有关机关依法查询时，予以提供。

第十六条 违反本规定第八条、第十一条的规定，擅自开展电子公告服务或者超出经批准或者备案的类别、栏目提供电子公告服务的，依据《互联网信息服务管理办法》第十九条的规定处罚。

第十七条 在电子公告服务系统中发布本规定第九条规定的信息内容之一的，依据《互联网信息服务管理办法》第二十条的规定处罚。

第十八条 违反本规定第十条的规定，未刊载经营许可证编号或者备案编号、未刊载电子公告服务规则或者未向上网用户作发布信息需要承担法律责任提示的，依据《互联网信息服务管理办法》第二十二条的规定处罚。

第十九条 违反本规定第十二条的规定，未经上网用户同意，向他人非法泄露上网用户个人信息的，由省、自治区、直辖市电信管理机构责令改正；给上网用户造成损害或者损失的，依法承担法律责任。

第二十条 未履行本规定第十三条、第十四条、第十五条规定的义务的，依据《互联网信息服务管理办法》第二十一条、第二十三条的规定处罚。

第二十一条 在本规定施行以前已开展电子公告服务的，应当自本规定施行之日起 60 日内，按照本规定办理专项申请或者专项备案手续。

第二十二条 本规定自发布之日起施行。

医疗广告管理办法（部分）

（2006 年 11 月 10 日国家工商行政管理局卫生部令第 26 号）

第一条 为加强医疗广告管理，保障人民身体健康，根据《广告法》、《医疗机构管理条例》、《中医药条例》等法律法规的规定，制定本办法。

第二条 本办法所称医疗广告，是指利用各种媒介或者形式直接或间接介绍医疗机构或医疗服务的广告。

第三条 医疗机构发布医疗广告，应当在发布前申请医疗广告审查。未取得《医疗广告审查证明》，不得发布医疗广告。

第四条 工商行政管理机关负责医疗广告的监督管理。

卫生行政部门、中医药管理部门负责医疗广告的审查，并对医疗机构进行监督管理。

第五条 非医疗机构不得发布医疗广告，医疗机构不得以内部科室名义发布医疗广告。

第六条 医疗广告内容仅限于以下项目：

（一）医疗机构第一名称；

（二）医疗机构地址；

（三）所有制形式；

（四）医疗机构类别；

（五）诊疗科目；

（六）床位数；

（七）接诊时间；

（八）联系电话。

（一）至（六）项发布的内容必须与卫生行政部门、中医药管理部门核发的《医疗机构执业许可证》或其副本载明的内容一致。

第七条 医疗广告的表现形式不得含有以下情形：

（一）涉及医疗技术、诊疗方法、疾病名称、药物的；

（二）保证治愈或者隐含保证治愈的；

（三）宣传治愈率、有效率等诊疗效果的；

（四）淫秽、迷信、荒诞的；

（五）贬低他人的；

（六）利用患者、卫生技术人员、医学教育科研机构及人员以及其他社会社团、组织的名义、形象作证明的；

（七）使用解放军和武警部队名义的；

（八）法律、行政法规规定禁止的其他情形。

第八条 医疗机构发布医疗广告，应当向其所在地省级卫生行政部门申请，并提交以下材料：

（一）《医疗广告审查申请表》；

（二）《医疗机构执业许可证》副本原件和复印件，复印件应当加盖核发其《医疗机构执业许可证》的卫生行政部门公章；

（三）医疗广告成品样件。电视、广播广告可以先提交镜头脚本和广播文稿。

中医、中西医结合、民族医医疗机构发布医疗广告，应当向其所在地省级中医药管理部门申请。

第九条 省级卫生行政部门、中医药管理部门应当自受理之日起 20 日内对医疗广告成品样件内容进行审查。卫生行政部门、中医药管理部门需要请有关专家进行审查的，可延长 10 日。

对审查合格的医疗广告，省级卫生行政部门、中医药管理部门发给《医疗广告审查证明》，并将通过审查的医疗广告样件和核发的《医疗广告审查证明》予以公示；对审查不合格的医疗广告，应当书面通知医疗机构并告知理由。

第十条 省级卫生行政部门、中医药管理部门应对已审查的医疗广告成品样件和审查意见予以备案保存，保存时间自《医疗广告审查证明》生效之日起至少两年。

第十一条 《医疗广告审查申请表》、《医疗广告审查证明》的格式由卫生部、国家中医药管理局规定。

第十二条 省级卫生行政部门、中医药管理部门应在核发《医疗广告审查证明》之日起五个工作日内，将《医疗广告审查证明》抄送本地同级工商行政管理机关。

第十三条 《医疗广告审查证明》的有效期为一年。到期后仍需继续发布医疗广告的，应重新提出审查申请。

第十四条 发布医疗广告应当标注医疗机构第一名称和《医疗广告审查证明》文号。

第十五条 医疗机构发布户外医疗广告，应在取得《医疗广告审查证明》后，按照《户外广告登记管理规定》办理登记。

医疗机构在其法定控制地带标示仅含有医疗机构名称的户外广告，无需申请医疗广告审查和户外广告登记。

第十六条 禁止利用新闻形式、医疗资讯服务类专题节（栏）目发布或变相发布医疗广告。

有关医疗机构的人物专访、专题报道等宣传内容，可以出现医疗机构名称，但不得出现有关医疗机构的地址、联系方式等医疗广告内容；不得在同一媒介的同一时间段或者版面发布该医疗机构的广告。

第十七条 医疗机构应当按照《医疗广告审查证明》核准的广告成品样件内容与媒体类别发布医疗广告。

医疗广告内容需要改动或者医疗机构的执业情况发生变化，与经审查的医疗广告成品样件内容不符的，医疗机构应当重新提出审查申请。

第十八条 广告经营者、广告发布者发布医疗广告，应当由其广告审查员查验《医疗广告审查证明》，核实广告内容。

第十九条 有下列情况之一的，省级卫生行政部门、中医药管理部门应当收回《医疗广告审查证明》，并告知有关医疗机构：

（一）医疗机构受到停业整顿、吊销《医疗机构执业许可证》的；

（二）医疗机构停业、歇业或被注销的；

（三）其他应当收回《医疗广告审查证明》的情形。

第二十条 医疗机构违反本办法规定发布医疗广告，县级以上地方卫生行政部门、中医药管理部门应责令其限期改正，给予警告；情节严重的，核发《医疗机构执业许可证》的卫生行政部门、中医药管理部门可以责令其停业整顿、吊销有关诊疗科目，直至吊销《医疗机构执业许可证》。

未取得《医疗机构执业许可证》发布医疗广告的，按非法行医处罚。

第二十一条 医疗机构篡改《医疗广告审查证明》内容发布医疗广告的，省级卫生行政部门、中医药管理部门应当撤销《医疗广告审查证明》，并在一年内不受理该医疗机构的广告审查申请。

省级卫生行政部门、中医药管理部门撤销《医疗广告审查证明》后，应当自作出行政处理决定之日起 5 个工作日内通知同级工商行政管理机关，工商行政管理机关应当依法予以查处。

第二十二条 工商行政管理机关对违反本办法规定的广告主、广告经营者、广告发布者依据《广告法》、《反不正当竞争法》予以处罚，对情节严重，造成严重后果的，可以并处一至六个月暂停发布医疗广告、直至取消广告经营者、广告发布者的医疗广告经营和发布资格的处罚。法律法规没有规定的，工商行政管理机关应当对负有责任的广告主、广告经营者、广告发布者给予警告或者处以一万元以上三万元以下的罚款；医疗广告内容涉嫌虚假的，工商行政管理机关可根据需要会同卫生行政部门、中医药管理部门作出认定。

第二十三条 本办法自 2007 年 1 月 1 日起施行

药品广告管理办法（部分）

（2007 年国家工商行政管理局卫生部颁布）

第一章　总则

第一条 为了加强对药品（兽药和农药除外）广告的管理，保证药品宣传真实、科学、准确，合理指导用药，保障人民身体健康，根据《中华人民共和国药品管理法》和《广告管理条例》的有关规定，制定本办法。

第二条 凡利用各种媒介或者形式，在中华人民共和国境内发布的药品广告，均属本办法管理范围。

第三条 药品广告必须严格遵守广告管理法规规定。禁止虚假和不健康的药品广告宣传。

第四条 药品广告的管理机关是各级工商行政管理机关，药品广告内容的审查批准机关是国务院卫生行政部门和各省、自治区、直辖市的卫生行政部门。

第二章 广告的审批

第五条 凡申请发布药品广告，必须向卫生行政部门办理《药品广告审批表》。卫生行政部门负责对宣传药品的主要成份、功效（功能）、适应症（主治）、用法、用量、禁忌症（注意事项）和不良反应等内容进行审查。未经审查批准的，不得发布广告。

第六条 广告客户（包括广告主自身制作、发布广告，下同）办理《药品广告审批表》，应向卫生行政部门提交下列证件和材料：

（一）《药品生产企业许可证》或《药品经营企业许可证》（副本）；

（二）《企业法人营业执照》或《营业执照》（副本）；

（三）该药品的生产批准文件、质量符合标准的证明、说明书、包装；

（四）商标注册证；

（五）卫生行政部门认为必要的其他有关材料。

第七条 药品广告审批表的办理程序是：广告客户填写《药品广告审批表》一式五份，连同有关材料送所在地（市、州、盟）卫生行政部门初审同意后，报省、自治区、直辖市卫生行政部门审批，经核准后发给药品宣传批准文号。

卫生行政部门应在收到全部材料后十五日内，作出是否批准的决定；涉外药品广告的审批时间，可以延长至三十日。

第八条 广告客户持《药品广告审批表》在其所在地区以外发布该药品广告的，应在发布前十五日将《药品广告审批表》报发布地省、自治区、直辖市卫生行政部门备案盖章，未经备案盖章者不得发布；广告客户委托所在地区广告经营单位代理在所在地区以外发布该药品广告的除外。

第九条 《药品广告审批表》从批准之日起，有效期为二年。到期后仍需继续进行广告宣传的，应重新申请。《药品生产企业许可证》或《药品经营企业许可证》的有效时间不足二年的，《药品广告审批表》的有效期以前述许可证的有效时间为准。

《药品广告审批表》式样由国务院卫生行政部门制定，由省、自治区、直辖市卫生行政部门统一印制。药品宣传批准文号的统一格式为：（省、自治区、直辖市简称）卫药宣字（年份）月份……号。

第十条 经营进口药品的企业发布进口药品广告，应向其所在地的省、自治区、直辖市卫生行政部门办理审批手续；国外药品生产、经营企业及其委托人在我国境内申请发布药品广告，应向其广告代理单位所在地的省、自治区、直辖市卫生行政部门办理审批手续。

在办理上述审批手续时需提交下列证件和材料：

（一）生产该药品的国家（地区）批准的证明文件；

（二）该药品的《进口药品注册证》（原《进口药品许可证》）；

（三）该药品的商标注册证、说明书、包装（应附中文译本）；

（四）委托办理审批手续的，应有国外企业的授权委托书。港、澳地区药品生产、经营企业参照本条规定办理。

第十一条 精神药品、毒性药品、放射性药品的广告由国务院卫生行政部门核准，由所在地的省、自治区、直辖市卫生行政部门核发药品宣传批准文号。

第三章 广告的管理

第十二条 禁止发布下列药品广告：

（一）麻醉药品和国际公约管制的精神药品品种；

（二）未经卫生行政部门批准生产的药品（含试生产的药品）；

（三）卫生行政部门已明令禁止销售、使用的药品；

（四）医疗单位配制的制剂。

第十三条 药品广告的语言、文字、画面的含义，不得超出卫生行政部门在《药品广告审批表》上核准的内容。

第十四条 广告经营者必须查验《药品广告审批表》原件，并按批准的内容设计、制作、发布、代理广告。未经批准的药品广告，广告经营者不得承办或代理。

第十五条 利用电视、广播、报纸、杂志和其他印刷品以及路牌发布药品广告的，药品的宣传批准文号应列为广告内容，同时发布。利用前款媒介发布推荐给个人使用的药品广告，广告内容必须标明对患者的忠告性语言“请在医生指导下使用”。药品宣传批准文号不得印制在药品的包装、标签、说明书上。药品宣传批准文号和《药品广告审批表》不得转让、出租或借用。

第十六条 药品广告不得含有下列内容和表现形式：

（一）有淫秽、迷信、荒诞语言、文字、画面的；

（二）贬低同类产品或与其他药品进行功效和安全性对比评价的；

（三）违反科学规律，表明或暗示包治百病的；

（四）有“疗效最佳”、“药到病除”、“根治”、“安全预防”、“完全无副作用”等断言或隐含保证的；

（五）有“最高技术”、“最高科学”、“最进步制法”、“药之王”等断言的；

（六）说明治愈率或有效率的；

（七）利用医药科技单位、学术机构、医院或儿童、医生、患者的名义和形象作为广告内容的；

（八）专用于治疗性功能障碍的；

（九）标明获奖内容的。

第十七条 经批准发布广告的药品或其生产、经营企业，发生下列情况之一的，由省、自治区、直辖市卫生行政部门决定注销其药品宣传批准文号，收缴《药品广告审批表》，并由工商行政管理机关通知广告经营者停止发布广告：

（一）临床发现药品有新的不良反应的；

（二）药品被注销生产批准文号的；

（三）企业被吊销《药品生产企业许可证》、《药品经营企业许可证》、营业执照的；

（四）卫生行政部门和工商行政管理机关认为其他不宜继续宣传的。

烟草广告管理暂行办法（部分）

（1996年12月30日国家工商行政管理局颁布）

第一条 为了加强对烟草广告的监督管理，维护人民身体健康，根据《中华人民共和国广告法》（以下简称《广告法》）及国家有关规定，制定本办法。

第二条 本办法所称烟草广告，是指烟草制品生产者或者经销者（以下简称烟草经营者）发布的，含有烟草企业名称、标识，烟草制品名称、商标、包装、装潢等内容的广告。

第三条 禁止利用广播、电影、电视、报纸、期刊发布烟草广告。

禁止在各类等候室、影剧院、会议厅堂、体育比塞场馆等公共场所设置烟草广告。

第四条 禁止利用广播、电视、电影节目以及报纸、期刊的文章，变相发布烟草广告。

第五条 在国家禁止范围以外的媒介或者场所发布烟草广告，必须经省级以上广告监督管理机关或者其授权的省辖市广告监督管理机关批准。

烟草经营者或者其被委托人直接向商业、服务业的销售点和居民住所发送广告品，须经所在地县级以上广告监督管理机关批准。

第六条 烟草广告中不得有下列情形：

（一）吸烟形象；

（二）未成年人形象；

（三）鼓励、怂恿吸烟的；

（四）表示吸烟有利人体健康、解除疲劳、缓解精神紧张的；

（五）其他违反国家广告管理规定的。

第七条 其他商品、服务的商标名称及服务项目名称与烟草制品商标名称相同的，该商品、服务的广告，必须以易于辨认的方式，明确表示商品名称、服务种类，并不得含有该商品、服务与烟草制品有关的表示。

广告主发布前款规定的广告，应当提供下列证明文件：

（一）由政府有关部门出具的该企业生产或者经营该商品、服务的资格证明文件；

（二）该商品或者服务在我国取得的商标注册证；

（三）该企业在我国境内实际从事该商品、服务的生产或者经营活动的证明；

（四）广告管理法律、法规规定的其他证明文件。

第八条 在各类临时性广告经营活动中，凡利用烟草经营者名称、烟草制品商标为活动冠名、冠杯的，不得通过广播、电视、电影、报纸、期刊发布带有冠名、冠杯内容的赛事、演出等广告。

第九条 烟草经营者利用广播、电视、电影、报纸、期刊发布下列广告时，不得出现烟草制品名称、商标、包装、装潢。出现的企业名称与烟草商标名称相同时，不得以特殊设计的办法突出企业名称。

（一）社会公益广告；

（二）迁址、换房、更名等启事广告；

（三）招工、招聘、寻求合作、寻求服务等企业经营广告；

（四）广播、电影、电视节目首尾处出现的鸣谢单位或者赞助单位名称；

（五）报纸、期刊报花、栏头上标明的协办单位名称。

第十条 烟草广告中必须标明“吸烟有害健康”的忠告语。忠告语必须清晰、易于辨认，所占面积不得少于全部广告面积的10%。

第十一条 违反本办法第三条、第四条、第七条、第八条、第九条规定的，依据《广告法》第四十二条的规定，由广告监督管理机关责令负有责任的广告主、广告经营者、广告发布者停止发布，没收广告费用，并处广告费用1倍以上5倍以下的罚款。

酒类广告管理办法（部分）

（1995年11月17日国家工商行政管理局颁布）

第一条 为了加强对酒类广告的管理，保护消费者的合法权益，维护社会良好风尚，根据《中华人民共和国广告法》（以下简称《广告法》、《广告管理条例》及《广告管理条例施行细则》，制定本办法。

第二条 本办法所称酒类广告是指含有酒类商品名称商标、包装、制酒企业名称等内容的广告。

第三条 发布酒类广告，应当遵守《广告法》和其他有关法律、行政法规的规定。

第四条 广告主自行或者委托他人设计、制作、发布酒类广告应当具有或者提供真实、合法、有效的下列证明文件：

（一）营业执照以及其他生产、经营资格的证明文件；

（二）经国家规定或者认可的省辖市以上食品质量检验机关出具的该酒符合质量标准的检验证明；

（三）发布境外生产的酒类商品广告，应当有进口食品卫生监督检验机构批准核发的卫生证书；

（四）确认广告内容真实性的其他证明文件。

任何单位和个人不得伪造、变造上述文件发布广告。

第五条 对内容不实或者证明文件不全的酒类广告，广告经营者不得经营，广告发布者不得发布。

第六条 酒类广告应当符合卫生许可的事项，并不得使用医疗用语或者易与药品相混淆的用语。

经卫生行政部门批准的有医疗作用的酒类商品，其广告依照《药品广告审查办法》和《药品广告审查标准》进行管理。

第七条 酒类广告中不得出现以下内容：

（一）鼓动、倡导、引诱人们饮酒或者宣传无节制饮酒；

（二）饮酒的动作；

（三）未成年人的形象；

（四）表现驾驶车、船、飞机等具有潜在危险的活动；

（五）诸如可以“消除紧张和焦虑”、“增加体力”等不科学的明示或者暗示；

（六）把个人、商业、社会、体育、性生活或者其他方面的成功归因于饮酒的明示或者暗示；

（七）关于酒类商品的各种评优、评奖、评名牌、推荐等评比结果。

（八）不符合社会主义精神文明建设的要求，违背社会良好风尚和不科学、不真实的其他内容。

第八条 在各类临时广告活动中，以及含有附带赠送礼品的广告中，不得将酒类商品作为奖品或者礼品出现。

第九条 大众传播媒介发布酒类广告，不得违反下列规定：

（一）电视：每套节目每日发布的酒类广告，在特殊时段（19:00～21:00）不超过二条，普通时段每日不超过十条；

（二）广播：每套节目每小时发布的酒类广告，不得超过二条；

（三）报纸、期刊：每期发布的酒类广告，不得超过二条，并不得在报纸第一版、期刊封面发布。

医疗器械广告管理办法（部分）

（1992 年 8 月 8 日国家工商行政管理局、国家医药管理局颁布）

第一条 为加强对医疗器械广告的管理，保障人民身体健康，根据《广告管理条例》和国家有关医疗器械管理的规定，制定本办法。

第二条 凡利用各种媒介或形式发布有关用于人体疾病诊断、治疗、预防，调节人体生理功能或替代人体器官的仪器、设备、装置、器具、植入物、材料及其相关物品的广告，均属本办法管理范围。

第三条 医疗器械广告的管理机关是国家工商行政管理局和地方各级工商行政管理局；医疗器械广告证明的出具机关是国家医药管理局和省、自治区、直辖市医药管理局或同级医药行政管理部门。

第四条 医疗器械广告必须真实、科学、准确，不得进行虚假、不健康宣传。

第五条 发布医疗器械广告，必须持有经过国家医药管理局或省、自治区、直辖市医药管理局或同级医药行政管理部门核发的《医疗器械广告证明》（以下简称《证明》）。未有《证明》的，不得发布广告。

第六条 医疗器械广告证明出具机关在办理广告证明手续时，应当查验有关证明、审查广告内容。对不符合本办法规定的，不得出具《证明》。

《证明》有效期以医疗器械生产或经营准许证的有效时间为准。医疗器械生产或经营准许证有效期满后，《证明》自动失效。

第七条 国内广告客户申请办理《证明》，应当提供下列文件、证件：

（一）营业执照（副本）；

（二）生产或经营准许证，已实施生产许可证的产品，应同时提供生产许可证；

（三）产品鉴定证书；

（四）产品说明书；

（五）法律、法规规定应当提交的其他证明。

国外广告客户申请办理《证明》，应当提交所属国（地区）政府医疗器械管理部门颁发的生产许可的证明文件和产品说明书。

第八条 进口医疗器械广告证明由国家医药管理局出具；其他医疗器械广告证明由广告客户所在地的省、自治区、直辖市医药管理局或同级医药行政管理部门出具。

医疗器械广告证明出具机关在向广告客户核发《证明》的同时，应将《证明》（副本）抄送广告客户和广告发布单位所在地的省、自治区、直辖市工商行政管理局。

第九条 国内广告客户可以委托广告经营者向广告客户所在地省、自治区、直辖市医药管理局或同级医药行政管理部门代为办理《证明》；国外广告客户可以委托在中国的医疗器械经销企业或广告经营者代为办理《证明》。

第十条 广告经营者承办或代理医疗器械广告，应当查验《证明》，并按照规定的内容设计、制作、代理、发布。对无《证明》的广告，不得承办或代理。

《证明》应当存档备查。存档的《证明》为复制件时，必须有广告经营单位证明复制件与原件相一致的文字记录并加章公章。

第十一条 下列医疗器械，禁止发布广告：

（一）未经国家医药管理局或省、自治区、直辖市医药管理局或同级医药行政管理部门批准生产的医疗器械；

（二）临床试用、试生产的医疗器械；

（三）已实施生产许可证而未取得生产许可证生产的医疗器械；

（四）有悖于中国社会习俗和道德规范的医疗器械。

第十二条 医疗器械广告不得出现下列内容：

（一）使用专家、医生、患者、未成年人或医疗科研、学术机构、医疗单位的名义进行广告宣传；

（二）使用“保证治愈”等有关保证性的断语；

（三）有与同类产品功效、性能进行比较的言论或画面、形象；

（四）运用数字或图表宣传治疗效果；

（五）宣传不使用做广告的产品可能导致或加重某种疾病的语言、文字、画面；

（六）可能使人得出使用做广告的产品可以使疾病迅速治愈、身体迅速康复的印象或结论的语言、文字、画面、形象。

第十三条 标明获专利权的医疗器械广告，必须说明获得专利的类型。在专利获批准之前，不得进行与专利有关的宣传。

第十四条 国内外广告客户在医疗器械广告中使用“第一”、“首创”等绝对性的语言，必须有国家医药管理局出具的证明，方可使用。

第十五条 标明获奖的医疗器械广告，其标明的获奖必须是获得省级以上（含省级）政府授予的各类奖。其他各种获奖，一律不准在广告中标明。

第十六条 推荐给个人使用的具有治疗疾病作用或调节生理功能的医疗器械，除医疗器械广告证明出具机关批准可以不在广告中标明忠告性语言的以外，均须在广告中标明对患者的忠告语言：“请在医生指导下使用”。

参 考 文 献

[1] 陈志浩，毛志山. 网络营销[M]. 长沙：湖南人民出版社，2000.

[2] 杨坚争，汪芳，李大鹏. 网络广告学[M]. 北京：电子工业出版社，2002.

[3] 徐智明，高志宏. 广告策划[M]. 北京：中国物价出版社，1997.

[4] 李洛. 网络广告设计[M]. 北京：高等教育出版社，2002.

[5] 张金海. 世界经典广告案例评析[M]. 武汉：武汉大学出版社，2000.

[6] 卢泰宏，李世丁. 广告创意[M]. 广州：广东旅游出版社，2000.

[7] 彭虹. 广告计算机应用[M]. 成都：四川大学出版社，2004.

[8] 陈陪爱. 广告学原理[M]. 上海：复旦大学出版社，2003.

[9] 何修猛. 现代广告学[M]. 上海：复旦大学出版社，2003.

[10] 韩光军. 现代广告学[M]. 北京：首都经济贸易大学出版社，2001.

[11] 钟强. 网络广告[M]. 重庆：重庆大学出版社，2005.

[12] 刘友林. 网络广告实务[M]. 北京：中国广播电视出版社，2003.

[13] 刘友林. 广告效果测评[M]. 北京：中国广播电视出版社，2002.

[14] 朱海松. 无线广告[M]. 广州： 广东经济出版社，2007.

[15] 斯达切尔. 网络广告： 互联网上的不正当竞争和商标[M]. 孙秋宁，译. 北京： 中国政法大学出版社，2004.

[16] 立德成. 网络广告法律制度初论[M]. 北京： 中国方正出版社，2000.

[17] 屠中俊. 网络广告教程[M]. 北京： 北京大学出版社，2004.

[18] 冯晖. 网络广告实务[M]. 北京：中国水利水电出版社，2009.

[19] 余明阳，陈先红. 广告策划创意学[M].上海：复旦大学出版社，2004.